营销决策模型

郭国庆　王　霞　刘成斌 编著

首都经济贸易大学出版社

图书在版编目(CIP)数据

营销决策模型/郭国庆,王霞,刘成斌编著. —北京:首都经济贸易大学出版社,2011.6

ISBN 978 - 7 - 5638 - 1907 - 2

Ⅰ.①营… Ⅱ.①郭… ②王… ③刘… Ⅲ.①市场营销学—决策模型 Ⅳ.① F713.50

中国版本图书馆 CIP 数据核字(2011)第 006691 号

营销决策模型

郭国庆 王 霞 刘成斌 编著

出版发行	首都经济贸易大学出版社	
地 址	北京市朝阳区红庙(邮编 100026)	
电 话	(010)65976483 65065761 65071505(传真)	
网 址	http://www.sjmcb.com	
E - mail	publish@cueb.edu.cn	
经 销	全国新华书店	
照 排	首都经济贸易大学出版社激光照排服务部	
印 刷	北京大华山印刷厂	
开 本	787 毫米 ×980 毫米 1/16	
字 数	325 千字	
印 张	18.5	
版 次	2011 年 6 月第 1 版第 1 次印刷	
印 数	1 ~3 000	
书 号	ISBN 978 - 7 - 5638 - 1907 - 2/F · 1083	
定 价	30.00 元	

内容提要

本书依据营销决策的一般步骤，参照营销学理论体系的通用架构，在充分研究、借鉴和吸收国内外营销学界最新研究成果的基础上，借助概率论、数理统计、微积分、线性代数、线性规划等数理工具，系统阐述了国内外企业营销决策过程中常用的数学模型，包括品牌学习模型、品牌选择模型、品牌决策模型、产品组合模型、新产品采用者决策模型、新产品扩散模型、定价决策模型、分销决策模型、存货决策模型、促销组合模型、广告预算决策模型、广告媒体选择模型、人员推销决策模型、销售促进决策模型等，具有创新性、科学性和实用性等特点，反映了当代营销科学的最新进展。本书既可用于丰富营销及管理各专业的教学，也可用于指导营销管理实践，是国内营销学界不可多得的优秀营销著作。

19 世纪末期以来,自然科学、社会科学的发展推动了学术思想由定性的哲学理论概括到定量的具有广泛意义的科学思维方式的发展。科学认识的一般规律,往往都是先对研究对象进行定性的研究和描述,而后才进一步研究其量的规定性,进行定量的分析与计算。同时,也只有在精确地作了定量研究以后,方可更深入地认识事物的本质。马克思曾经说过:"一门科学只有成功地运用数学时,才算达到了完善的地步。"回顾营销科学的发展,尤其是数理方法在营销学中的导入历程,也充分证实了马克思这一科学论断的预见性。

20 世纪 40 年代后期,曾有人提出,由于营销理论缺乏实证研究、明确的概括和严整的理论,因而营销学很难成为一门具有科学性的学科。1945 年,保罗·康沃斯(Paul D. Converse)在《营销学报》上发表了《营销科学的发展》一文,提出了营销学是否具有科学性的问题,开了营销学说史上长达 50 余年的"科学与艺术"之争的先河。虽然此后奥德森(Wroe Alderson)、柯克斯(Reavis Cox)、范利(Ronald S. Vaile)等学者也参与了讨论,但直至 50 年代这一争论才真正白热化。1951 年,巴尔特斯(Robert Bartels)发表了《营销能成为科学吗?》一文。在对营销学的研究目标、科学的含义、当时的营销学研究状况进行了深入、透彻的分析后,他指出,虽然有证据表明当时的营销研究运用了科学方法,但是营销学很显然缺少理论、原理与法则,因此尚不具备成为一门科学的资格;然而,通过持续的努力,营销学迟早会成为一门科学。

事实上,50 年代之前的营销理论并非完全脱离定量研究。例如,会计知识一直是营销管理不可缺少的组成部分。在库存控制、定价、购销等营销职能中,数量经济学一直被广泛应用。在营销调研中,人们经常借助各种统计方法来计算均值、方差、相关度以及时间序列分析等方面。另外,人们也时常借助各种曲线和图表来分析经济趋势。但总的来说,在 50 年代之前,数学、统计学、计量经济学等量化方法在营销研究中的应用还是十分有限的。

随着营销问题日益复杂化,营销决策对变量的控制要求也不断提高。与此同时,出现了数学语言和数学建模理论,从而推动了营销理论结构的演变。这种发展起源于二战期间运筹学在军事方面(主要是后勤和运输)的应用及其启示。战后,人们不断寻求运筹学新的应用领域。50年代中期,运筹学被成功地运用到会计、财务、生产等企业管理领域中。正如恩格斯所说:"和其他所有科学一样,数学是从人们的实际需要中产生的。"数学建模,也是源于生活生产以及营销、消费中的问题,运用数学思想、方法和知识将它抽象成一个数学模型,然后用各种手段把模型求解并应用到实际中去检验,它是沟通理论和实际运用的桥梁和途径。但营销管理领域大量运用运筹学始于60年代。自此,数学决策模型被广泛地应用于营销研究、教学和实践活动中。

由于许多营销研究者不具有高等数学知识,致使数学在营销方面的应用和发展十分缓慢。但在1959～1960年间出现了一个重大的转机,福特基金会赞助哈佛商学院应用数学研究所开展一项交叉学科研究项目,参加人员是来自经济和商业(包括营销)领域的教授,正是这些教授们将数学引入到营销理论的研究中。爱因斯坦曾经说过:"数学,人类纯思维的结晶,完全脱离于现实经验,怎么可能如此完美地适合物理世界的物体呢?"确实,数学不能独立于现实而存在。如果通过数学建模可以轻松自如地将现实问题"翻译"成数学语言,然后利用计算机将实际问题解决并得到实践的检验,这时候人们就会发现数学建模的魅力所在。在当时的营销学界,许多学者都热衷于营销模型的构建。

巴泽尔(Robert D. Buzzell)就是这样一位营销学教授。他在1964年发表了一篇论文,阐释了50年代和60年代初营销模型被广泛使用的部分原因:(1)运筹学试图寻找新的应用领域;(2)人们预感到营销学需要有实证分析;(3)营销决策传统方法难以令人满意;(4)营销调研在企业中的地位不断提高;(5)数学模型在指导企业市场竞争方面的潜在价值日益显现;(6)运用数学模型有助于提高营销学的学术地位。然而,在60年代初期,应用数学模型的营销学著作寥寥无几,而且已有模型主要是用于市场调研、媒体规划、销售人员配置、销售预测、存货控制等。另一方面,人们认为营销模型应加以推广,是因为营销学研究的问题与众不同。许多问题属于行为科学的问题,即与公司外部环境有关(如顾客、供应商和竞争对手等),而行为关系一般难以测量,有些因素根本就无法观测。巴泽尔认为,模型特别适用于营销领域中的产品决策、定价决策、促销决策、信用决策、营销渠道和物流决策等。

1968年,巴斯(Frank M. Bass)、金(Charles W. King)和帕斯米尔(Edgar A. Pessemier)共同编辑出版了一部文集,展示了营销领域中的最新研究成果,主要包括三个领域:消费者行为模型、消费者行为理论和营销管理中的经验模型与模拟模型。

在整个60年代,关于营销定量研究的文章在内容上并没有实质性突破。从一开始,只有三个主题被人们所关注:数量方法引入到营销中的合理性;营销数量方法的相关技术;相关技术在营销中的作用。1971年,达伊(George S. Day)和帕森斯(Leonard J. Parsons)合著的《营销模型:数量应用方法》一书主要论述了与营销有关的量化技术的范围,包括:决策最优化模型、回归分析、随机过程模型、单因素与多因素分析、贝叶斯决策理论、实验设计模拟等。量化对营销的贡献在于说明了营销理论的对象及方法,利用抽象的语言和变量实现了思维过程的形象化。它用一定的变量和模型来表示营销中的一些本质概念及相关关系,再对这些变量和模型进行数学分析,从而反映营销现实。营销决策模型是为了一个特定的研究目的,应用现实的程式化表述来探索和解决营销问题的一种模型。营销决策模型往往是基于企业的现实营销问题,即具有特定研究目的,通过一定表现形式对问题的核心方面进行抽象建模来辅助决策。

总体上看,营销决策模型的大规模研究应用始于20世纪60年代。有三个主要因素从中发挥着重要作用:

首先是电子计算机的导入。在此期间,电子计算机开始进入企业机构,尽管主要用于生产、运作、发放工资、往来账目等基础数据的处理和行政管理,但是很快营销人员就意识到了信息技术对营销决策的潜在价值,尤其是信息技术使得企业决策所需要的营销数据更易于获得。数据好比决策分析的催化剂一般,有了数据才好开展分析,而分析又需要有适当的工具。这样,随着数据越来越容易获得,企业对营销决策模型的需求日益迫切起来。数学模型就是一种用定量化、数学的方法来分析营销现象和解决营销问题的模型。通过数学模型的模拟运算,可为使用者提供不同自变量下的模拟结果,从而为企业筛选和优化营销方案提供极大便利。通过数学模型来构建营销决策模型,也为决策模型的计算机实现提供了可能。

其次是管理科学化的推进。在此期间,企业管理者正肩负着向管理科学化转变的历史使命,即由以往凭经验判断进行日常管理转变为以行为科学、社会科学、统计学甚至科学实验等科学的理论和方法为基础,实行科学管理。各大商学院的营销学者也致力于运用分析方法研究营销问题,而分析方法的应用无疑给决策模型带来了更多的机会。

最后是运筹学的兴盛。20世纪60年代是运筹学、管理科学的兴盛时期。如上所述,二战期间,运筹学者热衷于借助数学手段解决军队后期保障和运输问题。战后,运筹学者借助模型构建和优化方法处理形形色色的社会问题。运筹学、管理科学在企业经营中的重要性日益凸显。因此,营销决策模型在企业得以广泛运用就成为顺理成章的事了。

回顾营销决策模型的发展历程,大致可以分为五个阶段:

1. 起步阶段(1960～1969)。用来解决营销问题的数学模型,最早始见于微观经济学文献,最为著名的是营销组合最佳模型(即多夫曼—斯坦纳模型)。60年代后期,借助运筹学技术分析解决营销问题渐成时潮。线性规划、马尔柯夫模型、仿真技术、博弈论等是人们常用的工具。还有学者将运筹学方法和贝叶斯法则结合起来,研究解决不确定环境下的营销决策问题。贝叶斯法则是概率统计中的应用所观察到的现象对有关概率分布的主观判断(即先验概率)进行修正的标准方法。

2. 金色年代阶段(1970～1979)。在此期间,营销模型的研究逐渐形成风气,提出的模型数量呈几何指数增长。更为重要的是,营销决策模型形成了自己的完整体系。且不管运筹学技术能否解决实际问题,但用模型构建来描述营销现象和营销问题,简直就成了一种时尚。学者们借助随机模型、营销组合模型、市场反应模型等,研究单个顾客行为等营销问题。关于营销组合的模型大量问世,人们尤其感兴趣的是如何通过建模来表述特定营销组合因素与市场反应模型的关系,如何借助经验数据来估计相关的反应函数。为了解决这些问题,学者们纷纷采用了计量经济学方法。值得一提的是,在此期间出现了"营销决策支持系统",在抽象的营销模型和现实的营销决策之间搭建了一座桥梁,对于促进营销模型在营销决策实践中的应用,发挥了十分重要的积极作用。

3. 通用化阶段(1980～1989)。市场反应模型的问世,引起企业界和学术界的极大关注。人们纷纷要求对该模型进行足够的实证研究,以确保模型的通用性。80年代后期,营销知识逐渐成为一个热门话题。企业借助人工智能和计算机科学技术,用计算机储存营销知识,改善营销决策,由此也促进了学术界对营销工具(尤其是价格和广告)元分析以及联合分析(corjoint analysis)的关注。联合分析是用于评估不同属性对消费者的相对重要性,以及不同属性水平给消费者带来的效用的统计分析方法。联合分析始于消费者对产品或服务(刺激物)的总体偏好判断(渴望程度评分、购买意向、偏好排序等),从消费者对不同属性及其水平组成的产品的总体评价(权衡),可以得到联合分析所需要的信息。联合分析是通过假定产品具有某些特征,对现实产品进行模拟,然后让消费者根据自己的喜好对这些虚拟产品进行评价,并采用数理统计方法将这些特性与特征水平的效用分离,从而对每一特征以及特征水平的重要程度做出量化评价的方法。学者们借助知识管理、营销决策支持系统、营销组合效应元分析、营销知识模型和专家系统等研究解决营销问题。

4. 营销信息革命阶段(1990~1999)。学者们借助元分析模型、人工智能、计算机科学、数据挖掘、基于扫描数据的消费者选择模型、格式化理论模型、神经网络系统和数据挖掘等方法,研究消费者选择模型、销售促进模型等,解决消费者品牌转换、推销员报酬、存货控制、定价决策、渠道决策等营销问题。

5. 客户中心阶段(2000~)。进入 21 世纪以来,单个顾客成为分析的基本单元。信息技术的发展和在线营销的应用,产生了更多的客户关系管理(CRM)数据、点击流量数据和电子商务数据,企业借此也建立了足够规模的顾客数据库,而这些数据库又成为客户关系管理系统的一个重要组成部分。学者们致力于研究客户获取和维持模型、模型、顾客背弃预测模型、客户生命周期价值模型、电子商务模型等,致力于为特定营销活动选择适当的客户,进行更加高效的客户关系管理。

荷兰学者维伦戛(Berend Wierenga)在其 2008 年主编的《营销决策模型》一书中,对营销决策模型的地位进行了意味深长的比喻。他说:营销决策模型领域就好比是一条江河,万涓溪流源自 20 世纪 60 年代,逐渐汇成江河,经济学、心理学、计量经济学、运筹学、信息技术和人工智能属于江河的上游。到 70 年代,营销决策模型就好比河床形成一样基本建立了自己的体系,营销决策模型的外围环境就是营销学本身。自此以后,河流逐渐开阔、拓宽。随着时间的推移,汇入更多的支流,迄今已形成令人叹为观止的奔腾不息的江河。河的下游就是陆续问世的营销科学文献和日趋成熟的营销管理实践。

我们相信,无论是应对全球经济危机,还是培育企业核心能力,营销决策模型势必发挥无可替代的重要作用。但是,对于这些模型也不能过分迷信。理论一定要联系实际,才能充分发挥其应有的作用。应当看到,以数学模型为主来构建营销决策模型时,也会存在一定局限性。例如,对具体营销问题进行抽象建模时,势必提出明确的假设,在假设基础上来建立模型研究营销问题。因此，营销决策模型并非是现实问题的完全写照，而是对某些因素限制基础上的理想化模型。所以，使用过程中应认识到营销决策模型的局限性。更何况，这些模型大多产生于美国等西方国家的营销环境中，未必在我国完全适用。需要有更多的营销学同行认真研究中国自身的特殊环境和特殊问题，结合中国企业的营销管理实践，不断修正完善这些模型，才有可能真正"为我所用"，并收到实效。

本书由郭国庆、王霞、刘成斌编写，郭溪月曾参与资料翻译和数学模型的校验。在编写过程中，曾参考了大量的相关论著、资料和网站论文，在此特向如下作者表示诚挚的谢意：刘益、张庚森、范莉莉、高隆昌、熊件根、刘东民、余江、刘秀锋、刘起方、赵宜、郝净、舒元、陆军、陈硕坚、李纯青、张明亲、王玮、董铁牛、李雪梅、唐加福、汪定伟、刘士新、董颖、陈以增、郝丽娜、曲孝海、张艳娥、王桂林、周筱莲、郭关科、申尊焕、徐文、庄贵军、王泽华、陈晓明、侯文若、黄卫平、董克用、王晓军、彭非、房海燕、仇雨林、王家新、乔均、张春法、章壮洪、韩耀、刘湘萍、李敏、黄立平、吴光伟、杨林、张篱、徐翔、王乐鹏、徐雯霞、张帆、徐锡荣、赖华强、赵篱正、黄国青、王娟茹、杨瑾、益昭、刘保华、吴志东、邓锋、张大亮、邢以群、严素静、徐伟青、李庆之、何谦、孟卫东、邵兵家、朱希颜、王凯、邹全胜、刘彦平、李祺、牛海鹏、张岚、宋青、钱明辉、张建法、范秀成、王海龙、王月兴、王宏伟、吴剑峰、朱先双、郭蓓、刘国山、吴春波、齐东平、吴冠之、高翔、高世昌、徐锡荣、谷峻、程红、张国方、黄铁军、李东贤、袁礼斌、褚福灵、马桦、韩冀东、王海霞、马原、刘伟萍、汪晓凡、郭敏芳、陈惊春、任锡源、郭承运、谢立仁、李海洋、陈栋、赵学东、孟捷、张轶凡、郭晓凌、夏吉敏、陈凯、武爱文、于连照、张中科、曾艳、魏险峰、李屹松、范广哲、袁宏福、蓝进、刘振亚、姚忠福、彭剑锋、陈忠阳、焦家良、王忠明、詹天桥、李弘、权小妍、金玉芳、杨毅、于丹、王利明、高培勇、方福前、宋华、汪平、戚安邦、张双才、李非、李桂华、郑琦、刘立雁、李莉、周肖燕、李子南、廖熠、刘婷婷、胡晶晶、李光明等。

需要特别指出的是，本书的完成还得益于郭国庆主持研究的7项国家自然科学基金项目、1项国家社会科学基金项目和2项教育部人文社会科学规划项目。书中不少观点和数据就是来自于上述科研项目的最终研究报告。因此，我们还要对国家自然科学基金委管理科学部、国家哲学社会科学规划办以及教育部社政司的大力支持和资助表示最衷心的感谢。

由于作者水平有限，书中疏漏和不足之处在所难免，恳请各位专家、学者和读者不吝指正。

第一章　营销决策导论 ························· 1

　第一节　营销决策 ························· 1

　第二节　营销计划 ························· 4

第二章　顾客满意与品牌选择模型 ············· 12

　第一节　顾客满意模型 ····················· 12

　第二节　品牌选择模型 ····················· 31

第三章　市场需求测量与预测 ················· 36

　第一节　需求测量的相关概念 ··············· 36

　第二节　预测市场需求的方法 ··············· 41

第四章　STP 决策模型 ······················· 51

　第一节　STP 的概念及过程 ················· 51

　第二节　市场细分及目标市场选择模型 ······· 54

　第三节　市场定位模型 ····················· 74

第五章　新产品开发决策模型 ················· 84

　第一节　新产品开发的过程及概念 ··········· 84

　第二节　新产品机会识别模型 ··············· 87

　第三节　新产品设计模型 ··················· 100

第六章　新产品采用与扩散决策模型 ··········· 112

　第一节　新产品采用与扩散 ················· 112

　第二节　新产品采用与销售预测模型 ········· 118

　第三节　新产品市场测试模型 ··············· 124

目

录

1

第七章　定价理论与决策模型……………………134

第一节　需求弹性与定价 ……………………… 134

第二节　成本与竞争对定价的影响 ……………… 140

第三节　制定基本价格 ………………………… 148

第四节　修改基本价格 ………………………… 158

第八章　分销渠道与物流决策模型……………………162

第一节　分销渠道及分销渠道决策 ……………… 162

第二节　分销渠道决策方法及模型 ……………… 165

第三节　物流职能与物流决策 …………………… 175

第九章　促销组合与广告决策模型……………………202

第一节　促销组合及其决策概述 ………………… 202

第二节　最优促销组合模型 ……………………… 208

第三节　广告决策模型 ………………………… 213

第十章　人员推销与销售促进决策模型…………… 247

第一节　人员推销战略决策模型 ………………… 247

第二节　销售促进决策模型 ……………………… 258

参考文献……………………………………… 267

目　录

第一章 营销决策导论

营销是指个人和集体通过创造同别人交换产品和价值以获得其所需所欲之物的一种社会过程。它既是一种组织职能,也是为了组织及利益相关者的利益而创造、传播和传递客户价值,进行客户关系管理的一系列活动过程。决策是指企业在确定其政策或选择实施现行政策的有效方法时所开展的一系列活动,包括搜集必要的事实以便对某一建议做出判断,分析可以到达预定目标的各种可供选择的方法等。营销决策是指针对产品或服务营销活动的目标、战略、战术等问题进行选择和决断的过程。制定营销决策应遵循创新原则、可行原则和择优原则。

第一节 营销决策

制定正确的营销决策,要求企业进行规范的营销研究和收集资料工作,认真准确地测量市场规模、未来销售水平和利润水平,在此基础上,进行市场细分,以便选出最有吸引力的细分市场,并且找到企业在每个细分市场上的最佳位置,即市场定位。

一、营销战略决策

营销战略由在预期环境和竞争条件下的企业营销支出、营销组合和营销资源配置等决策构成[①]。企业一般按销售额的传统比率制定营销预算,即先了解竞争者的营销预算与销售额之比,再分析为达到某一销售额或市场占有率所必须开展的工作及相应的费用,在此基础上做出企业营销预算。企业还必须决定如何对营销组合中的各种工具进行预算分

---

① Philip Kotler & Gary Armstrong, *Principles of Marketing*, 13th Edition, New Jersey: Pearson Education, Inc. , 2010, p. 73.

配。所谓营销组合,就是企业用于追求目标市场预期销售水平的可控制营销变量的组合[①]。E. J. 麦卡锡将这些可控制营销变量概括为 4P,即产品、价格、地点和促销[②]。而每个 P 又包含有若干特定的变量。某产品在时间 t 内的企业营销组合可以用向量表示为:

$$(P_1, P_2, P_3, P_4)$$

式中,P_1 为产品(质量);P_2 为价格;P_3 为地点;P_4 为促销。

二、营销战术决策

在制定营销战术决策时,要求营销人员很好地协调营销组合中产品、价格、地点和促销各个要素,这样才能在实现营销目标的过程中获得最佳成本效益。在营销组合因素中,产品是指提供给市场的有形物品,包括产品特色、包装、品牌和服务政策等;价格是指顾客要得到某个产品所必须付出的价钱,包括批发价、零售价、折扣、津贴和信用条件等;地点是指企业为使目标顾客能接近和得到其产品而进行各种活动的场所;促销是指企业将其产品的优点告知目标顾客并说服其购买而进行的各种活动,包括广告、人员推销、销售促进和宣传等。

假设营销组合变量为 $a_1, a_2, \ldots, a_m$,确定的状态变量为 $S_1^*, S_2^*, \ldots, S_l^*$,不确定的状态变量为 $S_1, S_2, \ldots, S_n$,则营销收益函数可表述为:

$$w = f(a_1, a_2, \ldots, a_m, s_1^*, s_2^*, \ldots s_l^*, s_1, s_2, \ldots, s_n) \tag{1.1}$$

营销决策者的一项重要任务,就是为使 w 最大化而有效地组合 $a_1, a_2, \ldots, a_m$。而这又要受到一系列条件的约束,假设约束函数为:

$$g(a_1, a_2, \ldots, a_m) = 0 \tag{1.2}$$

为简化分析,我们仅考虑两个组合变量 a_1 和 a_2,且状态变量为常量,则收益函数和约束函数可写成:

$$w = f(a_1, a_2) \tag{1.3}$$

$$g(a_1, a_2) = 0 \tag{1.4}$$

现在的问题是在约束条件下,求出能使 w 最大的 a_1 和 a_2,解决这个问题,需要应用拉格朗日乘数。首先,写出下面的公式:

$$U = f(a_1, a_2) - \lambda g(a_1, a_2) \tag{1.5}$$

① Bert Rosenbloom, Boryana Dimitrova, (2011) *The marketing mix paradigm and the Dixonian systems perspective of marketing*, Journal of Historical Research in Marketing, Vol. 3 Iss:1, pp. 53 – 66.

② Philip Kotler & Gary Armstrong, *Principles of Marketing*, 13th Edition, New Jersey: Pearson Education, Inc., 2010, p. 76.

在公式(1.5)中,共有 a_1,a_2 和 λ 三个未知数。极值存在的条件是 U 的一阶偏导函数都是零,即

$$\left.\begin{array}{l} \dfrac{\partial U}{\partial a_1} = f_1 - \lambda g_1 = 0 \\[2mm] \dfrac{\partial U}{\partial a_2} = f_2 - \lambda g_2 = 0 \\[2mm] \dfrac{\partial U}{\partial \lambda} = g(a_1, a_2) = 0 \end{array}\right\} \tag{1.6}$$

式中,

$$f_i = \frac{\partial f(a_1, a_2)}{\partial a_i} \qquad i = 1, 2$$

$$g_i = \frac{\partial g(a_1, a_2)}{\partial a_i} \qquad i = 1, 2$$

利用公式(1.6),可以分别求出 a_1 和 a_2 的值。能使 w 成为极大值的条件是:

$$g_1 da_1 + g_2 da_2 = 0 \tag{1.7}$$

如果 da_1 和 da_2 能够满足公式(1.7),就能使下式成立:

$$\sum_{i=1}^{2} \sum_{j=1}^{2} f_{ij} da_i da_j < 0 \tag{1.8}$$

式中,

$$f_{ij} = \frac{\partial f_i}{\partial a_j} \quad i = 1, 2 \quad j = 1, 2$$

在企业营销实践中,大多数情况并不一定着眼于评价变量的最大化或最小化。对企业来说,尽管利润是头等重要的经营目标,但并非所有人都设法使它最大化。更普遍的情况是:先拟订某个评价变量的目标值,在制定营销决策时,尽量使评价变量的值去接近目标值。即并非使 $w = f(a_1, a_2)$ 最大,而是使:

$$v = |T - w| = |T - f(a_1, a_2)| \tag{1.9}$$

公式(1.9)中的 T 值,就是评价变量的目标管理值。也可用下面的公式去掉绝对值符号。

$$V = (T - w)^{2n} = [T - f(a_1, a_2)]^{2n} \tag{1.10}$$

式中,n 为自然数。

可以把 V 看做是 a_1 和 a_2 的函数,即目标偏函数。

$$V = h(a_1, a_2) \tag{1.11}$$

现在的问题就成为:在满足公式(1.4)的条件下,求出使公式(1.11)极小化的 a_1 和 a_2。由于

$$U = h(a_1, a_2) - \lambda g(a_1, a_2) \tag{1.12}$$

所以,一阶的条件可以写成:

$$
\left.\begin{array}{l}
\dfrac{\partial U}{\partial a_1} = h_1 - \lambda g_1 = 0 \\[2mm]
\dfrac{\partial U}{\partial a_2} = h_2 - \lambda g_2 = 0 \\[2mm]
\dfrac{\partial U}{\partial \lambda} = g(a_1, a_2) = 0
\end{array}\right\}
\tag{1.13}
$$

二阶的条件,就是能满足公式(1.7)中 da_1 和 da_2 一切条件的,都能使公式(1.14)成立。

$$
\sum_{i=1}^{2} \sum_{j=1}^{2} h_{ij} da_i da_j > 0
\tag{1.14}
$$

此外,为执行和控制营销努力,需要建立营销组织,并为其配备工作人员,为执行计划中的各项活动分配职责,监控市场上的计划实施情况,并在必要时采取改正行为。对于整个营销战略计划,则需时常运用营销审计来进行检查。

第二节　营 销 计 划

营销计划是指在研究目前营销状况(包括市场状况、产品状况、竞争状况、分销状况和宏观环境状况等),分析企业所面临的主要机会与威胁、优势与劣势以及存在问题的基础上,而对财务目标与营销目标、营销战略、营销行动方案以及预计损益表的确定和控制。营销计划仅是企业部门计划中最重要的计划之一,而且其他各种计划都要涉及营销计划的内容。

为了使营销计划更加行之有效,营销经理还必须了解各种类型的营销组合费用与其销售和利润之间的基本关系。这些关系可用利润方程式和销售方程式表示。利润最优化要求确定最适当的营销费用水平、营销组合和营销资源配置。

一、利润方程式与销售方程式

每一种营销组合决策都将产生一定的利润水平。该利润能够通过利润方程式来估算。假定利润 Z 等于产品收入 R 减去成本 C,即 $Z = R - C$;收入 R 等于产品净价 P' 乘以销售数量 Q,即 $R = P'Q$,而产品净价 P' 等于其标价 P 减去包括运费折让、佣金和各种折扣的单位折让费 K,

即 $P' = P - K$；产品成本 C 由生产和分销的变动成本 c、固定成本 F 和营销费用 M 构成，即

$$C = cQ + F + M$$

则可得

$$Z = (P - K - c)Q - F - M \tag{1.15}$$

式中，Z 为总利润；P 为标价；K 为单位折让费（如运费折让、佣金、折扣等）；c 为生产和分销变动成本（如人工成本、运输成本等）；Q 为销售数量；F 为固定成本（如工资、租金、水电费等）；$(P - K - c)$ 为单位贡献毛利，即扣除平均单位的折让费和生产、分销的变动成本之后，企业所能实现的平均单位毛利润；$(P - K - c)Q$ 为总贡献毛利，即不包括固定成本和可控营销成本在内的可得净收入。

为了在计划工作中应用利润方程式，营销经理需要把销售量 Q 的决定因素制成模型。销售量与其决定因素的关系可用销售方程式（又称销售反应函数）来说明。假定 $X_1, X_2, \ldots, X_n$ 为企业可控制的销售变量，$Y_1, Y_2, \ldots, Y_m$ 为企业不可控制的销售变量，则

$$Q = f(X_1, X_2, \cdots, X_n, Y_1, Y_2, \cdots, Y_m) \tag{1.16}$$

Y 变量主要包括生活费用指数、所要进入的市场的规模和收入等，这些变量的变化会引起市场购买率的变化。企业通常对 Y 变量无法控制，但需要对其做事先的估计。假定某经理估计 Y 变量及其对销售量的影响为：

$$Q = f(X_1, X_2, \cdots, X_n \mid Y_1, Y_2, \cdots, Y_m) \tag{1.17}$$

即在规定的 Y 变量水平下，销售量 Q 是一个关于 X 变量的函数。X 变量是企业可以用来影响或调节销售水平的变量，包括标价 P、折让 K、变动成本 c 和营销费用 M。当销售量作为企业可控制变量的一个函数时，可描述为：

$$Q = f(P, K, c, M) \tag{1.18}$$

而营销预算可以分配在若干方面，诸如广告 A、推销 S、销售队伍 D 和营销研究 R 等。因此，销售方程式就变为：

$$Q = f(P, K, c, A, S, D, R) \tag{1.19}$$

二、利润最优化

假如营销经理希望找到一个能够获得最大利润的营销组合，那么，他就需要对在营销组合中影响销售的每一要素进行某些调整。我们可用销售反应函数这一术语来描述销售量和营销组合因素之间的关系。

所谓销售反应函数,是指在特定时期内,其他营销组合因素不变,只有一个因素在各种可能的水平下变化时所导致的销售数量。图 1.1 显示了几种可能的销售反应函数曲线。

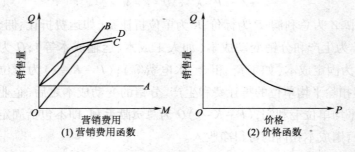

图 1.1 销售反应函数曲线

图 1.1(1)表明了在销售量和营销费用之间四种可能的函数关系。营销费用函数 A 是最不合理的,它表明销售量不受营销费用水平的影响,即顾客的数量及其购买率不受销售访问、广告、促销以及营销研究的影响。营销费用函数 B 表示销售量随着营销费用的增加而呈线性增长,而且在图中,截距为零,但在营销实践中,即使没有支出任何营销费用,销售也会发生,所以,线性增长和截距为零都是不精确的。营销费用函数 C 是一个凸型函数,它表示销售量以递减的比率增加。这样描述销售对销售人员增加的反应是比较合理的。其理由是:如果某地区只有一位销售人员,则他会访问最有潜力的顾客,因而销售反应的毛利率将是最高的。现假设该地区又新增一位销售人员,则他只能访问潜力较小的顾客,其毛利率将有所下降。同样,连续增加销售人员的结果,势必使访问功效逐渐下降,销售增长呈递减趋势。营销费用函数 D 是一个 S 型函数,它表示销售数量先呈递增比率上升,然后按递减比率上升。用该函数来描述随着广告费用的增加而引起的销售反应是比较合理的。其理由是:小额广告预算不能购买足够的广告来产生超过最低限度的品牌知名度,而较高的广告预算可以产生品牌的高知名度、兴趣和偏好,所有这些都可能导致购买反应的增加。然而,太高的预算并不会使购买反应过多增加。这是因为其目标市场已经对该品牌很熟悉了。

随着营销费用的增加,最后发生回报递减的情况,是合乎营销管理实际的。其理由是:首先,任何特定产品的潜在需求总量都有一个上限。需求强烈的购买者只要产品一上市,几乎都会立即购买,而留下来的都是些不易说服的潜在购买者。当潜在需求接近上限时，要吸引那些留下来的购买者就应该大量增加营销费用。其次，当企业增加其营销努力时，其竞争对手很可能采取同样的行动，最后导致各个企业都要承受销售阻抗增加的压力。此外，假如销售始终以递增率上升，则将会导致合理性的垄断，这样，企业将会接管自身所在的行业。但是，这种情况实际上是不存在的。

图1.1(2)则表示我们所熟悉的价格和销售量的关系，即需求规律。该函数表明，假定其他条件不变，价格越低，销售量越高。图中所显示的是一种曲线关系，在实际经济生活中，销售量和价格之间的关系也可能是直线关系。

在估计销售反应函数时，需注意几个问题：①销售反应函数假设除此变量外的其他变量保持不变。例如，无论企业营销费用多高，企业价格和竞争者价格都假设不变。由于这种假设是不现实的，因此，对销售反应函数必须作出修改以反映出竞争者可能的对策。②销售反应函数还假设企业在支出其营销费用时，企业效率保持在一定水平。如果效率有高有低，则销售反应函数就必须修改。③当营销费用在一年后仍继续产生影响时，也应对销售反应函数进行修改。

营销经理在估计销售反应函数并用之于企业经营之中时，有三种有效方法可供选择。一是统计法，即营销经理搜集过去销售量和营销组合变量水平的有关数据(尤其要注意可利用数据的数量、质量及其基本关系的稳定性)，并运用统计分析技术估计销售反应函数。二是实验法，即在可控制条件下，选择一个地区作样本，通过在一定时期内同样条件的消费者或对同一消费者有步骤地改变营销费用水平或营销组合方式，来观察销售量的变化情况，进而推测出销售反应函数。三是判断法，即挑选专家对销售量与营销费用之间的关系进行推测和估算。

销售反应函数估算出来之后，下一步就可将其运用于利润最优化决策中。由于对任何形状曲线的分析过程都是一样的，因此，我们可以 S 型曲线为例加以说明(见图1.2)。首先，经理人员从销售反应函数中减去全部的非营销成本，得出毛利函数。其次，营销费用函数从原点出发，以纵轴每10元花费1元营销费用的比例作一斜直线。然后，从毛利函数中减去营销费用函数后，便得到净利润函数曲线。由图1.2可知，在营销费用的 M_l 和 M_u 之间获得净利，所以，我们可确定在 M_l 到 M_u 之间是营销费用的合理范围。净利润曲线在 M 处达到最高点，因此，使净利最大的市场营销费用应是 M 元。

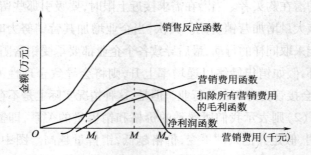

图 1.2 销售量、营销费用和利润之间的关系

三、营销组合最优化

利润最优化理论有助于我们确定最佳的营销费用水平。现在的问题是,如何将这些营销预算有效地分配给各个营销组合因素。很明显,营销组合因素具有部分的替代性。企业要想增加销售量,可以采取降低价格的办法,也可以采取增加销售人员和广告预算的办法。我们可用数学方法求出最佳营销组合方式。

假设企业将营销组合归纳为广告、人员推销、营销研究三项。

(1)假设 Z 为营销净利润,Q 为销售量,c 为单位产品的变动成本,P 为单位产品售价,F 为固定成本总额,A 为广告费用额,S 为人员推销费用额,R 为营销研究费用额,则可得

$$Z = Q(P-c) - F - (A+S+R) \tag{1.20}$$

假设 c,P,F 均为常数,则可用函数式表示为:

$$Z = f(Q,A,S,R) \tag{1.21}$$

(2)利用统计资料,通过经验判断和回归分析,得出销售反应函数,其函数表达式为

$$Q = \varphi(A,S,R) \tag{1.22}$$

将式(1.22)代入式(1.21),得

$$Z = f[\varphi(A,S,R),A,S,R] = \varphi'(A,S,R) \tag{1.23}$$

(3)把不同的营销费用组合数据分别代入上式进行计算,便可求出最大营销利润及相对应的最佳营销组合。此外,也可借助数学方法,对上式进行微分,求出最佳营销组合和最大利润。

假设企业将广告费用额 A 看作影响销售量 Q 的唯一变量,则

$$Q = \varphi(A) \tag{1.24}$$

如以 P 代表单价，Z 代表总利润，$C(Q)$ 代表生产及营销 Q 单位的总成本（不包括广告费用），则总利润为：

$$Z_r = PQ - A - C(Q)$$
$$= P \cdot \varphi(A) - A - C[\varphi(A)] \tag{1.25}$$

若 $Q = \varphi(A)$ 为一种曲线关系，则上述总利润方程可由微分而求得最佳广告费用额，此时总利润最大。

【例】某企业需要确定每月的最佳促销预算 X，假定产品价格 P 为 150 元/件，边际生产成本为 50 元/件，固定成本为 6 000 元，根据市场测试，得知价格和促销之间不存在互动效应，并得出促销的销售反应函数为：

$$Q = 0.8\sqrt{X}$$

根据利润方程式，得

$$Z = (P - c)Q - F - X$$
$$= (150 - 50) \cdot (0.8\sqrt{X}) - 6\,000 - X$$
$$= 80\sqrt{X} - X - 6\,000$$

当

$$\frac{\mathrm{d}Z}{\mathrm{d}X} = 40X^{-\frac{1}{2}} - 1 = 0$$

即 $X = 1\,600$ 时，Z 有最大值。

由于

$$\frac{\mathrm{d}^2Z}{\mathrm{d}X^2} = -20X^{-\frac{3}{2}} \qquad 且\ X > 0$$

所以 $X = 1\,600$ 为唯一极大值，即企业每月应花费 1 600 元用于促销。这样，与不开展促销相比较，企业可增加销售 32 件/月，即

$Q = 0.8\sqrt{1\,600} = 32$；增加利润 1 600 元/月，即

毛利润 $= 80\sqrt{1\,600} - 1\,600 = 1\,600$，如图 1.3 所示。

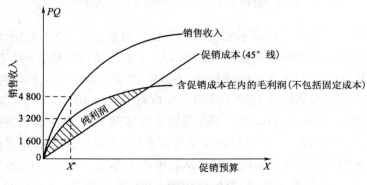

图 1.3　最佳促销预算的确定

在图 1.3 中,最上面的曲线是随着促销预算增加而以递减速度增加的销售收入曲线,从销售收入中减去生产成本,即为含促销成本在内的毛利润,再减去促销成本即得净利润。我们所要求的最佳促销预算 X,也就是在促销成本曲线(即 45°线)上与毛利润曲线垂直距离最远的那个点 X^*。毛利润曲线在 X^* 点的切线与 45°线平行。在该点,边际促销成本与边际毛利润相等,纯利润最大。

四、营销预算分配最优化

营销计划工作者的最后一项重要任务,是将既定的营销预算以最适当的方式分配给不同的目标市场。这些目标市场可以是不同的销售区域,也可以是不同的顾客群体。在一定的营销预算和营销组合条件下,通过不同市场之间的资金转移,也可以为企业带来更多的销售和利润。

营销经理可以根据某一实际的或预期的销售比例,将营销预算分配给不同的目标市场。但是,以销售规模为标准来分配资金往往导致效率的低下。其主要原因就是混淆了平均销售反应和边际销售反应。图 1.4 表明了这两者之间的区别,并清楚地表明没有理由假定它们是相关的。

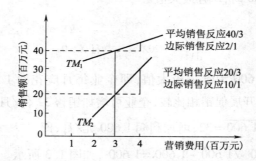

图 1.4　在两个目标市场上的平均销售反应和边际销售反应

图 1.4 中的两个点表示企业在两个目标市场(TM_1 和 TM_2)上的目前营销费用和销售额。企业在 TM_1 和 TM_2 上的营销费用都是 300 万元,而在 TM_1 得到 4 000 万元的销售额,在 TM_2 得到 2 000 万元的销售额。从每元的营销费用而得到的平均销售反应看,$TM_1 = 40/3$,$TM_2 = 20/3$,$TM_1 > TM_2$。这样,似乎需要把 TM_2 的资金转移到 TM_1,因为那里的平均销售反应大。但是,真正的问题在于边际反应,边际反应是以通过该点的销售函数的斜率来表示的。如果从斜率的大小看,$TM_2 > TM_1$,即每增加 100 万元的营销费用,在 TM_2 可增加 1 000 万元的销售额,而在 TM_1

只能增加 200 万元的销售额。很显然,营销预算分配的基础应是边际反应,而不是平均反应。

边际反应是从各地区销售反应函数中求得的。假设某企业能够估计出目标市场的销售反应函数。再假设有两个目标市场的销售反应函数如图 1.5 所示。该企业希望把 X 元的预算分配到这两个目标市场中去,以获取最大的利润。如果这两个目标市场的成本都一样,那么,使利润最大化的分配也就是使销售额最大化的分配。当预算恰好完成且这两个目标市场的边际销售反应都相同时,资金的分配达到最优化。从几何意义上说,这意味着分配最优化时两销售反应函数的切线斜率应相等。图 1.5 表示在 600 万元的预算中,应分配约 460 万元到 TM_1,分配 140 万元到 TM_2,这样,产生约 1.8 亿元的最大销售额。此时,两目标市场的边际销售反应是相等的。

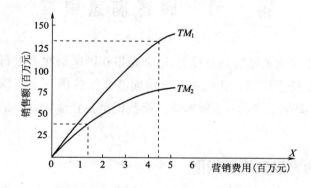

图 1.5　在两个目标市场的销售反应函数

第二章 顾客满意与品牌选择模型

　　满意是对需求是否满足的一种测定尺度。当顾客需求被满足时,顾客便体验到一种积极的情绪反映,即满意。顾客满意是指顾客对某一事项已满足其需求和期望程度的意见,也是顾客在消费后感到满足的一种心理体验①。企业品牌决策必须充分考虑顾客对品牌的学习和选择过程,以确保顾客满意。

第一节　顾客满意模型

　　一般意义上的顾客满意模型,通常是指在国家层次上进行衡量的顾客满意指数概念模型。我们在本节将简略介绍各国的顾客满意指数模型,并结合案例阐述和分析顾客满意指数模型在企业实践中的应用和分析方法。

一、顾客满意指数模型

　　20 世纪 90 年代以来,世界上许多国家都陆续开展了全国性顾客满意度指数测量工作。瑞典率先于 1989 年建立了全国性的顾客满意指数,即瑞典顾客满意晴雨表指数(SCSB)。此后,美国顾客满意指数(ACSI)和欧洲顾客满意指数(ECSI)也分别于 1994 年和 1999 年相继问世;新西兰、加拿大等国家和台湾地区也在其重要行业建立了顾客满意指数。顾客满意指数不仅有助于深入理解顾客和供应商之间进行交易的动态过程,而且这方面的信息也可以帮助社会各个阶层制定相关的决策和制度。在区域层次上,有助于制定相关的竞争策略并监测执行,如

---

　　① Philip Kotler & Gary Armstrong, *Principles of Marketing*, 13th Edition, New Jersey: Pearson Education, Inc. ,2010, p. 31.

欧美和太平洋区域的竞争等;在国家层次上,可以帮助建立经济增长制度,分析竞争态势,质量分析及调整(包括价格计算、估计 GDP 及生产力趋势等);在行业和企业层次上,有助于了解公司的赢利能力、创新能力及可持续发展能力;在顾客层次上,有助于开展相关的福利研究,包括以家庭和城市居民为基础的生活条件分析等。

(一)瑞典顾客满意晴雨表指数(SCSB)模型

瑞典顾客满意晴雨表指数模型(如图 2.1 所示)中的核心要领是顾客满意。它是指顾客依据某一产品或服务迄今为止全部的消费经历而对提供者的整体评价,它不是针对某一件产品或某一次服务经历评价的顾客满意(Transaction - specific Satisfaction),而是一种累积的顾客满意(Cumulative Satisfaction)。目前,各国顾客满意指数模型均采用这一概念。主要原因是消费者不是以某一次消费经历,而是以迄今为止累积起来的所有消费经历为基础作出未来是否重复购买的决策。因此,与特定交易的顾客满意相比,累积的顾客满意能更好地预测消费者后续的行为(顾客忠诚)以及企业的绩效,以它作为指标衡量国民的生活质量更有说服力。

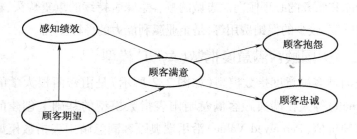

图 2.1　瑞典顾客满意晴雨表指数模型

模型中,顾客满意有两个基本的前置因素(Antecedent Factor):顾客期望(Customer Expectation)和感知绩效(Perceived Performance)。感知绩效是指产品或服务的质量与其价格相比在顾客心目中的感知定位。感知绩效越高,顾客满意也随之提高。

模型中的顾客期望是指顾客预期将会得到何种质量的产品或服务。假设顾客第一次购买某个产品,在购买之前可能要浏览广告和消费指南以了解产品的信息,这些信息或褒或贬都会形成顾客的期望。顾客通常会通过以前的消费经历、广告、口头传播等渠道获得信息,对自身的期望值进行理性调整。经过反复调整之后的期望值能够比较真实地反映目前的质量水平,因而它对感知绩效具有正向的作用。一般意义而言,顾客并不愿意承认先前的和现在的认知存在差距,因此会让他们感受到的满意水平向期望靠拢;同时如果顾客先前对产品的认知很高,但结果却不满意,那么他的满意水平可能会介于两者之间,即比先前期望的低而比后来感知的高,即期望很可能会对顾客满意带来正向的影响。

瑞典顾客满意晴雨表指数模型将顾客抱怨作为顾客满意的结果。当顾客对某一企业所提供的产品或服务不满意时,他们会做出两种反应来表示这种不满意——停止购买该产品或服务,或者向该企业表达自己的抱怨或不满,以获得补偿。顾客满意度的提高会直接导致顾客抱怨行为的减少。

从顾客抱怨到顾客忠诚的方向和大小可表明企业的顾客抱怨处理系统的工作成果;若测量得出顾客抱怨到顾客忠诚之间的关系为正,则意味着企业通过良好的抱怨处理系统将不满意的顾客转化成为忠诚顾客;反之则意味着这些对企业不满意的顾客极有可能流失掉。

模型的最终变量是顾客忠诚,在此被宽泛地定义为顾客重复购买某一特定产品和服务的心理倾向。忠诚的顾客意味着持续的重复购买、较低的价格敏感度、较少的促销费用等,是企业赢利能力的一种体现。

(二)美国顾客满意度指数(ACSI)模型

美国顾客满意度指数模型(如图 2.2 所示)是由密西根大学的费纳尔(Fornell)等人在瑞典顾客满意晴雨表指数模型的基础上创建的。模型中感知价值(Perceived Value)沿用瑞典顾客满意晴雨表指数模型中测度感知绩效(Perceived Performance)的两个标志变量:相对于价格的质量评判和相对于质量的价格评判。

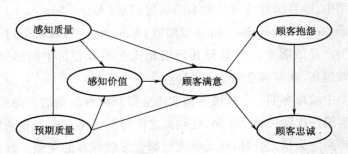

图 2.2　美国顾客满意度指数模型

美国顾客满意度指数模型主要创新是增加了一个潜在变量——感知质量(Perceived Quality)。如果去掉感知质量及其相关的路径,美国顾客满意度指数模型几乎可以完全还原为瑞典顾客满意晴雨表指数模型。该模型借助质量的顾客化、质量的可靠性以及质量的总体评价三个标志变量来测量感知质量。质量的顾客化是指企业提供的产品或服务满足异质化的顾客需要的程度;质量的可靠性是指企业的产品或服务可信任、标准化及没有缺陷的程度。增加感知质量这一概念有两大优势:一是通过质量的三个标志变量,可以清楚地知道顾客化和可靠性在决定顾客的感知质量中所起的不同作用。二是感知质量侧重于单纯的质量评判,而感知价值偏重于价格因素的评判,通过比较它们对顾客满意的影响,可以更加明确地分辨出顾客满意的源头出自何处,是质量制胜还是成本领先,从而便于管理者采取切实可行的营销方法。

美国顾客满意度指数模型在美国获得了广泛应用,目前美国仍然定期发布各行各业的顾客满意指数。图 2.2 是针对美国消费者和产业特点的总体模型,但是针对各行业也会有所调整。例如,图 2.3 针对美国职业安全健康局(Occupational Safety and Health Sector)的顾客满意指数模型中,考虑到不存在产品定价和顾客忠诚的问题,因而就舍弃了感知绩效的变量,并且由顾客信任来替代顾客忠诚变量。同时在测量具体的感知质量时所采用的项目也会有所调整。

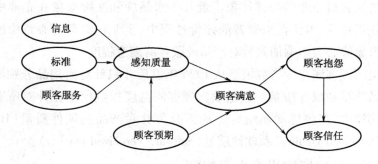

图 2.3 美国职业安全健康局顾客满意指数模型

(三)欧洲顾客满意度指数(ECSI)模型

欧洲顾客满意度指数模型(如图 2.4 所示)继承了美国顾客满意度指数模型的基本架构和一些核心概念,如顾客期望、感知质量、感知价值、顾客满意以及顾客忠诚;两者的不同主要表现在以下一些方面。

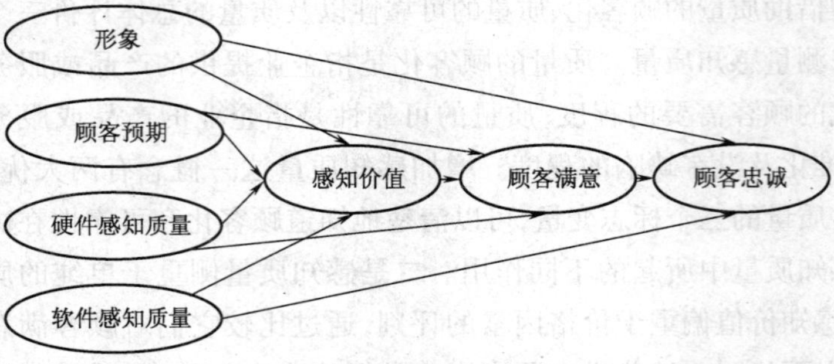

图 2.4　欧洲顾客满意度指数模型

首先,在模型的架构上,欧洲顾客满意度指数模型去掉了美国顾客满意度指数模型中顾客抱怨这个潜在变量。近十几年来,人们越来越意识到处理顾客抱怨的重要性,但是实证研究中顾客满意对顾客抱怨的影响很小,这是因为很多顾客即使不满意,也未必会对企业或者他人抱怨,所以顾客不满意的结果是否会导致抱怨可能取决于文化习惯或评价的行业。

其次,欧洲顾客满意度指数模型增加了另一个潜在变量——形象。它是指顾客对企业的总体印象。近几年来品牌和品牌形象在企业中越来越获得重视,因此在消费者的评价过程中,企业在消费者心目中所形成的形象势必会影响消费者对产品或服务的满意程度。

美国顾客满意度指数模型从 1996 年以后才只针对耐用品分别测度其产品质量和服务质量。但是欧洲顾客满意度指数模型在针对所有行业的测评中,都将感知质量统一地拆分为针对产品的硬件质量(Hardware Perceived Quality)和软件质量(Software Perceived Quality)。

(四)我国顾客满意指数模型

在国外研究的基础上,我国学者针对我国消费者的特点,提出了我国的顾客满意指数模型(如图 2.5 所示)。该模型是由多个潜变量构成的因果关系模型,模型中共选择了 6 个潜变量,其中,顾客满意是最终所求的目标变量;形象、预期质量、感知质量和感知价值是顾客满意的原因变量;而顾客忠诚则是顾客满意的结果变量。

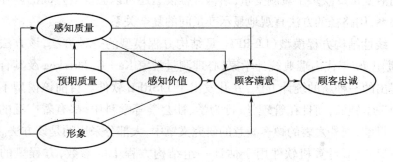

图 2.5　我国顾客满意指数模型

二、顾客满意分析技术和方法

虽然对抽象事物进行定量研究一直是管理科学领域的热点,然而关于顾客满意的定量测评却起步缓慢。早期的测评大多属于定性分析类型,其中一种方式是凭借顾客反馈卡来实施,例如,通过将反馈卡放在顾客就餐的餐桌上来收集、分析顾客的反馈意见;还有一种经常使用的方式是秘密购物,利用一些评估员假扮成顾客来衡量顾客的满意程度。在很长一段时期内,顾客满意测评被等同于顾客调查,直到 20 世纪 70 年代初期,美国电话电报公司(AT&T)引入了满意态度测量(Satisfaction Attitude Measurement),它才首次超出销售调查领域。影响顾客满意的因素很多,既有经济方面的,也有心理方面的,其人文特征非常显著,存在着大量的不确定性。同时,这些因素之间还存在着多重相关关系,从而增加了数据处理上的难度。对于它的测量不同的模型由于构造的着眼点不同,采用的处理方法也不一样。国外研究中主要以结构方程模型和偏最小二乘法为主。

(一)线性结构方程模型

结构方程模型(Structural Equation Modeling,SEM)是最近几十年来应用统计领域发展最为迅速的一个分支。由于它有极强的实用性,许多国际知名的软件公司不断推出升级版的结构方程模型应用软件(如 LISREL,AOMS,EQS,MPLUS 和 SAS 中的 CALIS 模块等)。与传统的回归分析、判别分析等统计分析技术相比,结构方程模型不仅可以考察变量之间的直接影响,还可以揭示变量间的间接影响;很多社会、心理研究中涉及的变量,都不能准确、直接地测量,这种变量称为潜变量(latent variable),需要用一组观测变量(measurable variable)来间接测量这些变量,结构方程模型可以使用潜变量反映多个观测变量;结构方程模型还可以验证变量间的内在结构关系,用路径的方法直观地显示变量间的复杂关系。

线性结构方程模型(LISREL)是结构方程模型的一种方法,该方法是20世纪70年代由瑞典统计学家、心理测量学家Karl G. Jöreskog及其合作者提出的一种新的统计方法,并开发出了LISREL软件。目前该模型不仅在心理学领域,而且在管理学、行为学、社会学等学科中,都有着广泛的应用。目前,国外发表的顾客满意的研究文章中,大部分采用的是该方法。

LISREL计算机软件用于估计一组结构方程中的参数,方程里的变量可以是直接观测的变量,也可以是理论上的概念变量,还可以是与观测变量有关但非观测的潜变量。模型里包括方程的残差和变量的方差。估计方程残差的协方差矩阵和变量的协方差矩阵。线性结构方程模型的估计过程不同于传统的统计方法,它是先由样本数据求得标注变量的协方差阵(或相关阵)S,若模型成立时,将参数的估计值代入结构方程模型,推导出上述变量间的协方差阵(或相关阵)C,它采用特殊的拟合函数使S与C之间的差异最小化的准则来估计参数。LISREL过程提供的参数估计方法有多种,如最大似然法(ML)、广义最小二乘法(GLS)、渐近分布无干扰法(ADF)、加权最小二乘法(WLS)等。使用最大似然法和广义最小二乘法进行估计时,需要假设观测变量为连续性的变量,且具有多元正态分布;否则,尤其是峰度值较高时,即使样本量很大,也容易导致粗劣的估计,导致X_2值偏高。

同任何拟合过程一样,LISREL模型的拟合也是一个不断重复的过程,其步骤大致可分为:①获得原始数据后,根据相应的专业知识,设计出一个假设的因果关系模型;②列出进行LISREL模型拟合的矩阵(包括需要估计的参数);③将其转化为LISREL软件语言,编写程序;④考察所拟合模型的效果,并根据LISREL结果提示,对模型进行修改,直到满意为止。在取得了参数估计值以后,需要对模型和数据之间的拟合情况进行评价。如果模型不能很好地拟合数据,就需要对模型进行修正和再次设定。

LISREL模型从两个层次对误差进行分离,第一个层次是在量表的测量时,对观测变量的误差进行分离;第二层次是在分析潜变量之间的关系时,再次对误差进行分离。而通常的回归模型,对误差只进行一次分离,这种误差的分离是比较粗糙的。

(二)偏最小二乘法

偏最小二乘法(Partial Least Square,PLS)也是结构方程模型的一种,该方法结合了主成分分析和多元回归的特点,尤其适用于根据许多自变量预测一组因变量的分析。偏最小二乘法源自20世纪60年代,沃尔德(Herman Wold)1966年在社会科学领域首次提出了偏最小二乘法分析方法,但是偏最小二乘法方法却是由他的儿子斯万特·沃尔德(Svante Wold)于80年代在化学领域进行了广泛应用。近年来该方法在理论和应用等方面都得到了广泛的发展。

多元回归中变量相关导致的多重共线性使得人们很难利用传统的最小二乘法。通常情况下针对该类问题,人们往往选用少数解释变量,然而这必然造成信息的损失和难以估计预测精度的问题;另外一种方法是采用主成分回归(Principal Component Regression)或者岭回归(Ridge Regression)分析。当自变量很多的时候,这两种方法都要求很大的计算量,而且岭回归还有估计岭参数的问题,主成分回归也有如何确定删掉哪些主成分的问题。偏最小二乘法则将自变量集合和因变量集合看成具有线性关系的数据矩阵。它没有对逐个变量判断其留取与舍弃,而是利用信息分解的思路,将变量的信息重新组合,综合筛选,提取出既能最大程度解释自变量信息,又能最大程度反映自变量与因变量间线性关系的互相正交的综合变量(潜变量)。摒除重叠信息或无解释意义的信息干扰,从而克服变量多重共线性在系统建模中的不良作用,得到一个更为准确可靠的分析结果。因此,偏最小二乘法与常规的多元回归方法不同,用独立的潜变量进行建模预测,这使得偏最小二乘法可以广泛应用于数据不完整,变量间存在多重共线性的问题。

LISREL和偏最小二乘法都可以运用潜变量构建并估计顾客满意结构方程模型,两种方法的优劣不同学者有不同的观点。目前国外研究中在针对顾客满意的分析中主要以传统的线性结构方程模型(LISREL)为主,顾客满意指数模型的参数估计多采用偏最小二乘法(PLS)。Fornell和Bookstein(1982)认为,偏最小二乘法在估计顾客满意指数模型方面优于LISREL方法,偏最小二乘法可以最大限度地提取变量,有效地解释顾客满意的结果变量并对数据的分布没有严格要求,对样本量没有太高要求,而LISREL方法主要是拟合协方差,对顾客满意计算结果的解释能力欠佳。Gefen(2000)则对LISREL、偏最小二乘法和传统的回归方法做了比较,如表2.1所示。Hsu等(2006)比较了基于方差的LISREL方法和基于主成分的偏最小二乘法等方法的区别,并确定了选择结构方程模型方法的流程图,如图2.6所示。

表 2.1　LISREL 和偏最小二乘法分析比较

项目	LISREL	偏最小二乘法
总体分析目标	整个模型的零假设合理;拒绝没有显著影响路径关系的零假设	拒绝一组没有显著影响路径关系的零假设
变异分析目标	总体模型拟合(卡方等)	变异解释(R 方)
理论基础	需要充分的理论基础,支持验证性研究	不需要充分的理论基础,支持验证性和解释性研究
假定分布	极大似然估计需要多元正态分布;其他估计方法支持偏离正态的情况	对偏离正态的情况也是相对稳健的
需要最小样本	至少需要 100 ~ 150 个样本	复杂模型至少是测量变量的 10 倍
反映型模型	支持	支持
构成型模型	不支持	支持

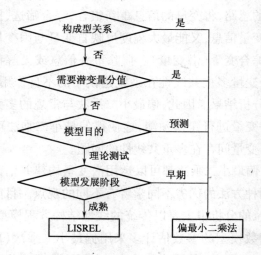

图 2.6　选择结构方程模型分析方法流程图(Hsu et al,2006)

除了线性结构方程模型和偏最小二乘法以外,国外学者在顾客满意的研究中也曾采用卡诺模型、层次分析和质量屋等方法。

(三)卡诺模型

卡诺(N. Kano)教授和其他研究者开发了一种用于探查顾客需求的模型,按照顾客的需求特征,将企业提供的产品或服务因素分为三种类型,即必备的需求因素、单向的需求因素和吸引的需求因素。

这三种类型的因素对顾客具有不同的影响(见图2.7)。其中,必备需求(Must - be Requirement)是顾客对企业提供的产品或服务因素的基本要求。如果这些要求没有得到满足,顾客将会非常不满意。相反,如果这些要求得到了满足,顾客也不会因此产生更高的满意度。单向需求(One - dimensional requirement)是指顾客的满意状况与需求的满足程度成比例关系的需求。企业提供的产品或服务水平超出顾客期望越多,顾客的满意状况越好,反之亦然。吸引需求(Attractive Requirement)是指既不会被顾客明确表达出来,也不会被顾客过分期望的需求。但吸引需求对顾客满意状况具有很强的正面影响。具有这类需求特征的产品或服务因素一旦得到满足,将会对顾客的满意状况产生超比例的提升;相反,即使没有满足顾客的这类需求,顾客的满意状况也不会明显下降。

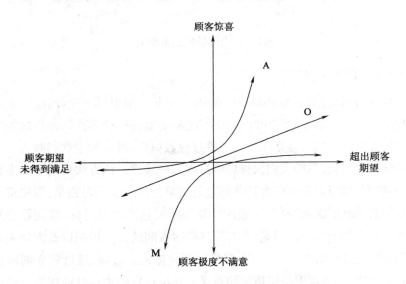

图2.7 顾客满意测量的卡诺模型

　　例如,在图2.8所示的某级别汽车车主对汽车不同配置的卡诺分析中,我们可以看到变速箱、安全带提醒等属于车主对汽车的必备需要,如果汽车缺乏这些配置,车主将对汽车不满;而行车电脑、车载蓝牙系统等配制则属于惊喜需求,如果汽车缺乏这些配置,车主可能未必会对汽车不满,但是如果拥有这些配置,车主则会对汽车相当满意,甚至会惊喜。

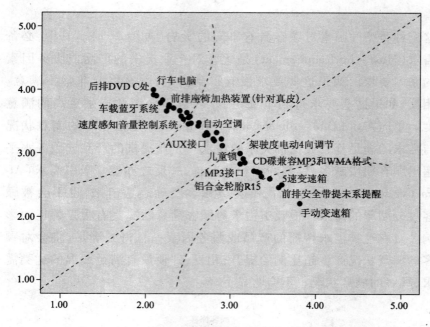

图 2.8　卡诺模型应用示例

（四）层次分析法

层次分析法（The Analytic Hierarchy Process, AHP）是美国匹斯堡大学教授斯塔（T. L. Saaty）于 20 世纪 70 年代初提出的一种多目标评价决策方法。该方法将人们对复杂系统的思维过程数量化,将人的主观判断为主的定性分析定量化,帮助人们保持思维过程的一致性。该方法可用于对多目标、多准则、多因素和多层次复杂问题的决策分析。主要思路是,首先将所要分析的问题层次化,根据问题的性质和所要达到的总目标,将问题分解为影响目标的不同组成因素,并按照这些因素间的相互影响以及隶属关系以不同层次进行组合,形成一个多指标评价体系。进而,通过建立两两比较的关系矩阵,确定下一层指标相对于上一层指标的隶属度或权重。最后按照隶属关系,从下至上地计算出总目标的评价结果。

严格说来,层次分析法并不是一种专门用于顾客满意评价的理论模型,但是在一些行业尤其是难以进行大规模的消费者调查的行业,通常会采用层次分析法确定顾客满意多级指标的相对权重。

例如,表 2.2 所示的应用层次分析法研究 IT 外包的顾客满意评价体系。在此例中,IT 外包的顾客满意被分为咨询服务满意度、客户支持服务满意度、业绩满意度三个大的领域,每个领域又分为若干个评价因素,而每个评价因素又由若干评价属性构成。层次分析法就是通过对各个层级中各要素的两两对比打分计算出该评价体系中下一层指标相对于上一层指标的权重，在此案例中权重还被划分为本地和全球两种，使测量更具有针对性。

表 2.2　层次分析法在顾客满意评价中的应用示例

评价领域	领域的权重	评价因素	评价因素的权重		因素排序	评价属性	评价属性的权重		属性排序
	本地		本地	全球			本地	全球	
咨询服务满意度	0.105	咨询服务质量	0.500	0.052 5	4	最佳实务	0.105	0.005 5	20
						系统化	0.637	0.033 4	7
						标准化	0.258	0.013 5	14
		咨询人力资本	0.500	0.052 5	4	专业化	0.637	0.033 4	7
						业务理解度	0.258	0.013 5	14
						沟通和关系	0.105	0.005 5	20
客户支持服务满意度	0.637	支持服务质量	0.250	0.159 3	3	服务管理	0.088	0.014 0	13
						培训	0.243	0.038 7	6
						维持和修复	0.669	0.106 5	4
		SLA质量	0.750	0.477 8	1	内容	0.405	0.193 5	2
						可靠性	0.114	0.054 5	5
						解释力	0.481	0.229 8	1
业绩满意度	0.258	信息质量	0.258	0.066 6	6	可靠性	0.326	0.021 7	10
						相关性	0.137	0.009 1	17
						准确性	0.326	0.021 7	10
						精确性	0.137	0.009 1	17
						完全性	0.074	0.004 9	22
		系统质量	0.105	0.027 0	7	准确性	0.460	0.012 5	16
						责任性	0.108	0.002 9	24
						可靠性	0.260	0.007 0	19
						延展性	0.120	0.003 3	23
						易用性	0.052	0.001 4	25
		用户IT技能	0.637	0.164 3	2	培训度	0.747	0.122 8	3
						系统理解度	0.119	0.019 6	12
						参与度	0.134	0.022 0	9

（五）质量功能展开分析法

质量功能展开方法（Quality Function Deployment，QFD）是由日本学者赤尾洋二和水野滋于 20 世纪 70 年代初首次提出的，旨在生产/提供满足顾客需求的产品和服务。质量功能展开分析法通过矩阵图表的形式描述顾客需求与产品设计指标之间的关联关系，并对这些关联关系进行量化分析，确定出刻画顾客需求的关键设计指标，从而设计出满足顾客要求的产品。

利用质量功能展开方法测评顾客满意，首先通过对影响总体顾客满意的多个因素对总体顾客满意的关系度进行分析，确定关键测评指标，利用矩阵图表中的关系矩阵和相关矩阵对关键测评指标与影响这些指标的主要因素之间的关系以及各主要影响因素之间的关系进行量化分析。这种分析过程通过直观形象的质量屋来实现，图2.9 是应用该技术研究和分析汽车维修行业顾客满意情况的示例。

一级指标	重要度	店内整洁	交通便利	停车空间	检查时间	故障说明	合理换件	维修时间	保修时间	服务态度	修后清洗	技术水平	返修率	按时交付	明码标价	价格合理	收费说明
维修环境	0.1	9	7	5													
规范维修	0.17			3	5	9	7	3	1	3				3	3		
修后服务	0.17		5						9	5	3	5	3			1		3
维修质量	0.3	1		1	3	3	3		7		1	9	7	3		5	
维修价格	0.26	3					5			1			3		7	9	5
二级指标重要度		0.41	0.32	0.27	0.21	0.30	0.42	0.07	0.61	0.26	0.13	0.52	0.31	0.17	0.31	0.47	0.22
维修环境满意度	8.74	8.9	8.7	8.4													
规范维修满意度	7.30				7.9	7.5	6.8	7.6									
修后服务满意度	7.70								7.5	8.6	6.8						
维修质量满意度	6.69											6.6	7.5	5.5			
维修价格满意度	6.88														7.3	16.4	7.3

图2.9　顾客满意测评质量屋示例

在此例中,关键测评指标(一级指标)为维修环境、规范维修、修后服务、维修质量和维修价格五项;营销因素(二级指标)为店内整洁、交通便利、停车空间等16项。质量屋的上半部分展示的是相关矩阵和一级指标重要度(纵向);相关矩阵刻画了各主要影响因素之间的相关关系,一级指标重要度揭示了各测评指标的重要度。质量屋的下半部分是关系矩阵和二级指标重要度(横向);关系矩阵说明了各影响因素与测评指标的关联程度,系数越大表示二者关联程度越高,一般只在关联度最高的测评指标列填写关联值,表示该因素隶属于此测评指标。从图2.9我们可以清晰地看到各因素与各测评指标之间的关系。

三、顾客满意模型应用案例:家电售后服务案例

(一)案例背景

海尔集团以其卓越的售后服务著称,售后服务的成功离不开对售后服务满意度的测评和监控。在海尔集团,售后服务测评是一项重要的工作。海尔集团认为,售后服务满意测量与传统的满意度测量有所不同,对此海尔集团开展了售后服务专项研究,以建立适合其自身的满意度测评模型,期望通过该项研究发现自身售后服务中的问题,进一步巩固其在售后服务领域中的优势。

(二)案例内容

满意度的测评是一项系统工程,为此,从流程设计到模型建立、验证,从数据收集到测评结果分析,海尔集团为此做了大量细致的工作。

1. 售后服务满意调查流程设计

成功的研究项目需要细致的流程设计,图2.10是海尔集团为此次专项售后服务调查设计的流程图。

整个调查大致可以分为三大部分:

(1)指标确定及建立模型。这部分主要通过客户访谈,焦点小组访谈等定性研究方法提取可能的测评指标,并且使用这些测评指标构建专项满意度测评模型。此外,通过试调研来完成模型的可行性验证也是这一步需要做的,结构方程模型是最为常用的检验方法。

(2)正式调研与数据分析。结构方程模型可以告诉我们模型的好坏及各变量之间的关系,但这并不是满意调查的全部。在正式调研中,我们还需要进一步的了解与分析用户对服务的整体评价,发现满意度的短

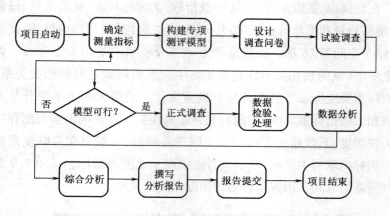

图 2.10 售后服务满意调查流程

板项目,发现企业服务的主要问题并依此给企业提供相应的管理意见。

(3)撰写分析报告。得到调研结果并不表示调研工作的结束,撰写分析报告,并将其生动地展现给企业也是一项重要的工作。

2. 顾客满意度测评指标挖掘

海尔集团采用了焦点小组访谈的形式来获得顾客对于售后服务方面的认识。焦点小组访谈属于探索性研究,通过邀请客户进行开放式访谈,了解用户在产品使用(或服务体验)过程中影响其满意度的所有要素,在焦点小组访谈中要注意以下几点:

➤ 通过让用户进行开放式评价的方式,了解用户的关注点,记录人员应事先准备好提纲,并适时记录用户提及的关注点。

➤ 先让用户进行总体评价,然后再针对细节让用户逐一评价。

➤ 当用户提及访谈提纲中没有准备的点时,主持人要注意进行追问,以挖掘更深层次的指标。

通过焦点小组访谈,海尔集团初步得到了 29 个测评其售后服务的指标,这 29 个测评指标又可以归为接待服务、执行服务规范、维修人员素质能力水平和跟踪服务四个二级(潜变量)测评指标。

3. 构建测评模型

根据探索性研究,影响海尔集团家电售后服务满意度的主要因素有接待服务、执行服务规范、维修人员素质能力水平和跟踪服务四项;考虑到良好的执行服务规范能够更好的挖掘、展现维修人员的素质,因此,在模型中将执行服务规范与维修人员素质能力水平连接起来,这样就得到了图 2.11 所示的售后服务满意度测评模型。

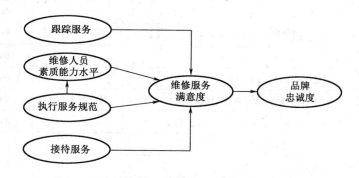

图 2.11　售后服务满意度测评模型

4. 调查问卷设计与试调查

在构建好测评模型后,海尔集团以焦点小组访谈获得的 29 个问题为基础,再加上满意度及忠诚度测量指标,构建了其家电售后服务调查问卷,用此问卷做了试调查。测评模型的验证主要通过结构方程建模的方法进行。

结构模型的结果验证了测评模型的可行性(GFI: 0. 825, CFI: 0. 892),测评模型的四个二级测评指标(接待服务、执行规范、人员水平、跟踪服务)可以解释满意度 73.8% 的变差,解释忠诚度 60.7% 的变差,总体来说测评模型具有不错的解释效果。

此外,在预调研中还得到了可观测指标的重要程度排序,如表 2.3 所示。

表 2.3　可观测指标的重要程度排序

序号	预调查指标	重要程度
1	维修时对产品及周围环境的保护	98%
2	零配件价格	98%
3	对投诉纠纷的处理及反馈	98%
4	电话接线员的服务态度	96%
5	维修能有效解决产品故障(修好产品)	95%
6	维修时间安排(工作日 8 小时之外、节假日上门服务)	93%
7	临走时留置联系方式及告别语	93%
8	听取用户对故障的描述	91%
9	服务电话畅通	89%

序号	预调查指标	重要程度
10	电话预约上门服务时间	88%
11	维修过程中或维修后讲解产品使用和保养常识	88%
12	对故障的诊断水平	86%
13	安装调试(维修)后回访的及时性	86%
14	售后服务电话每周七天(包括节假日)、每天24小时开通	84%
15	接线员清楚了解您产品的情况和故障信息	84%
16	对故障原因及处理的解释	84%
17	维修后清洁产品、周围环境	84%
18	事先说明收费标准	84%
19	维修工时收费	84%
20	回访人员听取意见的态度	84%
21	自我介绍及礼貌用语	82%
22	零配件质量	80%
23	对不能按约定时间上门服务的处理(解释原因并再次预约)	79%
24	建立用户档案	71%
25	维修后请用户验收的环节	70%
26	上门的准时性	68%
27	电话接听速度	66%
28	诚实可信(无不实告知、不擅自扩大维修范围、零配件不以次充好)	66%
29	佩戴胸卡、统一着装以及使用鞋套	64%
30	零配件要保证供应	
31	承诺的应做到	
32	讲解要清楚	

结合预调查分析结果,以及与企业的沟通,我们在问卷中删除部分变量(22、23题),增加部分变量(30~32题),最终得到正式调查问卷。

5. 正式调查及满意度测评结果分析

根据建立的测评模型及满意度测量问卷,海尔集团进行了更大规模的正式调查。调查结果显示,在所有调查对象中各程度满意人群分布如图2.12所示。

从图2.12可以看出,海尔集团售后服务从总体来说是不错的,高满

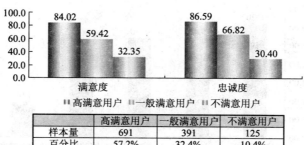

	高满意用户	一般满意用户	不满意用户
样本量	691	391	125
百分比	57.2%	32.4%	10.4%

图2.12　售后环节三类用户的满意度与忠诚度

意用户占到了57.2%,满意指数达到了84.02;一般满意用户也有32.4%,满意指数为59.42,这部分人群具有很大的提升价值,找到服务短板,提高短板服务质量,将这部分顾客提升为高满意客户将是海尔集团下一步的工作重点。而三类具有不同满意度的客户在年龄结构上也有一定差异,具体如图2.13所示。

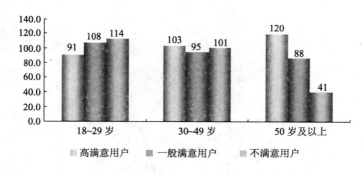

图2.13　三类用户的年龄特征

从图2.13可以看出,满意度高的客户多为中老年客户(特别是年龄50岁以上的顾客),而年轻人中对售后服务不满意的客户占了1/3以上,就比例而言远大于平均水平。

对于不满意的客户,就其各二级指标及总体满意水平做了更进一步的分析,如图2.14所示。

从图2.14可以看出,不满意客户对跟踪服务的评价最低,是不满意服务的短板所在,因而加大跟踪服务,特别是对于不满意客户居多的年轻客户将具有重要的价值。此外,上面的结果显示,不满意客户在四项二级指标上的得分均为5分左右,但总体满意度却只有1.93,这似乎有

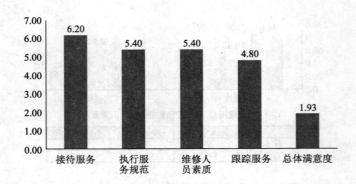

图 2.14   不满意客户测评二级指标分值

点不正常。结合不满意客户的年龄分布,建议海尔对年轻客户进行更为深入的调查,或许这类客户具有更为特殊的隐藏需求没有被发现,如果有隐藏需求存在,那么上述的矛盾就能得到很好的解释。

最后,在产品类别层面上,各类产品售后服务的驱动因素如图 2.15 所示。

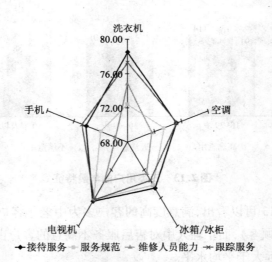

图 2.15   各类产品售后服务的驱动因素

从图 2.15 可以看出,在顾客心中,洗衣机售后服务的驱动因素是最为明显的,最不明显的是电视机的售后服务。

在洗衣机的售后服务中最重要的是接待服务,其次是跟踪服务,维修人员能力和服务规范的重要性则较低;而在电视机的售后服务中接待服务、服务规范、维修人员能力则具有几乎同等的重要地位。

通过上面的驱动因素图,海尔集团明确了各产品售后服务的重点。而整个满意度调查分析也为海尔集团售后服务工作的进一步提升提供了重要的参考价值。

(三)案例问题

(1)海尔集团的满意度调查过程是否有问题? 如果有,应该如何改进?

(2)海尔集团的满意度测评模型是否合理? 模型还有哪些改进空间?

(3)从给出的问卷来看,还可以进行哪些更为深入的满意度测评分析?

第二节 品牌选择模型

一、基本模型——品牌选择模型

在品牌选择研究中,学者常常用概率模型来刻画这一过程。选择某一品牌的概率与该品牌给消费者(家庭或个人)带来的效用有关。不难理解,某品牌给消费者带来的效用越大则消费者选择该品牌的概率就会越高,在现实生活中消费者也就越可能做出购买该品牌的决策。以家庭消费者为例,某品牌给家庭带来的效用可以用指数函数表示:

$$\exp(u_b + \beta X_{bt}^h) \tag{2.1}$$

上式中,u_b 代表品牌截距,X_{bt}^h 代表营销和家庭因素向量,β 为特征系数向量。其中:

$$u_b + \beta X_{bt}^h = u_b + \beta_1 PRICE_{bt} + \beta_2 FEAT_{bt} + \beta_3 DISP_{bt} + \beta_4 BL_b^h + \beta_5 LAST_{bt}^h \tag{2.2}$$

即营销和家庭因素向量 X_{bt}^h 的组成元素包括 t 时刻品牌 b 的净价格 $PRICE_{bt}$,品牌特征指标 $FEAT_{bt}$,品牌展示指标 $DISP_{bt}$,及品牌 b 的内在忠诚度(或偏好)BL_b^h。BL_b^h 是通过计算品牌 b 在品牌引入期在家庭 h 中的市场份额得来的,并假设这一份额保持不变(Bucklin 等,1998)。当然,如果认为顾客偏好的差别具有不可观察到的异质性(见消费者的异质性),那么 BL 项就可以省略。$LAST_{bt}^h$ 是一虚拟变量,当家庭 h 上次购买的是品牌 b 时该数值为 1,否则为 0。它描述了购买事件的反馈或者状态依赖。

假设,供家庭备选的品牌共有 B 种,则家庭消费者选择品牌 b 的概率可以表示为:

$$p(c_t^h = b) = \frac{\exp(u_b + \boldsymbol{\beta} X_{bt}^h)}{\sum_{b'=1}^{B} \exp(u_b{}' + \boldsymbol{\beta} X_{b'c}^h)} \tag{2.3}$$

上述品牌选择模型可以预测消费者对某品牌的选择概率,但在运用过程中还需要关注另外一个问题——消费者的异质性。消费者在品牌偏好、市场反应上的差异是天生存在的,下面我们将介绍如何在模型中处理消费者的异质性问题。

二、消费者的异质性

(一)模型分析

消费者的异质性表现在其对品牌偏好、对营销活动的反应以及产品使用过程中经验学习的差异上。因此,在品牌选择模型中,模型参数应该因消费者而异。此时,等式(2.2)可以写成:

$$u_b^h + \boldsymbol{\beta}^h X_{bt}^h = u_b^h + \boldsymbol{\beta}_1^h PRICE_{bt} + \boldsymbol{\beta}_2^h FEAT_{bt} + \boldsymbol{\beta}_3^h DISP_{bt} + \boldsymbol{\beta}_4^h BL_b^h + \boldsymbol{\beta}_5^h LAST_{bt}^h \tag{2.4}$$

对比式(2.4),(2.2)中的品牌截距 u_b 被家庭截距 u_b^h 替代,这意味着不同家庭对不同品牌的偏好是不同的。此外,营销和家庭因素向量 X_{bt}^h 的系数 $\boldsymbol{\beta}_k^h$ 也会因家庭而异。

当然,模型参数的改变仅仅是一种处理消费者异质性的方法,事实上学者在处理异质性问题上通常会从以下六个方面入手:

第一,单个参数的分布:单个参数的分布可以是连续的(Chintagunta 等,1991)、离散的(Kamakura,Russell,1989)、有限混合的(Varki,Chintagunta,2004;Allenby 等 2002;Wedel,Kamakura,1998)。

第二,参数被认为具有异质性:包含异质性的模型参数可以只是偏好,或者大部分系数或者说是全部系数。

第三,参数的联合分布:异质参数的分布可以是不相关的、相关的,或者不做任何假设的。

第四,异质性的整合:异质性分为两种,可观测的和不可观测的。可观测的异质性意味着任何参数的异质性都能通过人口统计资料或者初始期的偏好(BL_b^h)等测量变量得到。可观测的异质性是很容易整合的,只需要将异质性的可观测来源和模型中的变量之间的主效应和交互效应纳入模型即可。问题是这一方法不能将所有的异质性都纳入模型,因此除了可观测的异质性外,研究者们通常也尽可能对不可观测的异质性建模。

第五,备选品牌的异质性:公式(2.3)的模型中假设每个家庭在做决策时所考虑的品牌组是相同的。Siddarth 等(1995)对这一假设提出了质疑。他们认为,每个家庭所考虑的品牌都是不同的。

第六,估计方法:最大似然估计、模拟的最大似然估计、贝叶斯估计都是可供选择的模型估计方法。

以上6方面的决策产生了 $3 \times 3 \times 3 \times 2 \times 2 \times 3 = 324$ 种处理异质性的组合方法,很难说哪一种方法是特别受欢迎的。虽然没有最优方法,有时各种方法之间的区别并不重要(Andrews,等2002),但通常认为,在模型中加入不可观测的异质性,至少品牌截距的差异是十分重要的。

总之,如上所述,加入异质性的品牌选择模型会增加模型的复杂性,但其仍具有重要意义:

第一,可以减少总偏误:我们知道,在线性模型中,如果观测值具有特有的观测参数,而我们把数据混在一起只估计一个参数时,这一参数将是有偏的,因为它不能代表观测值的平均参数(Hsiao,1986)。这对于非线性模型同样成立。这就意味着我们在不考虑消费者差异性的模型中所得到的品牌选择常数和市场反应因子是具有误导性的。

第二,可以降低虚假的状态依赖:在无差异模型中,状态依赖参数(β_s^h)被高估了,这是因为它吸收了由异质性偏好和动态变化偏好所导致的变异(Keane,1997;Abramson,2000)。

第三,更有利于市场细分:营销是关于市场细分的科学。通过研究消费者的异质性,我们就可以基于偏好或反应来细分市场,从而使模型更为实用。

第四,更好的预测:将异质性纳入模型意味着模型中包含的信息更多了,因而预测也将更为准确。

(二)品牌选择模型应用案例——可乐市场品牌选择研究

1.品牌选择模型

假设以美国某都市区大型卖场中可乐的销售记录数据为基础,对消费者品牌选择建模进行研究。在研究中,大卖场中的可乐品牌名录包括:百事可乐、可口可乐、RC 可乐和本地品牌可乐四大类,调查的数据为跨度两年的时序数据,数据中包含了价格、品牌特征(品牌在媒体上所宣传的特征)、品牌展示(店内展示)等营销变量及以销售量为基础的各品牌市场份额变量;在样本选择上,研究只选取购买过可乐的家庭(或个人)作为样本。调研数据特征归纳如表 2.4 所示。

表 2.4　研究变量

品牌目录	百事可乐、可口可乐、RC 可乐、本地品牌可乐
营销变量	品牌价格、品牌展示、品牌特征
样本选择	购买过可乐的消费者,有效样本量 312
时序	2005.7 – 2006.7(以月为单位)
市场份额	各时序的市场份额(以销售量为依据)

此外,需要注意的是,为了排除其他因素的影响,研究数据只选择了同一规格(容量 500mL)的可乐购买数据。

研究中,首先设定将可乐对消费者的效用函数为:$\exp(u_b + \boldsymbol{\beta}X_{bt}^h)$。$u_b$ 为函数截距,$\boldsymbol{X}$ 则包含了品牌价格、品牌展示、品牌特征三个营销变量,$\boldsymbol{\beta}$ 为变量系数,b 表示品牌标记,t 为时间标记。

研究采用了 MCMC 算法进行参数估计,得到各品牌的效用函数参数如表 2.5 所示。

表 2.5　效用函数参数估计(1)

品牌名称	截距	价格系数	展示系数	特征系数
百事可乐	1.50	– 2.48	0.44	0.23
可口可乐	0.94	– 0.74	0.42	0.16
RC 可乐	0.73	– 0.72	0.33	0.06
本地可乐	1.00	0.18	0.15	0.21

效用函数系数表明,品牌价格与效用具有反向相关关系(本地品牌除外),其中百事可乐的影响最为明显(系数为 – 2.48);而品牌展示及品牌特征与效用之间是正相关关系,在这两项中百事可乐也占据着第一的位置,这说明营销变量对百事可乐的效用影响最大,百事可乐的营销活动具有最好的效果。

将效用函数系数带入品牌选择概率模型:

$$P(C_k^h = b) = \frac{\exp(u_b + \boldsymbol{\beta}X_{bt}^h)}{\sum_{b'=1}^{B} \exp(u_{b'} + \boldsymbol{\beta}X_{b't}^h)}$$

就可以得到时序内任意 t 时刻消费者对各品牌的选择概率。

而为了确定模型预测精度,研究中将各时序的实际市场份额作为真实值,将各时序的品牌选择概率作为预测值,对二者的拟合度进行分析,分析结果表明该品牌选择模型的拟合度达到了74%。

2. 包含消费者异质性的品牌选择模型

(1)中的品牌选择模型没有考虑消费者的异质性,其潜在的假设是消费者都是同质的,都具有相同的偏好,这显然与实际情况是不相符的。为此,该研究对模型做了进一步的修正,研究将消费者 $t-1$ 时刻的品牌选择(虚拟变量)作为其偏好纳入模型,这样不同的消费者就具有不同的偏好设定,消费者的差异性也得到了一定程度的体现,当然这也只是处理消费者异质性的方法之一。通过这样的处理得到效用函数参数如表2.6所示。

表2.6 效用函数参数估计(2)

品牌名称	截距	价格系数	展示系数	特征系数	偏好系数
百事可乐	1.40	−2.13	0.38	0.18	0.81
可口可乐	0.86	−0.57	0.33	0.11	0.74
RC可乐	0.75	−0.51	0.29	0.02	0.59
本地可乐	1.00	0.21	0.12	0.13	0.61

对比(1)中的模型,加入偏好项模型的其他各项系数都有所降低,这说明营销变量对于具有一定偏好消费者的营销会降低。

同样将数据带入模型进行拟合度检验,考虑消费者异质性,加入消费者偏好的模型拟合度为86%,较(1)中的模型有所提高,这说明考虑消费者异质性是有意义的。

第三章　市场需求测量与预测

测量市场需求是评价营销机会的重要步骤,是制定市场营销决策的重要依据,对于正确地进行市场机会分析、市场营销资源配置、市场营销控制具有重要的意义。而市场需求的变化受许多因素的影响,如何依据所处的环境选择正确的市场需求测量与预测方法就显得尤为重要。

第一节　需求测量的相关概念

一、市场需求的概念

(一)市场需求

认识市场需求概念的关键在于市场需求不是一个固定的数值,而是一个函数,即市场需求受产品价格、产品改进、促销和分销、营销预算甚至市场环境的影响。因此,市场需求也被称为市场需求函数或市场反应函数,如图3.1所示。图3.1中,横轴表示在一定时间内行业营销费用,纵轴表示受营销费用影响的市场需求大小,曲线表示行业营销费用与市场需求之间估计的对应关系[1]。

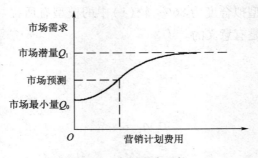

图3.1　市场反应函数

---

[1]　郭国庆、钱明辉:《市场营销学通论》(第四版),第81页,中国人民大学出版社,2011年版。

在这里我们要明确两个概念:市场最小值与市场潜量。

可以想象,即使没有任何需求刺激,不开展任何营销活动,市场对某种产品的需求仍会存在,我们把这种情形下的销售额称为基本销售量(即市场最小量)。

而随着行业营销费用增加,市场需求一般亦随之增加,且先以逐渐增加的比率,然后以逐渐减少的比率增加。在营销费用超过一定数量后,即使营销费用进一步增加,但市场需求却不再随之增长,这时的市场需求称为市场潜量。

由图 3.1 可以看到,市场最小值与市场潜量之间的距离表示需求的营销灵敏度,即表示行业营销对市场需求的影响力。市场有可扩张的市场和不可扩张的市场之分。可扩张的市场,如服装市场、家用电器市场等,其需求规模受市场营销费用水平的影响很大。在图 3.1 中就是 Q_0 和 Q_1 之间距离较大。不可扩张的市场,如食盐市场等,几乎不受营销水平影响,其需求不会因营销费用增长而大幅度增长,在图 3.1 中就是 Q_0 和 Q_1 之间的距离较小。

需要指出的是,市场需求函数并不是随时间变化而变化的需求曲线,即它并不直接反映时间与市场需求的关系。市场需求曲线只表示当前营销努力与当前需求的关系。

(二)企业需求

市场需求并不等于企业需求,企业需求是指在一定时点下,市场总需求中企业所占的需求份额,表示成数学公式为:

$$Q_i = S_i Q \tag{3.1}$$

式中,Q_i 为企业 i 的需求;S_i 为企业 i 的市场占有率(即企业在特定时间内,在特定市场上,某产品销售额所占总销售额的比例);Q 为市场总需求。

同市场需求一样,企业需求也是一个函数,称为企业需求函数或销售反应函数。根据上式,我们可以看出,它不仅受市场需求决定因素的影响,还要受任何影响企业市场占有率因素的影响。

与市场潜量相对应,企业也有企业潜量,在下面我们将介绍这一概念。

二、市场需求测量的相关概念

根据市场需求及企业需求的相关概念,市场需求测量实际上可以分为两个部分:潜量测量和需求实际量测量。潜量测量是指测量市场或企业在一定营销环境下市场需求的最大值,一般可用于行业预测、新产品市场预测等;实际量测量则是指行业及企业在某一时点的实际销售额和市场占有率,可用于企业营销业绩跟踪等领域。二种测量包含的具体内容如图3.2所示。

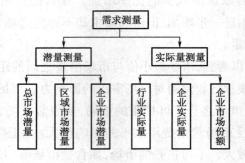

图3.2 两种测量的具体内容

潜量测量中包含的概念有:总市场潜量、区域市场潜量、企业市场潜量;实际量测量中包含行业实际量、企业实际量及企业市场份额等。下面我们将具体介绍每个概念。

(一)潜量测量中包含的概念

1.总市场潜量

总市场潜量是指在一定期间内,一定水平的行业营销努力下,在一定的环境条件下,一个行业中所有企业可能达到的最大销售量。可以用下面的公式测量总市场潜量。

$$Q = nqp \qquad (3.2)$$

式中,Q 为总市场潜量;n 为在既定条件下,特定产品或市场中购买者的数量;q 为平均每个购买者的购买数量;p 为单位产品价格。

从上式,我们可以推导出另一种计算总市场潜量的重要方法,即连锁比率法。利用这种方法的原因是估计一个量的各个组成部分要比直接估计该量容易。假定一家啤酒厂想估计新推出的一种啤酒的市场潜量,它可以用下式来计算:

新啤酒的需求 = 人口 × 人均个人可随意支配收入 × 个人可随意支配收入中用于购买食物的百分比 × 食物花费中用于饮料的平均百分比 × 饮料花费中用于酒类的平均百分比 × 酒类花费中用于啤酒的平均百分比

应用连锁比率法时,应从一般有关要素移向一般产品大类,再移向特定产品,如此层层往下推算。

2. 区域市场潜量

企业不仅要计算总的市场潜量,还要选择欲进入的最佳区域,并在这些区域内最佳地分配其营销费用,评估其在各个区域的营销效果。为此,企业有必要估计各个不同区域的市场潜量。目前较为普遍地使用两种方法:市场累加法和多因素指数分析法。生产产业用品的企业一般使用前者,而后者则多为消费品生产企业所采用。

3. 企业市场潜量

企业市场潜量是指当企业的营销力量相对于竞争者不断增加时,企业需求所达到的极限。很明显,企业需求的绝对极限是市场潜量。如果企业的市场占有率为100%,即企业成为独占者时,企业潜量就等于市场潜量。但这只是一种极端状况。在大多数情况下,企业销售量小于市场潜量。这是因为每个企业都有自己的忠诚购买者,他们一般不会转而购买其他公司的产品。

(二)实际量测量中的相关概念

1. 行业实际量

对于成熟的行业来说,精确的实际需求量相对来说更容易获得。其中,行业实际量可以通过国家统计部门公布的统计数据获取,而企业自身的数据会在经营过程中产生。

实际量测量的一个关键在于对竞争对手的识别并估计他们的销售额,一种可行的方法是用企业销售状况与整个行业发展相比较。例如,如果企业的销售额年增长率为6%,而整个行业的增长率为10%,这就意味着企业的市场占有率在下降,企业在行业中的地位已被削弱,而竞争者却发展迅速。这里涉及另一个概念——市场占有率,下面我们对这一概念进行更深入的介绍。

2. 企业实际量与市场占有率

在前面的介绍中,我们看到企业需求与市场占有率有着密切的关系,企业实际销售量与行业销售量之比就是企业目前的市场占有率。我们知道市场需求受许多决定因素的影响,现在的问题是:有哪些因素影响企业的市场占有率?营销理论认为,各个竞争者的市场占有率同其营销力量成正比。用数学公式表示为:

$$S_i = \frac{M_i}{\sum M_i} \qquad\qquad (3.3)$$

式中,M_i 为企业 i 的营销力量;$\sum M_i$ 为行业营销力量。

【例1】企业 1 和企业 2 是完全相同的两个企业,生产同样的产品,但它们的营销费用不同,为 60 000 元和 40 000 元。利用 3.3 式,我们可以得出企业 1 和企业 2 的市场占有率 S_1 和 S_2(假定此行业只有企业 1 和企业 2 两个竞争者)。

$$S_1 = \frac{60\,000}{60\,000 + 40\,000} \times 100\% = 60\%$$

$$S_2 = \frac{40\,000}{60\,000 + 40\,000} \times 100\% = 40\%$$

即企业 1 可能拥有全部销售量的 60%。

以上只是考虑营销费用绝对水平的不同。假如两企业营销费用使用的有效率也不同的话,前面的公式可修改成:

$$S_i = \frac{a_i M_i}{\sum a_i M_i} \qquad\qquad (3.4)$$

式中,a_i 为企业 i 花费的营销费用的有效率($a = 1.0$,表示平均有效率);$a_i M_i$ 为企业 i 的有效的营销费用。

【例2】例 1 中,如果企业 1、企业 2 的营销费用使用效率不同,$a_1 = 0.90$,$a_2 = 1.20$,那么企业 1 的市场占有率将是:

$$S_1 = \frac{0.90 \times 60\,000}{0.90 \times 60\,000 + 1.20 \times 40\,000} \times 100\% = 53\%$$

上式的建立是假定市场占有率同企业的有效营销费用所占份额之间存在着严格的比例关系。但是研究证明,随着企业有效营销费用所占份额的增加,其利润率却逐渐下降。为了反映这种关系,对上式就须做出调整。利用营销努力弹性指数调整上式,可以得到:

$$S_i = \frac{(a_i M_i)^{e_{mi}}}{\sum (a_i M_i)^{e_{mi}}} \qquad 0 < e_{mi} < 1 \qquad (3.5)$$

式中,e_{mi} 为相对于企业 i 的有效营销力量的市场占有率弹性。

如果所有企业的营销费用的弹性均为 0.80,那么企业 1 的市场占有率就是:

$$S_1 = \frac{(0.90 \times 60\,000)^{0.80}}{(0.90 \times 60\,000)^{0.80} + (1.20 \times 40\,000)^{0.80}} \times 100\% = 50\%$$

可以看到,尽管企业 1 的营销费用占本行业的 60%,但是由于它的营销费用利用的有效率低,并且利润率逐渐降低,其市场占有率只有50%。

如果分析企业营销力量的各个主要组成部分(如广告、销售促进等),分别考虑各组成部分的有效性及弹性,那么市场占有率也可以由下式计算:

$$S_{it} = \frac{R_{it}^{e_{Ri}} P_{it}^{-e_{Pi}} (a_{it} A_{it})^{e_{Ai}} (d_{it} D_{it})^{e_{Di}}}{\sum R_{it}^{e_{Ri}} P_{it}^{-e_{Pi}} (a_{it} A_{it})^{e_{Ai}} (d_{it} D_{it})^{e_{Di}}} \qquad (3.6)$$

式中,S_{it} 为企业 i 在时间 t 的市场占有率;R_{it} 为企业 i 在年度 t 的产品质量等级;P_{it} 为企业 i 在年度 t 的产品价格;A_{it} 为企业 i 在年度 t 的广告和促销费用;D_{it} 为企业 i 在年度 t 的分销和人员推销费用;a_{it} 为企业 i 在时间 t 的广告效果指数;d_{it} 为企业 i 在时间 t 的分销效果指数;e_{Ri},e_{Pi},e_{Ai} 为企业 i 的质量、价格、广告和分销的弹性。

由式(3.6)可以看到,有四个影响企业市场占有率的因素:①营销费用;②营销组合;③营销有效性;④营销弹性。

上式虽比较复杂,但如果考虑以下因素,这个表达式就可以简化为:①营销费用的地理分布;②过去营销费用的递延效果;③营销组合变数的协同效应。

第二节　预测市场需求的方法

从上面我们看到,市场需求及其测量的概念多样,具体需要测量哪些概念的需求需要根据企业的目的而定。而无论哪种概念的测量都需要使用一定的方法,目前常用的预测技术可以归为四大类:判断法、市场和产品分析法、时间序列法和因果分析法,具体如表3.1所示。

表3.1　四种市场需求的测量方法

判断法	市场和产品分析法	时间序列法	因果分析法
销售人员意见综合法	购买者意向调查法	简单平均法	回归分析法
专家意见法	市场实验法	移动平均法	
		指数平滑法	
		分解法	
		ARMA 方法	

一、判断法

判断法主要包括销售人员意见综合法和专家意见法。

（一）销售人员意见综合法

在不能直接与顾客见面时，企业可以通过听取销售人员的意见估计市场需求。

销售人员意见综合法的主要优点是：①销售人员经常接近购买者，对购买者意向有较全面深刻的了解，比其他人有更充分的知识和更敏锐的洞察力，尤其是对受技术发展变化影响较大的产品；②由于销售人员参与公司预测，因而他们对上级下达的销售配额有较大的信心完成；③通过这种方法，也可以获得按产品、区域、顾客或销售人员划分的各种销售预测。

一般情况下，销售人员所做的需求预测必须经过进一步修正才能利用，这是因为：①销售人员的判断总会有某些偏差，受其最近销售成败的影响，他们的判断可能会过于乐观或过于悲观，即常常走极端；②销售人员可能对经济发展形势或公司的市场营销总体规划不了解；③为使其下一年度的销售大大超过配额指标，以获得升迁或奖励的机会，销售人员可能会故意压低其预测数字；④销售人员也可能对这种预测没有足够的知识、能力或兴趣。

根据销售人员意见进行预测的例子见表3.2。

表3.2　销售人员意见综合法

销售人员	预测项目	销售量	出现概率	销售量×概率
甲	最高销售量	1 000	0.3	300
	最可能销售量	700	0.5	350
	最低销售量	400	0.2	80 / 730
	期望值			
乙	最高销售量	1 000	0.2	240
	最可能销售量	900	0.6	540
	最低销售量	600	0.2	120 / 900
	期望值			
丙	最高销售量	900	0.2	180
	最可能销售量	600	0.5	300
	最低销售量	300	0.3	90 / 570
	期望值			

如果公司对三位销售人员意见的信赖程度是一样的,那么平均预测值为:

$$\frac{730 + 900 + 570}{3} = 733.3 \text{（单位）}$$

尽管销售人员综合意见法存在某些不足之处,但是这种方法仍为人们使用。因为各销售人员的过高或过低的预测可能会相互抵消,这样使预测总值仍比较理想。有时,有些销售人员预测时的偏差可以预先识别出来并及时得到修正。

(二)专家意见法

企业也可以利用诸如经销商、分销商、供应商及其他一些专家的意见进行预测。由于这种方法是以专家为索取信息的对象,用这种方法进行预测的准确性,主要取决于专家的专业知识和与此相关的科学知识基础,以及专家对市场变化情况的洞悉程度,因此依靠的专家必须具有较高的水平。

利用专家意见有多种方式。如组织一个专家小组进行某项预测,这些专家提出各自的估计,然后交换意见,最后经过综合,提出小组的预测。这种方式的缺点是,小组成员容易屈从某个权威或者大多数人的意见(即使这些意见并不正确),不愿提出不同的看法;或者虽认识到自己的意见错了,但碍于情面不愿意当众承认。

现在应用较普遍的方法是德尔菲法。其基本过程是:先由各个专家针对所预测事物的未来发展趋势独立提出自己的估计和假设,经公司分析人员(调查主持者)审查、修改、提出意见,再发回到各位专家手中,这时专家们根据综合的预测结果,参考他人意见修改自己的预测,即开始下一轮估计。如此往复,直到各专家对未来的预测基本一致为止。下面举例说明这种方法的应用。

【例3】某企业欲利用专家意见法预测某工业品的需求,于是选择公司的采购经理、销售经理、两位销售人员和三位经销商组成专家组(各成员分别以A,B,C,D,E,F,G表示),由营销经理主持并负责分发资料和汇总意见。

第一次预测:营销经理将过去或其他有关资料发给各专家作预测参考,他们可要求提供所需资料。然后各专家将预测结果送给营销经理,但专家之间不能交换意见。预测结果如下:

预测次数	A	B	C	D	E	F	G	中位数	改变意见的人数	差距
1	110	70	66	70	110	66	64	70	—	46

第二次预测：营销经理将第一次预测的结果分发给专家，使每位专家都了解其他成员的预测数字，然后作第二次预测。他们可修改也可不修改自己的预测结果。如修改，须说明理由。第二次预测结果如下：

预测次数	A	B	C	D	E	F	G	中位数	改变意见的人数	差距
1	110	70	66	70	110	66	64	70	–	46
2	90	70	82	70	82	68	64	70	4	26

第三次预测：营销经理将第二次预测的结果分发给各专家，作第三次预测。

预测次数	A	B	C	D	E	F	G	中位数	改变意见的人数	差距
1	110	70	66	70	110	66	64	70	–	46
2	90	70	82	70	82	68	64	70	4	26
3	90	76	82	70	82	68	68	76	2	22

第四次预测：营销经理将第三次预测的结果分发给各专家，作第四次预测。

预测次数	A	B	C	D	E	F	G	中位数	改变意见的人数	差距
1	110	70	66	70	110	66	64	70	–	46
2	90	70	82	70	82	68	64	70	4	26
3	90	76	82	70	82	68	68	76	2	22
4	90	76	82	70	82	68	68	76	0	22

可以看出，在作第四次预测时，各专家不再修正各自的预测数字，说明他们已满意于第三次预测。营销经理可将第四次预测数字作为最后预测数字。

二、市场和产品分析法

市场和产品分析法主要包括购买者意向调查法和市场实验法。

（一）购买者意向调查法

市场总是由潜在购买者构成的，预测就是预估在给定条件下潜在购买者的可能行为，即要调查购买者。这种调查的结果是比较准确可靠的，因为只有购买者自己才知道将来会购买什么和购买多少。在满足下面三个条件的情况下，购买者意向调查法比较有效：①购买者的购买意向是明确清晰的；②这种意向会转化为顾客购买行动；③购买者愿意把其意向告诉调查者。

对于耐用消费品,如汽车、房屋、家具、家用电器等的购买者,调查者一般要定期进行抽样调查。企业可以采用"购买概率"调查表,通过向被调查者提出诸如"你打算将来购买……吗"这样的问题,调查购买者的购买意向(见表3.3)。

表3.3 用购买概率表进行购买者意向调查

0.00	0.10	0.20	0.30	0.40	0.50	0.60	0.70	0.80	0.90	1.00
绝对不买	不太可能	或许会买	有点可能	尚有可能	有些可能	较为可能	可能	非常可能	颇为确定	一定要买

另外还要调查消费者目前和未来个人财力情况以及他对未来经济发展的看法。

对于产业用品,企业可以自行从事顾客购买意向调查。通过统计抽样选取一定数量的潜在购买者,访问这些购买者的有关部门负责人,通过访问获得的资料以及其他补充资料,企业便可以对其产品的市场需求作出估计。尽管这样费时费钱,但企业可从中间接地获得某些好处。首先,通过这些访问,企业分析人员可以了解到公开出版资料没有考虑的各种问题。其次,可以树立或巩固企业关心购买者需要的形象。最后,在进行总市场需求的预测过程中,也可以同时获得各行业、各地区的市场需求估计值。

用购买者意向调查法预测产业用品的未来需要,其准确性比用在消费品方面要高。因为消费者的购买动机或计划常因某些因素(如竞争者的市场营销活动等)的变化而变化,如果完全根据消费动机作预测,准确性往往不高。一般说来,用这种方法预测非耐用消费品需要的可靠性较低,用在耐用消费品方面稍高,用在产业用品方面则更高。

(二)市场实验法

企业搜集到的各种意见的价值,不管是购买者、销售人员的意见,还是专家的意见,都取决于获得各种意见的成本、意见可得性和可靠性。如果购买者对购买并没有认真细致的计划,或其意向变化不定,或专家的意见并不十分可靠,在这些情况下,就需要利用市场实验法。特别是在预测一种新产品的销售情况和现有产品在新的地区或通过新的分销渠道的销售情况时,利用这种方法效果最好。

三、时间序列法

很多企业以过去的资料为基础,利用统计分析和数学方法分析预测未来需求。这种方法的根据是：①过去的统计数据之间存在着一定的关系,而且这种关系利用统计方法可以揭示出来;②过去的销售状况对未来的销售趋势有决定性影响,销售额只是时间的函数。因此,企业利用这种方法预测未来的销售趋势。

时间序列法主要包括简单平均法、移动平均法、指数平滑法、分解法及 ARMA 方法。

（一）简单平均法

简单平均法是根据过去已有 T 期的销售量,用平均数的方法来预测下一期的销售数值。比如,设时间序列已有的销售量为 $X_1, X_2, \cdots, X_t$,则第 $t+1$ 时期预测的销售量:

$$S_{t+1} = \frac{X_1 + X_2 + \cdots + X_t}{T}$$

同理,我们可以用此方法来预测其他时期的销售量。该方法适合对较为平稳的时间序列进行预测,如果时间序列有趋势或有季节变动,该方法的预测则不够准确。

（二）移动平均法

移动平均法是简单平均法的一种改进方法,其将最近 K 期数据加以平均作为下一期的预测值。设 X_t 为 t 时期的销售量,则 $t+1$ 时期预测的销售量为:

$$S_{t+1} = \frac{X_{t-k+1} + X_{t-k+2} + \cdots + X_t}{K}$$

【例4】移动平均示例:葡萄酒销量预测。

图 3.3 展示了某地区运用移动平均法进行葡萄酒销量预测的结果。

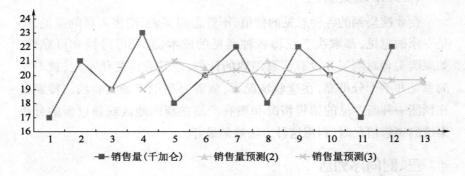

图 3.3　移动平均法对葡萄酒销量的预测结果

图 3.3 中的 ■ 曲线为该地区葡萄酒的实际销售量；▲ 曲线为 $K = 2$ 的移动平均预测线；✕ 曲线为 $K = 3$ 的移动平均预测线。

与简单平均法相比较，移动平均的平均数是"移动"的，如果有新数据可用，就用最新的数据取代最旧的数据，通常移动平均法只提前一期进行预测。

设我们现在拥有 n 期销售量的观察值，则在移动平均中 K 值的确定应该遵循以下准则：

- $K = n$，这时利用全部 n 个观察值的算术平均值作为预测值。
- 在移动平均值的计算中包括的过去观察值的实际个数 $K = 1$，这时利用最新的观察值作为下一期的预测值。
- 当数据的随机因素较大时，宜选用较大的 K，这样有利于较大限度地平滑由随机性所带来的严重偏差；反之，当数据的随机因素较小时，宜选用较小的 K，这有利于跟踪数据的变化，并且预测值滞后的期数也少。

移动平均法计算量小，移动平均线能较好地反映时间序列的趋势及其变化。但在移动平均中 K 个过去观察值中每一个权数都相等，而早于 $(t - N + 1)$ 期的观察值的权数等于 0，这样的假设是不妥的，事实上往往是最新观察值包含更多信息，应具有更大权重。

（三）指数平滑法

指数平滑法是通过对原始数据的修匀来显示其规律性，并建立预测模型反映这种规律，达到预测目的的一种预测方法。依平滑的次数，指数平滑法可分为一次、二次、三次指数平滑法。这三种方法都可进行预测，但适用的范围不同。一次指数平滑法适用于历史数据呈水平发展趋势的预测；二次指数平滑法适用于历史数据呈线性增（减）趋势的预测；三次指数平滑法建立的预测模型是一个二次多项式，它反映了带有曲率增长的事物的发展趋势。当其二次项或二次项与一次项的预测系数为 0 时，就反映了呈直线增（减）趋势或呈水平发展趋势的规律。所以，三次指数平滑法应用最广，一次、二次指数平滑法可以看做是三次指数平滑法的特殊情况。

三次指数平滑法要对原始数据计算三次指数平滑数，然后得出预测公式。其平滑公式为：

$$S_t^{(1)} = \alpha X_t + (1 - \alpha) S_{t-1}^{(1)} \tag{3.7}$$

$$S_t^{(2)} = \alpha S_t^{(1)} + (1-\alpha) S_{t-1}^{(2)} \qquad (3.8)$$

$$S_t^{(3)} = \alpha S_t^{(2)} + (1-\alpha) S_{t-1}^{(3)} \qquad (3.9)$$

式中,$S_t^{(1)}$,$S_t^{(2)}$,$S_t^{(3)}$ 为一次、二次、三次平滑指数;α 为平滑系数,$0 < \alpha < 1$;X_i 为历史数据;t 为时标,$t = 1,2,\cdots,n$。

预测系数公式为:

$$a_n = 3S_n^{(1)} - 3S_n^{(2)} + S_3^{(3)} \qquad (3.10)$$

$$b_n = \frac{\alpha}{2(1-\alpha)^2}[(6-5\alpha)S_n^{(1)} - 2(5-4\alpha)S_n^{(2)} + 4(4-3\alpha)S_n^{(3)}] \qquad (3.11)$$

$$c_n = \frac{\alpha^2}{2(1-\alpha)^2}[S_n^{(1)} - 2S_n^{(2)} + S_n^{(3)}] \qquad (3.12)$$

预测公式为:

$$\hat{X}_{n+t} = a_n + b_n \cdot t + c_n \cdot t^2 \qquad (3.13)$$

式中,t 为预测时标,如搜集数据为 $n = 10$,欲预测今后第二期数据,则 $t = 2$。

由预测公式可知,预测值取决于 $S_n^{(1)}$,$S_n^{(2)}$,$S_n^{(3)}$。从平滑公式可递推得出下式:

$$S_n = \alpha X_n + \alpha(1-\alpha)X_{n-1} + \cdots + \alpha(1-\alpha)^{n-1}X_1 + (1-\alpha)^n S_0 \qquad (3.14)$$

由此可知:①影响预测系数的 $S_n^{(1)}$ 是由历史数据加权形成的;②由于 α 和 $(1-\alpha)$ 均小于 1,所以权数 $\alpha,\alpha(1-\alpha),\cdots$ 是递减的;③α 取值越大,则为新数据赋予的权数越大,$S_n^{(1)}$ 追踪新数据的能力越强,但修匀效果差。α 取值越小,结果则相反。$S_n^{(2)}$,$S_n^{(3)}$ 分析相似。由以上分析,可以得出预测中的初值选择依据:①当原始数据波动剧烈时,α 取值宜小,以增强修匀效果;反之,则宜取大些。通常 α 值宜取 0.05～0.3 之间。②$S_n^{(1)}$,$S_n^{(2)}$,$S_n^{(3)}$ 的最终权数为 $(1-\alpha)^n$。由于 $(1-\alpha) < 1$,故只要搜集数据足够多,$(1-\alpha)^n$ 趋于 0,$S_n^{(1)}$,$S_n^{(2)}$,$S_n^{(3)}$ 的取值对最终预测模型数据的影响就很小,故常近似地取 X_1 作为 $S_n^{(1)}$,$S_n^{(2)}$,$S_n^{(3)}$ 的值。

(四)分解法

分解法将产品销售的时间序列分成四个组成部分:①趋势。它是人口、资本积累、技术发展等方面共同作用的结果。利用过去有关的销售资料描绘出销售曲线就可以看出某种趋势。②周期。企业销售额往往呈现出某种波状运动,因为企业销售一般会受到宏观经济活动的影响,而宏观经济活动总呈现出某种周期性波动的特点。周期因素在中期预测中不甚重要。③季节。指一年内销售量变动的形式。"季节"这个词在这里可以指任何按小时、月份或季度周期发生的销售量变动形式。这个组成部分一般同气候条件、假日、贸易习惯等有关。季节形式为预测短期销售提供了基础。④不确定事件。包括自然灾害、战争恐慌、一时的社会流行风尚和其他一些干扰因素。这些因素一般无法预测,属不正常因素。应当从过去的数据中剔除这些因素的影响,考察较为正常的销售活动。

时间序列分析就是要把过去的销售序列 Y 分解成为趋势(T)、周期(C)、季节(S)和不确定因素(E)等组成部分,通过对未来这几个因素综合考虑,进行销售预测。这些因素可构成线性模型,即

$$Y = T + C + S + E \tag{3.15}$$

(3.15)也可构成乘数模型,即

$$Y = T \times C \times S \times E \tag{3.16}$$

还可以是混合模型,如

$$Y = T \times (C + S + E) \tag{3.17}$$

(五)ARMA 法

描述各类静止过程(在一定的平均水平下保持均衡状态的过程)的模型可以分为三类:①自回归(AR);②移动平均(MA);③自回归与移动平均混合(ARMA)。

移动平均(MA)是指我们上面所说的移动平均方法;而自回归是指如果后一时刻的行为主要与前一时刻有关,而与前一时刻以前的行为无直接关系,那么就是一阶自回归模型。

而如果一个系统,它在 T 时刻的响应 X_t,不仅与前一时刻的自身值有关,而且还与其以前时刻进入系统的扰动存在一定的关系,那么这个系统就是自回归移动平均系统,相应的模型记做 ARMA。

ARMA 是目前时间序列预测中最强大的方法之一。这种方法几乎可以从任何数据模式中得出充分的模型。但这一方法也是非常复杂的,不具备一定的专业知识是无法使用的。

四、因果分析法

时间序列分析把过去和未来的销售都看做是时间的函数,即仅随时间的推移而变化,不受其他任何现实因素的影响。然而,任何产品的销售都要受到很多现实因素的影响。因果分析就是运用一整套统计学方法发现影响企业销售的最重要的因素以及这些因素影响的大小。企业经常分析的因素主要有价格、收入、人口和促销等。

统计需求分析将销售 Q 视为一系列独立需求变量 $X_1, X_2, \cdots, X_n$ 的函数,即

$$Q = f(X_1, X_2, \ldots, X_n) \tag{3.18}$$

但是,这些变量同销售量之间的关系一般并不能用严格的数学公式表示出来,而只能用统计分析来揭示和说明,即这些变量同销售量之间的关系是统计相关。

回归及多元回归技术就是这样一种数理统计方法。它运用数理统计工具在寻找最佳预测因素和方程的过程中,可以找到多个方程,这些方程均能在统计学意义上符合已知数据。

在运用统计需求分析法时,应充分注意影响其有效性的以下四方面问题:①观察值过少;②各变量之间高度相关;③变量与销售量之间的因果关系不清;④未考虑到新变量的出现。

第四章 STP 决策模型

STP 是指市场细分、选择目标市场及市场定位所组成的战略分析流程,其构成了目标市场营销的全过程。在实践中,同一市场内部往往也会存在差异,STP 方法可以帮助企业找到符合自己特征的细分市场,从而避免单纯的价格竞争。这个过程对营销的成功非常重要。

第一节 STP 的概念及过程

一、STP 的相关概念

STP 过程包含市场细分、选择目标市场、市场定位三个部分,这也是目标市场营销的全过程。

市场细分是指企业通过市场调研,根据消费者的需求和欲望、购买行为或购买习惯等方面的差异,把某一产品的整个市场划分为不同消费者群的过程。每一个消费者群就是一个细分市场,每一个细分市场都具有类似的需求倾向[1]。

目标市场是指在市场细分之后,企业所选的、为之提供有效服务并从中获取利润的市场。

市场定位是指企业根据竞争对手现有产品在目标市场上所处的位置,针对顾客对该类产品某些特征或属性的重视程度,为本企业产品塑造与众不同的、给人印象鲜明的形象,并将这种形象生动地传递给顾客,从而使该产品在市场上确立适当的位置。

STP 可以为企业带来如下利益:

第一,有利于企业发现最好的市场机会,提高市场占有率。企业通

---

[1] 郭国庆、钱明辉:《市场营销学通论》(第四版),第 118 页,中国人民大学出版社,2011年版。

过市场营销研究和市场细分,可以了解不同购买者群体的需要情况和目前需求满足情况,在满足程度较低的子市场上,就可能存在着最好的市场机会。

第二,可以使企业用最少的经营费用取得最大的经营效益。通过市场细分和目标市场行为,企业能找到与自身资源能力最为匹配的目标市场,可以有效地根据目标市场需求变化,及时、正确地调整产品结构和市场营销组合,使产品适销、扩大销售,从而达到以最少的经营费用赚取最大经营效益的目的。

第三,有利于提高企业的竞争能力。在市场细分后,每一个子市场上竞争者的优势或劣势就明显的暴露出来。企业只有看准市场机会,利用竞争者的弱点或者树立差异化的形象,用相对较少的资源把竞争者的顾客和潜在顾客变为本企业产品的购买者,提高市场占有率,增强竞争能力。

STP 的好处已经被众多企业的营销实践所证实。但是值得注意的是,市场细分必须满足一定的条件才是有效的,有效市场细分的标志有:

第一,可测量性,即细分后的子市场的大小及其购买力的数据资料应能够加以测量和推算,否则不能作为制定市场营销方案的依据。

第二,可进入性,即企业细分后的子市场应该能够借助营销努力达到进入的目的,企业的营销组合测量等能够在该市场上发挥作用。譬如,通过适当的营销渠道,产品可以进入所选中的目标市场;通过适当的媒体可以将产品信息传达到目标市场,并使有兴趣的消费者通过适当的方式购买到产品等。

第三,可赢利性,即细分后的市场有足够的需求潜量且有一定的发展潜力,其规模足以使企业有利可图。这是因为消费者的数量与企业利润密切相关。

第四,可区分性,指不同子市场之间,在概念上可以清楚地加以区分,即不同子市场间的差异较大而各子市场内的差异较小。

二、STP 过程

STP 过程包括市场细分、选择目标市场、市场定位三个部分。在实践中每个部分又由不同的阶段组成,完成所有的阶段就完成了 STP 过程,具体如图 4.1 所示。

STP 过程首先是进行市场细分,市场细分包括两个阶段:

第一阶段:行为市场细分的依据变量。依据变量通常可以是需求变

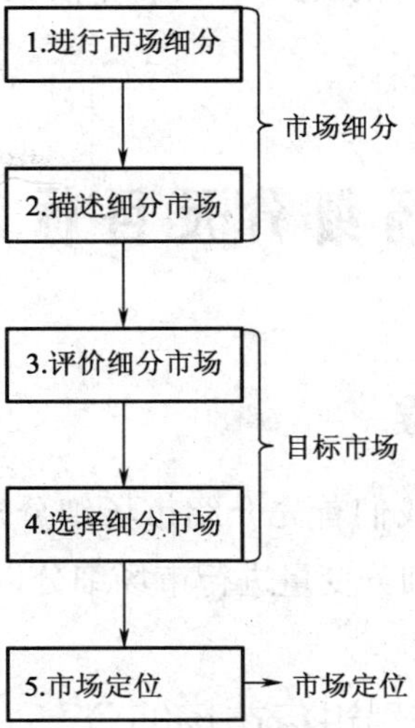

```
          ┌─────────────┐
          │ 1.进行市场细分 │ ┐
          └─────────────┘ │
                 ↓        ├─ 市场细分
          ┌─────────────┐ │
          │ 2.描述细分市场 │ ┘
          └─────────────┘

          ┌─────────────┐
          │ 3.评价细分市场 │ ┐
          └─────────────┘ │
                 ↓        ├─ 目标市场
          ┌─────────────┐ │
          │ 4.选择细分市场 │ ┘
          └─────────────┘
                 ↓
          ┌─────────────┐
          │ 5.市场定位    │ ← 市场定位
          └─────────────┘
```

图4.1　STP过程图

量(如顾客需求、欲望、需求的利益、希望解决的问题)或行为变量(是否购买,如何行为等)。企业根据自己调研目的确定适当的市场细分依据变量,并用依据变量进行市场细分。

第二阶段:描述细分市场,即对第一阶段所划分的细分市场进行描述。这里所用的变量应当能帮助企业理解怎样为顾客提供服务(顾客的购买习惯,如何或经常在哪购买)、如何与这些顾客进行沟通(顾客的媒体偏好和使用)以及购买者的转换成本(因改变产品而引起的相关费用)。

在市场细分完成后接下来是进行目标市场选择,目标市场选择也包括两个阶段。

第三阶段:细分市场评估,即通过考察各细分市场的需求大小(市场规模、市场增长率等),为各细分市场结构,企业自身的资源及企业核心竞争力与各细分市场之间的匹配程度等变量来定量评估每个细分市场的吸引力。

第四阶段:根据细分市场的情况以及各细分市场与企业战略的匹配程度确定一个或多个细分市场作为企业的目标市场。

选择目标市场后则是进行市场定位,这也是STP的最后一个阶段。

第五阶段:为企业的产品和服务确定定位原则,并以此为企业在目标市场中确定一个合适的位置,使这些产品和服务能更好地吸引目标客户并提升企业形象。

下面我们将分节详细阐述 STP 的各个阶段,并且介绍各阶段的营销决策模型(方法)。

第二节　市场细分及目标市场选择模型

一、市场细分过程

按照 STP 的步骤,我们首先介绍市场细分过程。如上所述,市场细分包括两个阶段,选择细分变量进行市场细分以及选择描述变量描述各细分市场。

(一)选择细分变量进行市场细分

细分变量也就是所说的市场细分依据变量,是市场细分的基础。常用的市场细分变量可以归为两大类:基于需求的市场细分和基于行为的市场细分。

1.基于需求的市场细分

基于需求的市场细分是以顾客的需求特征变量(包括顾客的需要、欲望、偏好及购买意向等)为依据变量对市场进行细分,找出对产品或服务具有相似需求的消费群。

因此,基于需求的市场细分要求企业在进行市场细分时应该尽可能超前行动,应该先了解顾客在需要、欲望和偏好方面的不同。在以需求为基础的市场细分过程中,企业还需要初步考虑是什么原因导致顾客需求的差异,如是地理因素,还是生活习惯、生活态度等,这样的考虑有助于企业更深刻地理解市场,为准确地描述细分市场打下基础。

2.基于行为的市场细分

基于行为的市场细分是指以顾客的行为变量(是否选择某产品、某品牌)为依据变量对市场进行细分。基于行为的市场细分不仅能细分市场,而且能够很直观的找出最可能进行购买的个人或群体。基于行为的市场细分需要企业有顾客的历史购买或销售实验数据,通过这些数据建模,找出描述性变量与衡量购买行为指标之间的关系。

两种市场细分方法在思路上有所差异,因而采取的细分方法也有所不同,总结如表4.1。

表 4.1 两种市场细分方法对比

	基于需求的市场细分	基于行为的市场细分
细分变量	需求特征变量 (欲望、偏好、购买意向、态度等)	行为变量 (是否发生购买、购买量、购买概率等)
测量量表及数据类型	基于主观打分(李克特量表) 数据类型:间距尺度,连续	基于客观行为事实 数据类型:定类尺度,离散
细分方法	细分时无须考虑描述性变量,细分重点在于找出需求相似的消费者群体 方法:因子分析、聚类分析	细分时考虑影响购买的因素,建立购买行为与影响因素之间的关系,影响因素通常可归纳为描述性变量 方法:回归、二元分对数模型
常用领域	消费者市场	直销市场,产业市场
优缺点	能够有效的细分市场;但细分后无法直观的理解市场,还需要进一步思考造成需求差异的原因,以便进行正确的细分市场描述	能够很好地理解市场,找出影响购买的最重要因素。但不一定能够得到很好的细分结果

(二)描述细分市场

在进行市场细分后,下一步是描述这些细分市场。良好的描述变量应该能帮助企业理解造成顾客需求差异的原因,能强调每个细分市场的利润潜力(价格敏感度和市场规模)以及企业该如何为这些细分市场提供服务。

消费者市场与产业市场可用大致相近的变量来描述市场。常用的描述变量主要有人口统计特征变量、心理变量、行为变量、购买决策及媒体沟通模式,具体如表4.2所示。这些变量可归纳出细分市场的特征,并从中发现实际的和潜在的顾客,了解顾客的购买动机以及怎样与顾客沟通。

上述变量可以按照各种方式组合来描述细分市场,而对细分市场的正确描述能为企业带来如下利益:

第一,更好的理解市场,找出造成需求或行为差异的关键变量,为企业制定营销战略提供基础。

第二,精确地界定各细分市场,有效地衡量各细分市场的规模和购买力。

第三,找到有效的与细分市场进行接触并为之服务的方法。

第四,制定有效的市场活动来吸引消费者。

常用的描述细分市场的方法有判别分析和对应分析,在本章第三节我们将对此进行详细介绍。

表4.2　两种市场的描述性变量对比

市场 描述性变量	消费者市场	产业市场
人口统计特征/ 企业特征	年龄、性别、收入、职业、教育水平、家庭规模、社会阶层等	所处行业、企业规模、地点、供应商等
心理特征变量	活动、兴趣、意见、价值观、生活方式、个性等	企业购买决策者的个性
行为特征变量	使用频率、使用量、使用场合及时间、使用的互补品和替代品、态度、忠诚度	使用场合、忠诚度、订单规模应用等
决策过程变量	个人决策还是家庭集体决策、家庭各成员决策参与度高低、对产品或服务的认知和态度、价格敏感度等	购买过程的规范化、购买决策群的规模和特点、价格敏感度、转换成本、预算、周期等
媒体沟通模式	经常接触的媒体类型及接触的频次	决策所用媒体类型、参加贸易展会的情况,对销售人员的接受等

二、市场细分的方法(模型)

在营销模型研究中,市场细分的处理方法较为成熟。目前还没有专门、系统的定量方法处理目标市场行为问题。在此,我们也只着重介绍市场细分方法。

前面我们介绍到,市场细分包括进行市场细分和描述细分市场两个部分,其中进行市场细分又包括基于需求的细分和基于行为的细分两种方式。事实上,上述每种情况都有与之相对应的定量方法,具体如图4.2所示。

下面我们分别介绍上面的方法。

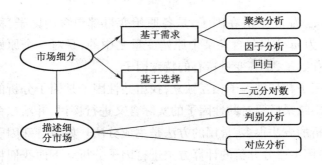

图 4.2　市场细分的方法

（一）基于需求的市场细分

基于需求的市场细分主要是指采用需要、欲望、利益、问题解决方案、使用情形、使用率等变量为依据变量进行市场细分。该类变量主要采用李克特量表进行测量，数据类型多视为连续的，定距尺度变量。基于需求的市场细分常常通过因子分析和聚类分析的方法来进行。

1. 因子分析

在市场细分研究中，研究人员会收集大量关于态度和需求的数据，大量的数据能为研究提供丰富的信息，但很多时候大量变量之间往往可能存在相关性而增加了问题分析的复杂性，同时对分析带来不便。比如，对于航班的乘客"服务质量"和"及时送达"几乎是指同一件事情，如果放任这种相关性的存在，接下来的分析很可能导致错误的结果。此外，分析人员还应放弃调查中的不相关或对分类无显著影响的变量。

因此，在进行市场细分之前如果调查的需求、态度等变量很多，首先就应该进行数据降维，即在原指标信息损失尽可能小的情况下，用较少的综合指标来展示原指标中的信息。

因子分析为我们提供了这样一种方法，因子分析的目的就在于寻找对可观测变量起支配作用的潜在因子。

设有原始变量：$x_1, x_2, x_3, \ldots, x_m$。它们与潜在因子之间的关系可以表示为下式

$$\begin{cases} x_1 = b_{11}z_1 + b_{12}z_2 + b_{13}z_3 + \cdots + b_{1m}z_m + e_1 \\ x_2 = b_{21}z_1 + b_{22}z_2 + b_{23}z_3 + \cdots + b_{zm}z_m + e_2 \\ x_3 = b_{31}z_1 + b_{32}z_2 + b_{32}z_2 + \cdots + b_{3m}z_m + e_3 \end{cases}$$

$$x_m = b_{m1}z_1 + b_{m3}z_3 + b_{m3}z_3 + \cdots + b_{mm}z_m + e_1$$

其中, $z_1 \sim z_m$ 为 m 个潜在因子,是各原始变量都包含的因子,称共性因子; $e_1 \sim e_m$ 为 m 个只包含在某个原始变量之中的,只对一个原始变量起作用的个性因子,是各变量特有的特殊因子。

共性因子与特殊因子相互独立,找出共性因子是因子分析的主要目的。计算出结果后要对共性因子的实际含义进行探讨,并给以命名。进行因子分析的方法很多,常用的方法是主成分法。如果特殊因子可以忽略,可以使用主成分分析的计算方法进行因子分析。下面我们将展示一个因子分析在市场研究中的应用。

举例:在一项专项家庭消费行为调研中,通过初步的访谈,研究人员确定了如表4.3所示的7个问题,分别命名为 V1 ~ V7,如表4.3。

表4.3　一项专项家庭消费行为调研数据

编号	问　题
V1	我宁愿在家过一个安静的晚上也不愿意参加聚会
V2	我总是核实价格,即使小件商品也不例外
V3	杂志比电影更有意思
V4	我不买在布告板上做广告的产品
V5	我是一个住家的男(女)人
V6	我积攒现金兑换券
V7	公司做广告浪费很多钱

采用李克特量表,研究人员要求参与的被试对上面7个陈述分别打分,非常同意打7分,非常不同意打1分。在本例中我们选取了其中25个被试的数据来举例说明因子分析的应用。

显然,上面7个关于家庭消费的陈述并不能十分明确地显示家庭消费行为的差异,而且从直觉上来看,V1 和 V5,V2 与 V6 似乎有一定的相关性,因此为了更好地了解项目中家庭消费行为的差异,以及进行下一步的市场细分,研究人员对上述7个问题进行因子分析处理,处理过程如下。

表4.4是部分数据在 SPSS 软件中的展示。

将数据放入 SPSS 后点击数据分析—降维—因子分析模块进行分析,选择主成分分析法,抽取条件特征根 >1,得到三个有效因子(特征根 >1),因子载荷矩阵如表4.5所示。

表 4.4 SPSS 软件中部分数据

	no	V1	V2	V3	V4	V5	V6	V7
1	1	6	2	7	6	5	3	5
2	2	5	7	5	6	6	6	4
3	3	5	3	4	5	6	6	7
4	4	3	2	2	5	1	3	2
5	5	4	2	3	2	2	1	3
6	6	2	6	2	4	3	7	5
7	7	1	3	3	6	2	5	7
8	8	3	5	1	4	2	5	6
9	9	7	3	6	3	5	2	4
10	10	6	3	3	4	4	6	5
11	11	6	6	2	6	4	4	7
12	12	3	2	2	7	6	1	6
13	13	5	7	6	2	2	6	1
14	14	6	3	5	5	7	2	3
15	15	3	2	3	2	3	2	5

表 4.5 因子载荷矩阵

	Component		
	1	2	3
V1:我宁愿在家过一个安静的晚上也不愿意参加聚会	0.823	0.360	0.122
V2:我总是核实价格,即使小件商品也不例外	0.255	-0.738	0.427
V3:杂志比电影更有意思	0.885	-0.044	-0.025
V4:我不买在布告板上做广告的产品	-0.205	0.613	0.623
V5:我是一个住家的男(女)人	0.689	0.484	0.309
V6:我积攒现金兑换券	0.027	-0.629	0.671
V7:公司做广告浪费很多钱	-0.686	0.378	0.424

按照因子分析的原理,因子载荷反映的是变量在相对因子上的重要性。但仅从表4.5有些变量很难说对哪个因子更重要(比如,V6),因而各因子也不好命名,无法得到较为直观的解释。为此,研究人员采用因子旋转的方法来处理这一问题,在此,选择了最大方差法进行因子旋转,

旋转后的因子载荷矩阵如表4.6所示。

表4.6　旋转后的因子载荷矩阵

	Component		
	1	2	3
V1:我宁愿在家过一个安静的晚上也不愿意参加聚会	0.901	−0.068	−0.067
V2:我总是核实价格,即使小件商品也不例外	0.041	−0.237	0.857
V3:杂志比电影更有意思	0.765	−0.428	0.134
V4:我不买在布告板上做广告的产品	0.204	0.873	−0.047
V5:我是一个住家的男(女)人	0.875	0.192	−0.047
V6:我积攒现金兑换券	−0.061	0.095	0.913
V7:公司做广告浪费很多钱	−0.363	0.810	−0.077

旋转后的因子载荷矩阵显然更好解释。根据表4.6,因子1解释了三个变量:V1,V3,V5,可以将其解释为居家型消费者;因子2解释了两个变量:V4,V7,他们对广告采取了很谨慎的态度,不容易受营销活动的影响,可以将其称之为谨慎型消费者;因子3解释了两个变量:V2,V6,他们对价格非常敏感,在购买时十分精明,可以称之为精明型消费者。

这样,就将测量家庭消费行为的7个变量精简为3个,消除了变量与变量之间的共线性问题。研究人员将用因子分析得出的三个因子作为市场细分变量进行下一步的分析。

(二)聚类分析

事实上,严格来说因子分析只是数据准备过程,进行市场细分的主体过程通常是由聚类分析来实现的。聚类分析的思想首先是界定衡量所有个体之间相似性(或不相似性,如距离)的尺度,然后通过运用某种方法按个体之间相似性(或不相似性)进行聚类,即将相似的个体归为一类顾客群,将不相似的个体归为不同顾客群。

界定衡量个体之间相似性的尺度:大多数聚类分析都要求界定衡量每对调查对象相似性的尺度。相似性尺度可按数据类型分为两类:间距数据可使用距离等尺度,而名义数据(如男/女)则要用匹配等尺度。确定相似性尺度的主要作用在于构造每个个体之间的相关矩阵,这些过程在SPSS中都能够很好的实现。

在构建好每个个体之间的相关矩阵后,就可以进行聚类分组了。聚类分组的方法主要分为两类:分层聚类和非分层聚类。分层聚类又叫做系统聚类,非分层聚类又叫做快速聚类;分层聚类的数据点一旦被归到某个类后就不再变了,而非分层聚类不要求将一个个体永久地分到一个组中,也就是说只要重新分配这个个体能改进某些标准,就可以对个体进行重新分配。

SPSS 提供的方法中,分层法主要是系统聚类,非分层法主要是两步聚类和 K – means 聚类。

1. 系统聚类

系统聚类是最为常用的分层聚类法,根据聚类过程又分为分解法和聚合法。

(1)分解法:聚类开始时把所有个体都视为属于一大类,然后根据距离和相似性逐层分解,直到参与聚类的每个个体自成一类为止。

(2)聚合法:聚类开始时把参与聚类的每个个体视为一类,根据两类之间的距离或相似性逐步合并,直到合并为一个大类。

系统聚类测量组间相似的方法可以是基于距离的,也可以是基于方差的。

基于距离的方法有:最近相邻法,认为组间的距离是两组中两个距离最近个体间的距离;最远相邻法,认为组间的距离是两组中最远的个体间的距离,这样两组形成的新组中所有个体间距离都小于某个最远值;平均连接法,认为两组间的距离是两组中所有个体间的平均距离。

基于方差的方法主要是 Ward 法,即根据任两组连接的误差平方和的变化进行分组。

2. 两步聚类

两步聚类过程是一个探索性的分析工具,为揭示自然的分类或分组而设计,是数据集内部而不是外观上的分类。

两步聚类的特点是:①分类变量和连续变量都可以参与两步聚类分析;②该过程可以自动确定分类数;③可以高效地分析大数据集;④用户可以自己定制用于运算的内存量。

两步聚类法在聚类过程中除了使用传统的欧式距离外,为了处理分类变量和连续变量其还用似然距离测度,它要求模型中的变量是独立的。

3. K – Means 聚类法

K – Means 聚类法是如果选择了 n 个数值型变量参与聚类分析,要

求最后分为 k 类,那么可以由系统首先选择 k 个观测量(也可以用户指定)作为聚类的种子,n 个变量组成 n 维空间。每个观测量在 n 维空间是一个点。k 个事先选定的观测量就是 k 个聚类中心点,也称初始类中心。按照与这几个类中心距离最小的原则把观测量分派到各类中心所在的类中,构成第一次迭代形成的 k 类。根据组成每一类的观测量,计算各变量的均值。每一类中的 n 个均值在 n 维空间又形成 k 个点。这就是第二次迭代的类中心。按照这种方法依次迭代下去,直到达到指定的迭代次数或达到终止迭代的判据要求时,迭代停止,聚类过程结束。

K - Means 聚类的特点是处理速度快,占用内存少,适用于大样本的聚类分析。值得注意的是,K - Means 聚类法测量组间距离使用的是欧式距离平方法,各变量权数相等,且必须是连续变量。如果测定变量值的单位不同还应该对聚类变量进行标准化处理。

下面我们仍通过举例来说明聚类分析法在市场细分中的应用。

举例:以某研究消费者对购物的态度为细分变量对市场进行细分为例。在此,测量消费者对购物的态度变量有以下 6 个,参见表 4.7。

表 4.7　消费者对购物的态度变量

变量编号	变量问题
V1	购物是有趣的
V2	购物导致超支
V3	我将购物和在外就餐结合在一起
V4	我购物时争取得到最合适的交易
V5	我对购物没有兴趣
V6	我可以通过比较不同价格省很多钱

数据在 SPSS 软件中的展示如表 4.8。

表 4.8　数据在 SPSS 软件中的展示

	ID	V1	V2	V3	V4	V5	V6
1	11	1	3	2	3	5	3
2	5	1	3	2	2	6	4
3	20	2	3	2	4	7	2
4	9	2	4	3	3	6	3

	ID	V1	V2	V3	V4	V5	V6
5	2	2	3	1	4	5	4
6	13	2	2	1	5	4	4
7	18	3	7	2	6	4	3
8	10	3	5	3	6	4	6
9	16	3	5	4	6	4	7
10	17	4	4	7	2	2	5
11	4	4	6	4	5	3	6
12	14	4	6	4	6	4	7
13	19	4	6	3	7	2	7
14	7	5	3	6	3	3	4
15	12	5	4	5	4	2	4

　　表中 ID 为被试消费者的编号，V1～V6 为细分变量。在此，研究人员采用了系统聚类的方法进行聚类，将组间距离定义为两组间的平均欧式平方距离，聚类结果如图 4.3 所示。

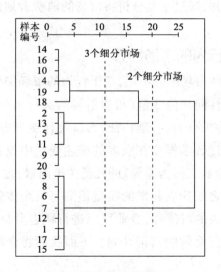

图 4.3　聚类结果

　　由图 4.3 可以看出，按消费者对购物的态度将市场分为三类和两类都是合适的，但究竟是分两类还是三类还需要依据企业的目的和分类情况进行进一步分析，下面我们以分三类市场为例来说明如何解释细分出来的市场。

我们将被试按细分出来的市场分为三类(比如,第一类市场包含 14
号、16 号、10 号等 6 个消费者),再计算每类市场中在各市场细分变量上
的平均值,得到的结果如表 4.9 所示。

表 4.9　三类细分市场聚类结果

研究变量	群组 1	群组 2	群组 3
V1(购物是有趣的)	5.75	1.67	3.50
V2(购物导致超支)	3.63	3.00	5.83
V3(购物和在外就餐结合在一起)	6.00	1.83	3.33
V4(争取得到最合算的交易)	3.13	3.50	6.00
V5(对购物没有兴趣)	1.88	5.50	3.50
V6(可以通过比价省很多钱)	3.88	3.33	6.00

从表中我们可以看到,群组 1 在 V1,V3 上的值最高,可以将这组消
费者命名为购物热爱组;群组 2 在 V5 上的值最高,可以命名为购物厌恶
组;群组 3 在 V2,V4,V6 上的值最高,根据这三个变量,可以将其命名为
精明购物组。这样,通过聚类分析将市场的消费者划归为具有相同购物
偏好的三类。

(三)基于行为的市场细分

与基于需求的市场细分不同,基于行为的市场细分更多地关注于将
个体的购买可能性同其他变量(可以解释购买行为差异的描述变量,如
生活态度、过去购买行为、心理特征、人口统计变量等)联系起来。这种
方法的思想是通过数学模型在众多的描述变量中找到影响顾客购买行
为(或能解释顾客购买行为差异)的几类关键因素,并且通过由这些关键
因素与购买行为之间建立起来的模型预测每类个体购买某产品的可能
性。按照顾客购买的可能性,企业可以进行顾客分群,而关键因素的确
定能帮助企业制订有效的营销计划。下面我们将介绍两种基于行为的
市场细分模型。

1.回归分析方法

寻找变量之间的关系,回归方法一定是不错的选择。多元统计回归
为基于行为的市场细分提供了很好的建模思路,在对市场细分的回归建
模中常常将顾客的购买量(消费量)作为因变量,而自变量则选择那些假

定的会随着购买量一同变化的社会变量和人口统计变量。回归方法在很多地方都有详细的介绍,SPSS中也提供了完整易用的解决选项,在此我们不再对回归分析进行详细阐述。

2. 分对数模型

严格来说,分对数模型也是回归方法的一种。分对数模型与我们第三章所提到的品牌选择模型有紧密的联系,其实质是品牌选择模型的一种变式。该方法是将顾客的购买概率与其购买影响因素以函数的形式表示出来:

购买概率 $=f($人口统计变量、过去购买行为、心理特征、地理变量$)$

用分对数模型的形式表现出来是:

$$购买概率 = \frac{1}{1 + \exp(b_0 + \sum b_i x_i)}$$

其中,b_i为第i个自变量的权重,x_i为第i个变量的值,购买概率以二元变量$0\sim1$来表示,0为未购买,1为购买。研究人员将调查的数据带入上述模型,并依此估计模型的各参数b_i,检验模型的适配度及各变量对模型影响的显著性,通过适当的调整得到最终的顾客购买概率模型。

使用该模型,只要将相关个体(或群体)的自变量数据带入模型就能预测该个体(或)群体对该产品的购买概率。下例展示了该模型在市场细分领域内的运用。

【举例】在一项为制造大型家电企业的市场营销专项研究中,为了对顾客有更为深入的了解,研究人员决定首先进行市场细分研究。

研究人员找出了顾客选择大型家电时考虑的8个属性,然后用这些特征来预测顾客的购买行为,并且按顾客对品牌选择的概率划分了细分市场。具体地说,研究人员估计出每个顾客选择市场上某个品牌的概率,然后考虑这些选择在概率上的显著差异,用这些差异将顾客分为四类:

(1)该家电的忠实顾客:选择该家电公司产品的概率远大于其他竞争者。

(2)竞争性顾客,选择该家电的概率最高,但与选择次优品牌的概率之间没有显著差异。

(3)可转换顾客,倾向竞争者,但该家电是其第二选择,且两者在统计上有显著差异。

（4）竞争者忠诚顾客,选择竞争者产品,且在统计上有显著差异。

表4.10是该项研究中的部分数据。

表4.10　大型家电企业市场调研部分数据

品牌	顾客编号	选择行为	价格	节能	维修	保修	外形	备用零件	质量	功能
A	1	0	6	6	7	6	6	5	7	5
B		1	6	6	6	7	9	9	5	5
C		0	6	5	7	5	3	4	7	6
D		0	5	5	6	7	8	2	6	5
A	2	0	3	4	5	4	4	5	6	4
B		0	3	4	5	4	7	3	5	5
C		0	4	5	5	5	5	7	6	4
D		1	4	5	6	5	4	5	5	6
A	3	1	6	6	7	7	6	7	7	6
B		0	5	5	7	7	6	8	8	6
C		0	5	6	7	5	5	8	6	5
D		0	5	6	6	4	2	8	6	5
A	4	0	6	6	7	5	5	5	5	5
B		0	5	5	6	5	4	6	7	5
C		0	4	4	5	5	7	7	5	3
D		1	4	4	6	6	4	8	7	5

注:表中A代表该家电品牌,选择行为中1为选择、0为未选择(指上次购买),顾客的评分采用9分制。9表示最好、1为最不好。

将数据带入购买概率模型:

$$购买概率 = \frac{1}{1 + \exp(b_0 + \sum b_i x_i)}$$

得到表4.11所示各顾客的预测购买概率(仅举上面列出的4位顾客的购买概率)。

表4.11　各顾客的预测购买概率

顾客	选择	A购买概率	B购买概率	C购买概率	D购买概率	类型
1	B	13.9%	83.8%	2.3%	0.0%	竞争者忠诚顾客
2	D	0.0%	0.0%	2.2%	97.8%	竞争者忠诚顾客
3	A	54.3%	45.7%	0.0%	0.0%	竞争性顾客
4	C	39.4%	49.2%	0.0%	11.4%	可转换顾客

按照这种方法,该家电企业将市场分为 4 类,并着重选择竞争性顾客和可转换顾客作为目标市场,在其他细分市场则维持以前的营销努力,最终取得了不错的市场效果。

(四)描述市场细分的方法

在进行市场细分后(基于需求的细分),营销人员还需要对各个细分市场进行描述。正确的细分市场描述能帮助企业更好地理解市场需求的差异,并准确的界定、接触到中意的细分市场。描述细分市场的方法主要有判别分析和对应分析,下面我们介绍这两种描述市场细分的方法。

1. 判别分析

判别分析是一种常用的统计分析方法。判别分析是根据观测或测量到的若干变量,判断研究对象属于哪一类的方法。具体来说,判别分析能为研究者提供如下利益:①建立能够最大程度地区分因变量的类别(分组)的判别函数;②考察自变量的组间差异是否显著;③判断哪些自变量对组间的差异贡献较大;④根据自变量的值将样本归类;⑤评估分类的准确度。

因此通过判别分析,我们就能很好的描述各个细分市场,并评估市场细分效果的好坏。进行判别分析必须已知观测对象(因变量)的分类和若干表明或影响观测对象特征的变量值。因此,判别分析往往是在市场细分时得到不同的细分市场组后使用,用来描述细分市场,评价细分市场的好坏。

判别分析是用于分析因变量为分类变量、自变量为定量变量数据的一种统计方法。判别分析模型如下所示:

$$D = \beta_0 + \beta_1 X_1 + \beta_2 X_2 + \ldots + \beta_k X_k$$

其中,D 为判别分(对象进行分类的依据);β 为判别系数;X 为预测因子。判别系数的目的是使各组在判别函数值上的差异最大化,同时保证组间平方和与组内平方和的判别分比率最大化。

需要注意的是,判别分析的使用必须满足如下适用条件:①自变量和因变量间的关系是线性的;②因变量的取值是独立的,并且事先已经确定;③自变量服从多元正态分布;④所有自变量满足在各组间方差齐性条件,协方差矩阵也相等;⑤自变量不存在多重共线性;⑥判别分析在违反这些适用条件的时候相对比较稳健,轻微违背的话,影响不大。

判别分析一般包括:第一,确定问题;第二,估计判别系数;第三,判别方程的显著性;第四,结果解释;第五,评估判别分析的有效性五个步

骤。而常用的判别方法主要有以下四种:

- 最大似然法,用于自变量为分类变量的情形。
- 距离判别法,对于每个新进入的样本求出离各中心距离的远近。
- Fisher 判别法,即运用投影,将多维问题简化为一维问题来处理,使得每一类内的离差尽可能小,不同类间投影的离差尽可能大。
- Bayes 判别,根据先验信息判别,在多组判别分析优势明显,要求多元正态分布。

而在 SPSS 中非标准化是输出判别方程;Fisher 判别是基于 Bayes 判别的。下面我们举例说明判别分析在细分市场描述中的应用。

【举例】在一项汽车市场细分的研究中,研究人员按照消费者对不同档次汽车(主要以汽车价格区分)的选择将消费者有效的划分为高档车选择人群,中档车选择人群和低档车选择人群三类。现在研究者想进一步描述各个细分市场,并且初步将年龄、收入、教育程度、婚姻状况四个变量列为备选描述变量。判别分析有助于研究者更好地判断这些描述变量是否合适。

用于研究的数据(部分)在 SPSS 中的格式如表4.12所示。

表 4.12　汽车市场细分研究部分数据

	年龄	收入	教育程度	婚姻状况	价格
1	45	4.00	3	1	3
2	42	2.00	3	0	2
3	28	1.00	4	0	1
4	31	2.00	4	1	2
5	42	4.00	3	0	3
6	35	3.00	3	0	3
7	21	2.00	3	1	2
8	39	1.00	4	1	1
9	39	2.00	3	1	2
10	49	4.00	2	0	3
11	34	1.00	3	0	1

在 SPSS 中选择分析—降维度—判别数据,将价格(档次选择)放入分组变量框,将年龄、收入、教育程度、婚姻状况4个变量放入自变量框。进行判别分析(其他选项略过),得到结果见表4.13。

表4.13　单变量方差分析结果

	Wilks' Lambda	F	df1	df2	Sig.
年龄	0.881	210.176	2	3 107	0.000
月收入(千元)	0.183	6 948.188	2	3 107	0.000
教育程度	0.982	28.376	2	3 107	0.000
婚姻状况	0.998	2.767	2	3 107	0.063

表4.13是各单变量方差分析的结果,在显著性为0.05的水平下,婚姻状况这一变量对顾客分类的区分是没有意义的,即其不适合作为细分市场的描述变量。删除婚姻状况这一变量后再做对应分析,模型通过Wilks' Lambda检验,至此,我们可以认为年龄、月收入、教育程度是有效的市场细分描述变量。

通过判别分析,我们还能得到包含3个描述变量的判别函数,因为是分为三类,所以判别函数有两条(见表4.14)。

表4.14　未标准化的判别函数

	Function	
	1	2
年龄	0.009	-0.012
月收入(千元)	2.142	-0.077
教育程度	0.022	0.817
(Constant)	-5.821	-1.409

通过判别函数进行预测,得到正确率,如表4.15所示。

表4.15　判别函数预测正确率结果

主要交通工具价格			Predicted Group Membership			Total
			低	中	高	
Original	Count	低	590	454	0	1 044
		中	0	1 007	22	1 029
		高	0	202	835	1 037
	%	低	56.5	43.5	0.0	100.0
		中	0.0	97.9	2.1	100.0
		高	0.0	19.5	80.5	100.0

对角线为模型对每类的预测的正确数和正确率,分项来看,模型对中、高档车消费市场的识别能力是很强的,对低档消费市场的识别率比较低。而模型总体的预测正确率为78%,大大超过了事件的先验概率33%(显然没有模型的时候,随机预测的概率为33%),这说明描述变量对细分市场的预测效果还是比较准确的。

2. 对应分析

对应分析是在列联表基础上分析定类尺度变量之间关系的一种方法,其考察的是列联表中行与列的定性相关程度,包括行变量不同类别的关系,列变量不同类别的关系以及行与列的联系。因而对应分析的目的是在同时描述各个变量分类间的关系时,在一个低维度空间中对列联表里的两个名义变量间的关系进行描述,并生成相应的感知图。

对应分析所用的卡方检验只能给出总体有无关联的结论,无法进行精细的分析,因此,准确地说,在营销研究中对应分析并不能很好地判断自变量能否有效地描述细分市场。对应分析的最大作用在于将用感知图的方式直观地表示出各描述变量属性类别与因变量类别(细分市场类别)之间的关系。也就是说,如果我们在事前确定了哪些描述变量是有效的,那么运用对应分析就能更为直观、形象地表现出描述变量与细分市场类别之间的关系。

总的来说,对应分析的优缺点都很明显,总结如下:

对应分析的优点:①定类变量的分类越多,优势越为明显;②揭示变量之间/类别之间的联系;③多维图示技术之一,将类别联系直观的表现在图中。

对应分析的缺点:①不能用于相关关系的假设检验;②维度由研究人员确定和解释;③对极端值敏感;④不能自动筛选变量。

下面我们通过举例说明对应分析的应用。

【举例】在一项手机产品市场细分的研究中,研究人员测量了4个不同阶层(农民工、青少年学生、年轻白领、企业老板)对手机产品的选择,四种产品的差异主要在功能上,四种产品的功能分别是:

产品1,只有接听电话、发送短信的基本功能。

产品2,立体声,超人游戏。

产品3,彩屏,30万像素摄像头。

产品4,120万像素摄像头,PDA。

调研中,各类顾客对产品的选择制成列量表,如表4.16所示。

表 4.16　各类顾客对产品选择量表

产品功能　　购买者	产品1　接听电话发送短信	产品2　立体声超人游戏	产品3　彩屏30万摄像	产品4　120万摄像PDA	总计
农民工	25	0	5	0	30
青少年学生	15	30	15	0	60
年轻白领	0	20	50	30	100
企业老板	0	0	15	25	40
总结	40	50	85	55	230

为了在 SPSS 中进行对应分析,将列量表数据在 SPSS 中进行适当的转换,数据转换后如表 4.17 所示。

表 4.17　通过 SPSS 转换后的数据

	id	顾客类别	产品	权重
1	1	2	1	25
2	1	2	2	0
3	1	2	3	5
4	1	2	4	0
5	2	4	1	15
6	2	4	2	30
7	2	4	3	15
8	2	4	4	0
9	3	1	1	0
10	3	1	2	20
11	3	1	3	50
12	3	1	4	30
13	4	3	1	0
14	4	3	2	0
15	4	3	3	15
16	4	3	4	25

顾客类别中 1~4 分别代表:农民工、青少年学生、年轻白领、企业老板;产品中 1~4 分别代表:产品 1、产品 2、产品 3、产品 4。在 SPSS 中点

击分析—降维—对应分析,将顾客类别和产品分别拖入行变量和列变量,并分别定位它们的取值范围(在此都是最小值1,最大值4),完成后按确定。这样就能得到对应分析结果,其中最重要的是得到的对应图,如图4.4所示。

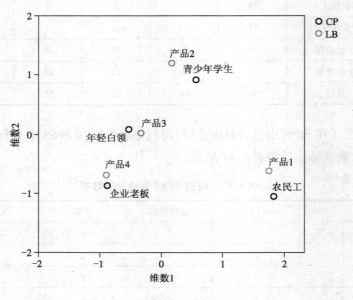

图4.4 对应分析图

从图4.4中我们可以很直观的看到,顾客的阶层变量能够很好地描述他们对产品的选择,并能以此将顾客产品选择与顾客阶层一一对应。在此需要说明的是,对应分析的维度是没有明确意义的,对应分析主要是表现类与类之间的关系。

三、目标市场选择

在市场细分后,下一步工作是为企业选择正确的目标市场。目标市场的选择也分为两个阶段:评价各细分市场及选择目标市场。

(一)评价各细分市场

细分市场的评价一般从三个方面进行。

第一,评价各细分市场,包括各细分市场的规模、增长以及细分市场的结构性特征(如市场竞争程度、竞争者的市场策略、市场所处的生命周期、进入壁垒、市场中产品差异化程度等)。

第二,评价企业自身能力,包括企业的资源、企业核心竞争力等。

第三,评价企业特征(能够提供的利益)与各细分市场的匹配。这主要包括:匹配程度、该细分市场与企业进入其他细分市场的关系(协同作用、成本互动、形象转移、产品内部竞争等)、企业进入市场的成本和利润水平以及投资收益等。

三方面的评价能帮助企业更好地认识各细分市场的吸引力及自身情况,为企业目标市场的选择打下基础。

(二)选择目标市场

在评价了各细分市场后,企业要根据评价的结果进行目标市场选择。在目标市场的选择中企业可以考虑下列策略。

1. 市场集中化

这是最简单的一种模式,企业只选择一个目标市场,只生产一类产品,供应单一的顾客。企业可以更清楚地了解子市场的需求,从而树立良好的信誉,在该市场建立巩固的地位。同时,公司通过生产、销售和促销的专业化分工,可以实现规模经济效益。但是,单一市场的风险较大,一旦所选择的市场需求发生变化,企业可能会面临倒闭的危险。如果企业具备在某一子市场从事专业化经营的优势地位与条件,或限于财力只能经营单一市场,或者是该子市场的竞争对手较少,那么,企业就可以选择市场集中化策略。

2. 选择专业化

企业有选择的进入几个不同的子市场。每个子市场都具有良好的赢利潜力,且与企业的目标和资源条件相符合。这些子市场之间很少或根本不发生联系。选择专业化能够很好的分散风险,但也会分散企业的力量,因此采用选择专业化策略的企业应具有较多的资源和较强的营销实力。

3. 产品专业化

产品专业化指企业同时向几个子市场销售一种产品。企业通过这种战略可以在特定的产品领域树立良好的形象。但一旦新技术、新产品出现,企业会面临效益滑坡的危险。

4. 市场专业化

市场专业化指企业集中力量满足某一特定顾客群的各种需要。这种模式能更好地满足顾客的需求,树立良好的信誉。企业还可以向这类顾客推销新产品,成为新产品有效的销售渠道。但一旦顾客需求发生变化,企业会面临收益下降的风险。

5. 市场全面化

市场全面化是指企业为所有顾客提供他们需要的所有产品。只有实力强大的大公司才能采取这种策略。

目前还没有成熟、正规的定量分析模型来解决目标市场选择问题,因此本书只是对目标市场选择进行初步的介绍,在此不再列举定量分析模型。

第三节 市场定位模型

一、市场定位的步骤

(一)市场定位的含义

什么是市场定位?当人们谈论到安全型轿车时,首先会想到"沃尔沃";当谈到去屑型洗发水时首先会想到"海飞丝",这些产品在消费者心中都有一个明确的位置,这就是市场定位。市场定位是企业在目标客户心目中的某种形象或个性特征,保留深刻的印象和独特的位置,从而取得竞争优势。

市场定位的实质是取得目标市场的竞争优势,确定产品在顾客心目中的适当位置并留下深刻的印象,以便吸引更多的顾客。因此,市场定位是市场营销战略体系中的重要组成部分,它对于树立企业及产品的鲜明特色,满足顾客的需求偏好,从而提高企业的市场竞争力具有重要意义。

(二)市场定位的类型与步骤

1. 市场定位的类型

市场定位的关键是企业要使自己的产品比竞争者更具有竞争优势。竞争优势一般有两种基本类型:一是利益竞争优势,即在同等质量的条件下比竞争对手的产品提供更多的消费者利益;二是偏好竞争优势,即能提供确定的特色来满足顾客的特定偏好。因此,企业的市场定位也主要有以上两大类,而每大类中又可以分为不同的小类,表4.18列出了部分定位类型。

表4.18　定位类型

市场定位大类	定位小类	内容
利益竞争优势定位	价格利益	突出产品能为顾客节省金钱,如一些连锁超市强调"天天平价"
	服务利益	突出除了提供产品外,还能为顾客提供额外或更好的服务,比如,节省顾客时间等,海尔的成功很大程度在于在人们心目中树立起良好的服务形象
	功能利益	一些产品可以有多种不同的功能或不同的使用场合,如小苏打可以作为冰箱除臭剂,也可以作为调味汁和卤肉的配料,不同的企业可以据此进行不同的定位
偏好竞争优势定位	产品特色	突出具体产品特色,如某企业推出酒味浓醇、苦味适度的啤酒,用来满足那些不喜欢又苦又浓的啤酒消费者需要
	专门使用者	针对不同的产品使用者进行定位,使某一类使用者对产品产生偏好。比如,有的企业将性质温和的婴儿洗发精推荐给留长发而且天天洗头的年轻人

2.市场定位的步骤

具体选择哪种类型的定位则需要企业进行细致的调研,市场定位的常用步骤是:

(1)确认本企业的竞争优势。一般而言,企业相对于竞争者的竞争优势可以体现在下面7个方面:

• 经营管理能力:主要考察领导能力、决策水平、计划能力、组织能力及个人应变的经验指标等。

• 技术开发能力:主要分析技术资源(如专利、技术诀窍等)、技术手段、技术人员能力和资金来源是否充足。

• 采购方面:主要分析采购方法、物流配送系统、供应商合作及采购人员能力等指标。

• 生产方面:主要分析生产能力、技术装备、生产过程控制以及职工素质等指标。

• 营销方面:主要分析销售能力、分销网络、市场研究、服务与销售战略、广告及营销人员的能力等指标。

● 财务方面：主要考察长期资金和短期资金的来源及资金成本、支付能力、现金流量以及财务制度与人员素质等指标。

● 产品方面：主要考察可利用的特色、价格、质量、支付条件、包装、服务、市场占有率和信誉等指标。

通过与竞争对手在上述指标上的比较，确定企业产品的竞争优势所在，从长期考虑，企业的优势是通过管理、生产、服务为消费者提供的更多的现实利益；还是通过高效的市场研究、技术创新，设计出能满足（或引起）消费者不断变化的需求的产品。明确了企业的竞争优势后，我们就可以进入下一步了。

（2）通过市场调研明确独特的竞争优势。在上步中，我们只是了解到企业相对于竞争对手的竞争优势，对企业所处市场的消费者心理情况还一无所知。在这步中，企业主要的任务是通过市场调研，了解顾客对市场的竞争结构的认识：顾客如何评价我们的产品？顾客认为我们的产品与竞争对手的产品差异在哪？是哪些产品属性和企业属性造成了这些差异？一旦回答了上述问题后，就可以确定自己的产品或服务在市场上的定位以及评价定位的好坏。

企业可以采用许多方法了解与其产品有关的顾客心理情况。本章所介绍的运用因子分析或多维尺度方法绘制知觉图的方法是一种较为常用、正规的方法，其为产品的差异化决策和定位决策提供了很好的指导，在下节中我们将详细介绍这种方法。

（3）将企业的市场定位有效的传递给消费者。这一步的主要任务是企业通过一系列的宣传促销活动，将其独特的市场定位准确地传递给消费者，并在消费者心中留下深刻印象。

在这一步中，企业首先应使顾客了解、知道、熟悉、认同、喜欢和偏爱本企业的市场定位，在顾客心目中建立与该定位相一致的形象。其次，企业通过一切努力保持对目标顾客的了解，稳定目标顾客的态度和加深目标顾客感情来巩固与市场定位相一致的形象。最后，企业应注意目标顾客对其市场定位理解出现的偏差或由于企业市场定位宣传上的失误而造成的目标顾客模糊、混乱和误会，及时纠正与市场定位不一致的形象。

这个过程中，市场细分调研中所收集的关于细分市场消费者媒体习惯的信息将为企业提供有效的帮助。

二、市场定位的方法

市场定位的关键在于发现、理解消费者对市场上相似产品的心理感知,因子分析及多维尺度分析是进行此类分析的有效手段。

(一)因子分析

在前面我们已经介绍过因子分析的基本原理,在市场定位分析中,也可以运用因子分析对测量顾客心理的变量(必须是对各产品的属性偏好、功效偏好等)进行降维。然后再计算每个个体(case)的因子得分以及各产品偏好变量的因子载荷,通过分析它们之间的关系(通常使用二者的散点图来呈现)了解顾客对各产品的心理感知。下面的例子有助于我们更好地理解该方法。

【举例】某汽车企业为其新品牌汽车上市做了市场定位研究,以针对可能的市场空白明确其新品牌定位。该项研究收集了顾客对目前市场上主流品牌的偏好打分,涉及宝马、本田、丰田、奥迪、福特等 10 个品牌;顾客打分采用的是 9 级李克特量表,9 代表最偏好、1 代表最不喜欢。数据在 SPSS 中展示如表 4.19。

表4-19　顾客对汽车品牌偏好数据

	ID	G20	FORD	AUDI	TOYOTA	EAGLE	HONDA
1	1	4.00	7.00	8.00	3.00	4.00	5.00
2	2	4.00	8.00	6.00	5.00	8.00	7.00
3	3	8.00	5.00	9.00	4.00	1.00	7.00
4	4	7.00	1.00	8.00	1.00	4.00	6.00
5	5	9.00	8.00	8.00	3.00	5.00	4.00
6	6	5.00	6.00	5.00	5.00	2.00	4.00
7	7	3.00	9.00	7.00	4.00	4.00	3.00
8	8	4.00	7.00	9.00	3.00	1.00	7.00
9	9	6.00	8.00	6.00	4.00	5.00	5.00
10	10	6.00	4.00	6.00	3.00	2.00	8.00
11	11	8.00	6.00	8.00	4.00	6.00	8.00
12	12	8.00	5.00	6.00	6.00	2.00	3.00
13	13	4.00	2.00	9.00	4.00	1.00	5.00
14	14	5.00	5.00	8.00	5.00	6.00	4.00

表中,ID代表各调查对象(case),其他变量为汽车品牌,各汽车品牌下的数是调查对象对该品牌的偏好打分。

得到数据后,在SPSS中点击分析—降维—因子分析,将除ID外的其他变量选入因子分析的变量栏,并在得分对话框中选择将因子得分保存为变量。进行分析可以得到各汽车品牌变量的因子载荷,及保存为变量的各case的因子得分,如表4.20,表4.21所示。

表4.20　各变量的因子载荷

	成　分	
	1	2
G20	0.651	−0.047
FORD	−0.783	0.006
AUDI	−0.746	0.152
TOYOTA	0.737	−0.044
EAGLE	0.586	−0.075
HONDA	0.680	0.420
SAAB	0.693	0.272
PONTIAC	0.612	0.294
BMW	0.394	−0.732
MERCURY	−0.385	0.365

表4.21　各case的因子得分

	ID	G20	FO	AUDI	TO	EA	HO	SA	PONTIAC	BMW	ME	FAC1_1	FAC2_1
1	1	4…	…	…	…	…	…	…	1…	…	…	−1.187 54	−1.195 30
2	2	4…	…	…	…	…	…	…	1…	…	…	−1.117 12	0.047 96
3	3	8…	…	…	…	…	…	…	2…	…	…	−0.181 83	−1.394 43
4	4	7…	…	…	…	…	…	…	5…	…	…	−0.491 91	0.041 05
5	5	9…	…	…	…	…	…	…	2…	…	…	−1.730 74	0.495 95
6	6	5…	…	…	…	…	…	…	4…	…	…	−0.181 37	−1.511 48
7	7	3…	…	…	…	…	…	…	4…	…	…	−0.241 0	−1.761 81
8	8	4…	…	…	…	…	…	…	3…	…	…	−0.394 81	−1.712 07
9	9	9…	…	…	…	…	…	…	2…	…	…	−1.577 55	0.581 54
10	10	6…	…	…	…	…	…	…	3…	…	…	0.780 56	−3.122 98
11	11	8…	…	…	…	…	…	…	1…	…	…	0.460 36	−2.273 48
12	12	8…	…	…	…	…	…	…	1…	…	…	−0.813 22	−0.080 88

将各汽车品牌的因子变量与各 case 的因子得分,分别做成散点图,如图4.5、图4.6所示。

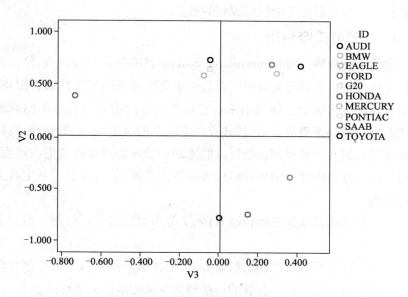

图 4.5 汽车品牌分布图

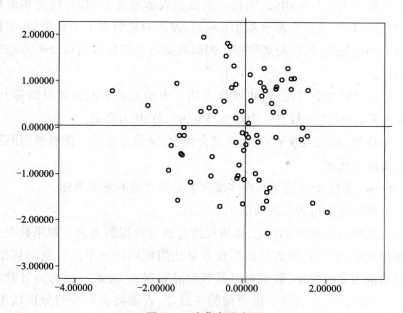

图 4.6 消费者分布图

将两张图结合来看,我们会发现消费者在第三象限的分布较多,但在市场上这一部分却是一片空白,这说明这一区域是有市场机会的,企业抓住这一市场定位定能取得较好的效益。

(二)多维尺度分析

多维尺度分析(Multidimensional Scaling ,MDS)是市场调查、分析的统计方法之一。多维尺度分析主要是基于研究对象的相似性或者距离,将研究对象在知觉图上体现出来。它用多维空间中的点表示不同刺激物之间感知或心理测量关系(描述点在空间上的位置)。一般认为,空间图的轴代表调查对象对刺激物形成的感知和偏好心理基础或潜在维度,即可以认为在多维尺度中坐标轴代表的不同维度,是可以赋予特定含义或性质的。

在了解多维尺度分析前,我们首先了解多维尺度分析的相关假设及术语。

多维尺度分析没有严格的假设要求,但在选择测量水平时应该十分小心。而多维尺度分析中包含的一些较为少见的术语主要有:

相似数据与不相似数据:多维尺度是基于相似性评分的分析,如果用较大数值表示非常相似,用较小的数值表示非常不相似,则为相似数据;如果用较大的数值表示非常不相似,较小的数值表示非常相似,则数据为不相似数据,也叫距离数据。相似数据与不相似数据的分析方法有所差异。

Stress 值:拟合量度值,也叫应力值。表示方差不能被解释的部分,20% 为差;10% 为一般;5% 为好;2.5% 为很好;0 为完美。

RSQ 值:相关系数平方,也叫拟合优度,展示总变异中能够被空间距离所解释的比例。

Stress 值与 RSQ 值是判断多维尺度是否合适的主要指标。

多维尺度分析的步骤如图 4.7 所示。

在这中间需要注意的是,多维尺度分析对数据的要求。如果数据为不相似数据,它们必须为数值型或者是使用相同计量单位计量的数据。如果数据为多元变量,数据可以是等间隔数据、二分数据或者为计数数据。注意应该保持数据量度单位的一致性,否则将会影响到分析结果。如果不能避免这种情况的出现,必须对数据进行标准化(在 SPSS 分析过程中,可以自动解决)。

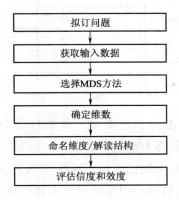

图 4.7　多维尺度分析

　　而 SPSS 提供的多维尺度分析的主要方法有两种,即 ALSCAL(古典MDS 模型)和 PROXSCAL(基于最优尺度变换的 MDS)。ALSCAL 智能分析不相似的数据,大的数值表示不相似的数值,主要通过 Stress 值和 RQS值进行模型诊断;PROXSCAL 既可以分析相似的数据,也可以分析不相似的数据,而且其提供了更加丰富的模型诊断。两种方法都能在 SPSS中很好的实现。下面我们举例说明多维尺度分析在市场定位研究中的应用。

　　【举例】顾客心中的汽车品牌。该项研究的主要目的在于找出各品牌在顾客心中的位置,研究的数据采集使用了不相似尺度,即要求消费者对各汽车品牌进行两两打分,分数越大表示二者的相似性越小。调查对象包括宝马、奔驰、福特、英菲尼迪、吉普等 10 个品牌,获得数据后将数据以对称矩阵的形式输入到 SPSS 中,具体如表 4.22 所示(部分数据)。

表 4.22　汽车品牌的调查数据

	ID	Car	BMW	Ford	Infiniti	Jeep	Lexus
1	1	BMW	0	34	8	31	7
2	1	Ford	34	0	24	2	26
3	1	Infiniti	8	24	0	25	1
4	1	Jeep	31	2	25	0	27
5	1	Lexus	7	26	1	27	0
6	1	Chrysler	43	14	35	15	37

	ID	Car	BMW	Ford	Infiniti	Jeep	Lexus
7	1	Mercedes	3	28	5	29	4
8	1	Saab	10	18	20	17	13
9	1	Porsche	6	39	41	38	40
10	1	Volvo	33	11	22	12	23

　　输入数据后,点击分析—度量—多维尺度分析(在此我们选择 ALSCAL 方法),点入后将 BMW,Ford 等 10 个汽车品牌变量放入分析变量栏。因为我们的数据类型已经是正对称型的了,因此其他选项不需调整,只要在选项框里的输出栏中选择组图项就可以了。点击确认即可得到多维尺度分析的结果。

　　结果中,该模型的 Stress 值(应力值)为 0.047,说明拟合度很好,RSQ 值为 0.987,远大于 0.6 的可接受值,说明模型非常理想;结果中,消费者的品牌感知图如图 4.8 所示。

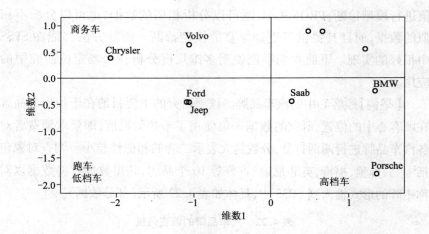

图 4.8　消费者的品牌感知图

　　从图 4.8 中几个典型汽车品牌的特点出发,我们可以将维度 1 的两端解释为高档车和低档车;将维度 2 的两端解释为商务车和跑车,越偏向商务车的品牌形象越严肃、商务;越偏向跑车的品牌形象越活泼、个性。

　　通过这个图我们可以很清晰地看到各汽车品牌的定位,比如,奔驰是高档商务车,保时捷是高档跑车,而宝马位于二者之间。从这张感知图我们还能看到在低档跑车这个方向上是缺乏品牌的,如果测定在这一方向有足够多的潜在需求,那么这将是一个很好的细分市场,采取这一市场定位的企业将会获得很好的市场机会。

第五章　新产品开发决策模型

新产品开发是满足新的需求、改善产品结构、提高人民生活水平的基础性工作,也是企业具有活力和竞争力的体现。新产品开发决策是企业适应外部环境变化,适时地研制、推出新产品的管理过程。

第一节　新产品开发的过程及概念

一、新产品开发的过程

新产品开发的过程可以分为四大步,九小步。从营销工程的角度,每一步都有其具体的意义及应对模型和方法,具体如表5.1所示。

表5.1　新产品开发过程的四个步骤

步骤	内容	模型与方法	备注
1. 识别机会	产生创意	头脑风暴等	从企业角度定义产品,明确产品概念中的核心产品
	评估创意	层次分析、熵权法	
2. 形成概念	产品设计	联合分析	从消费者的角度定义产品,验证消费者对核心产品的需求,以及明确有形产品的特征。与测试研究不同,该部分调研中的产品为文字、图片等虚拟形式
	市场细分与定位	STP模型(第四章)	
	营销组合	4P	
	销售预测	巴斯模型	
3. 开发测试	产品开发	研制真实产品	开发出真实产品,并以真实产品为对象进行市场测试
	市场测试	ASSESSOR模型	
4. 引入	产品引入市场	产品引入规划及跟踪	产品的商业化过程

下面我们来逐个说明每个步骤。

二、识别市场机会——从企业角度定义产品

该阶段是新产品开发的开始,该阶段主要包括两部分——产生创意

以及评估创意,总体来说,就是从企业的角度定义产品。

(一)产生创意

新产品的开发过程是从寻求创意开始的,在该阶段企业主要的目标是提出各种创意,并明确阐述与这些创意相关的市场机会,也就是明确新产品所能提供的核心利益。虽然并不是所有的设想或创意都可以变成产品,但寻求尽可能多的创意却可以为开发新产品提供较多的机会。

新产品创意的主要来源有:顾客、科学家、竞争对手、企业的推销员和经销商、企业高层管理人员、市场营销研究公司、广告代理商等。头脑风暴是提出新产品创意的主要方法。

(二)评估创意

取得足够创意后,要对这些创意加以评估,研究其可行性,并挑选出可行性较强的创意,这就是评估创意。评估创意的目的在于淘汰那些不可行或可行性较低的创意,使公司有限的资源集中于成功机会较大的创意上。

评估创意时,一般会考虑两方面的因素:一是该创意是否与企业的测量目标相适应,表现为利润目标、销售目标、销售增长目标、形象目标等几个方面;二是企业有无足够的能力实现这种创意。这些能力表现为资金能力、技术能力、销售能力和协同作用等。

进行新产品创意评估的主要方法有层次分析法和熵权法,在本章第二节中将详细介绍该方法。需要指出的是,不管是产生创意还是评估创意都是以企业为主体从企业的角度来理解新产品及其提供的核心利益。其实质是从企业角度定义产品及其可行性,但在现代营销学中仅仅从企业角度定义产品是不够的,消费者的需求才是营销的重点。

三、形成概念——从消费者角度定义产品

经过评估后留下的产品创意还要进一步发展成为产品概念,也就是从消费者的角度来定义新产品。这需要进行针对消费者需求的专项研究,在研究中,作为测试的产品是以文字描述、图片、视频等虚拟形式展示的。这阶段的主要任务可以归纳为以下四个方面。

(一)产品设计

产品设计也就是企业通过赋予某种创意以形式、属性和意义,将创意更好地转化为物质实体或概念实体。其最重要的目标是找出在消费

者心中对产品实体形态的期待,找出最符合消费者偏好及使用习惯的产品形态(属性、水平)。进行新产品设计的方法主要有联合分析法,在本章第三节中将详细介绍该方法。

(二)探究市场细分与定位

仅仅有产品创意是不够的,虽然在第一步提出创意的同时要求明确创意所能提供给消费者的核心利益,但那也只是从企业角度来阐释的。探究新产品的市场细分及定位就是为了验证消费者是否认同新产品带来的核心利益、哪些消费者对新产品提供的核心利益有最强的需求,以及如何进行市场定位才能更好地吸引消费者。

这部分采用的方法与第四章 STP 模型中介绍的一致,在研究中通过收集消费者的需求及偏好数据,运用第四章介绍的方法就能有效地解决上述问题。

(三)制定营销组合策略

营销组合策略的制定是市场细分与定位的延续,也是进行销售预测的基础。在了解新产品可能面对的消费者后,通过研究消费者的生活习惯、态度、收入、媒体接触习惯就能制定具有针对性的价格、促销及渠道策略。而我们知道,企业的市场潜量取决于企业的营销努力,这些策略的制定也为新产品的销售预测提供了基础。关于营销组合各因素的决策有专门的方法,我们在后面的章节中会有所介绍。

(四)销售预测

最后,在这一阶段还要完成对新产品市场销售的初步预测。通过销售预测可以帮助企业更好地理解市场,了解目标市场的规模、结构、行为及可能的利润情况。进行新产品销售预测最经典的方法是巴斯模型,在第六章我们将对其进行详细介绍。

需要指出的是,这一阶段也是进行新产品筛选的过程之一。如果新产品的市场不明确(消费者对新产品提供的核心利益不认同),新产品的销售预测不够理想,进一步的新产品开发举措则是不明智的。

四、产品测试——实物测试

(一)产品开发

如果新产品通过企业及消费者两方面的筛选,研究与开发部门及工程部门就可以把这种产品概念转变为实物产品了,进入试制阶段。只有在这一阶段,文字、图标及模型等描述的产品设计才转变为实体产品。这一阶段主要是工程技术工作,上阶段产品设计研究获得的信息以及新产品成本投入是产品开发的保证。

(二)市场测试

如果实体产品能顺利的开发出来,下一步就应着手用既定的营销组合策略把产品试验性的推向小范围的市场。与第二步的专项消费者研究不同,在这里的测试使用的是真实的产品,其目的在于了解消费者和经销商对于经营、使用和再购买这种新产品的实际情况以及真实市场大小,明确新产品能否实现营销计划中的公司利润和市场份额目标。此外,测试情况还能提供一些诊断信息,如对产品或营销策略进行怎样的改动能提高新产品成功的可能性。如测试表明产品是成功的,公司就有理由将产品引入市场。

ASSESSOR 模型是最主要的市场测试方法,我们将在第六章对其进行详细介绍。

五、产品引入——商业化

产品引入市场也就是产品的商业化过程,在这一步企业高层仍需要进行许多决策,如生产和营销计划是否协调,对产品设计进行微调以适合大规模生产及分销渠道管理等。此外,引入新产品还要求对市场业绩进行持续监测以改进新产品引入的营销策略。

综合来看,新产品开发过程中涉及的模型和方法比较丰富,有些在前面的章节中已经做过介绍(如 STP 模型)。本章将重点介绍用于产品创意评估的层次分析法、熵权法及用于产品设计的联合分析;而用于销售预测的巴斯模型以及用于产品测试的 ASSESSOR 模型将在下一章(第六章)新产品采用及扩散中详细介绍。

第二节 新产品机会识别模型

本节着重从市场相关的要素和企业本身的角度进行新产品创意的评估和筛选。新产品创意评估和筛选的主要方法有层次分析法和熵权法。

一、层次分析模型

层次分析法（Analytic Hierarchy Process，AHP）是将决策有关的因素分解成目标、准则、方案等层次，在此基础上进行定性和定量分析的决策方法。层次分析法的特点是在对复杂决策问题的本质、影响因素及其内在关系等进行深入分析的基础上，利用较少的定量信息使决策的思维过程数学化，从而为多目标、多准则或无结构特性的复杂决策问题提供简单的决策方法。尤其适合于对决策结果难于直接准确计量的场合。层次分析法的主要步骤如下。

（一）建立结构模型

在进行新产品创意评估的时候，我们的目标是非常明确的，即选择最适合、可行的新产品创意。但除了明确的目标以外，我们还需要知道具体的评价准则，即决定新产品创意好坏的因素，这些因素可以是关于利润的，也可以是关于销售的，具体的选择依企业的新产品开发目标和所处的行业而异。

如果将层次分析法从新产品创意评估这一实际运用中抽象出来，建立结构模型可以通俗的表示为：建立结构模型就是根据对问题的分析和了解，将问题所包含的因素，按照是否共有某些特征进行归纳成组，并把它们之间的共有特性看成是系统中新的层次中的一些因素，而这些因素本身也按照另外的特性组合起来，形成更高层次的因素，直到最终形成单一的最高层次的因素。在这中间，最高层是目标层，中间是准则层，最低层是方案层或措施层。图5.1所展示的就是一个层次结构模型。

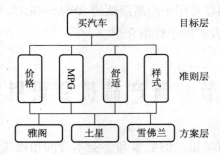

图5.1 层次结构模型示例

营销决策模型
88

在图中,买汽车(选择企业)是最高层也就是目标层,是要完成的目标;价格、MPG、舒适、样式等为准则层,是进行汽车选择所要考虑的因素;雅阁、土星、雪佛兰是方案层,是可供选择的方案。在运用层次分析法进行新产品创意评估和筛选时,我们首先必须建立一个类似的层次结构模型。需要说明的是,层次结构模型中目标层和方案层有且只有一层,而准则层则可以是一层也可以是多层。

(二)建立各层次的两两比较矩阵

比较矩阵表示针对上一层次某因素(或目标),本层次各因素之间相对重要性的比较。在层次分析法中重要性比较一般采用9级量表来标度,1表示两个因素具有同样的重要性,9表示一个因素比另一个因素极端重要。在比较矩阵中,以行与列的比较为主,且两两相互重要性比较值互为倒数,如对于买汽车而言,价格对MPG的重要性为9,那么MPG对价格的重要性就为1/9。下面我们以图5.1展示的汽车选择结构模型为例,建立准则层对目标层、方案层对准则层的比较矩阵。

准则层对目标层的比较矩阵

该例中建立准则层对方案层的比较矩阵就是要针对买汽车这一目标建立各准则两两之间重要性的比较矩阵。形式如下所示,假设对某家庭而言,各准则因素比较的重要性如表5.2所示。

表5.2 汽车选择结构模型比较矩阵

两两比较	更重要	数值等级
价格—MPG	价格	3
价格—舒适性	价格	2
价格—样式	价格	2
MPG—舒适性	舒适性	4
MPG—样式	样式	4
舒适性——样式	样式	2

那么,我们能得到如表5.3的比较矩阵。

通过同样的方法,可以得到方案层对准则层各因素的比较矩阵,具体而言比如说:就价格而言,雅阁、土星、雪佛兰之间的两两的重要性比较;就MPG而言,雅阁、土星、雪佛兰之间的两两的重要性比较等5个比较矩阵。

表5.3　两两比较矩阵

买汽车	价格	MPG	舒适	样式
价格	1	3	2	2
MPG	1/3	1	1/4	1/4
舒适	1/2	4	1	1/2
样式	1/2	4	2	1

两两比较过程格外注意的是决策者做两两比较判断的一致性。如：A相对B的数值等级为3，B相对C的等级为2，若尺度完全一致，那么A相对C的数值等级为$3 \times 2 = 6$，如果决策者给出的A相对C不为6，那么两两比较就不一致。当两两比较数量很多的时候，完全一致是很难做到的，但一致性很差的话会引起严重的模型偏差，因此我们需要一些方法对比较矩阵进行一致性检验。AHP中一致性检验的步骤如下所示：

（1）将两两比较矩阵中的第一列乘以第一条标准的优先级，第二列乘以第二条标准的优先级……，计算各行的总和，得到一个加权值。

（2）将加权值除以相应标准的优先级。

（3）计算得到平均数（λ_{max}）。

（4）计算一致性指标（CI）：$CI = (\lambda_{max} - n)/(n-1)$，$n$为比较项的个数。

（5）计算一致性比率（CR）：$CR = CI/RI$，其中RI与矩阵的大小有关，常常通过查表获得，表5.4表示了常用的RI值。

表5.4　常用的RI值表

N	1	2	3	4	5	6	7	8	9
RI	0.00	0.00	0.58	0.90	1.12	1.24	1.32	1.41	1.46
N	10	11	12	13	14	15			
RI	1.49	1.52	1.54	1.56	1.58	1.59			

如果一致性比率大于0.10，表明成对比较的判断中存在不一致，决策者应该重新审核成对比较，如果小于或者等于0.10，表明可以继续做AHP的综合计算。

（三）确定每层次中各因素的优先级

在得到合理的两两比较矩阵后，下面要进行的就是利用这些比较矩阵确定各因素的优先级。仍以汽车选择为例，确定准则层相对目标层的优先级的步骤如下：

（1）计算表5.3比较矩阵每列的和值，并将矩阵的每一项都除以它所在列的总和，得到表5.5。

表5.5　比较矩阵的结果（以比率表示）

买汽车	价格	MPG	舒适	样式
价格	0.429	0.250	0.381	0.533
MPG	0.143	0.083	0.048	0.067
舒适	0.214	0.333	0.190	0.133
样式	0.214	0.333	0.381	0.267

（2）计算每行的平均数，这些平均数就是每个标准的平均值（见表5.6）。

表5.6　备选车的优先级计算结果

买汽车	价格	MPG	舒适	样式	优先级
价格	0.429	0.250	0.381	0.533	0.398
MPG	0.143	0.083	0.048	0.067	0.085
舒适	0.214	0.333	0.190	0.133	0.218
样式	0.214	0.333	0.381	0.267	0.299

（3）按上面同样的方法确定不同标准（价格、MPG、舒适性、样式）下三辆备选车的优先级。

（四）确定综合排名

对各层的优先级进行综合处理，比如，将准则层的优先级作为权重，将各准则因素下各个方案的优先级作为因子进行加权平均，得到各方案的综合排名。一般公式如下：

$$S_j = \sum_i w_i r_{ij}$$

其中，S_j是第j个方案的综合得分；w_i是准则层中第i个因素相对于目标层的优先级（相当于权重）；r_{ij}是方案j相对于准则i的优先级。对j方案在所有准则因素的优先级进行加权求和，得到方案j的综合得分S_j。计算出所有方案的综合得分，并按其大小进行排列就能得到所有方案的综合排名。综合排名第一的方案就是该模型给出的最优决策。

下面的例子能让我们更好地理解层次分析在创意评估中的运用。

【举例】在一个大型高新企业的新产品开发中，市场研究人员使用了层次分析法来评估 3 种新产品创意的可行性,建立了如图 5.2 的层次分析模型。

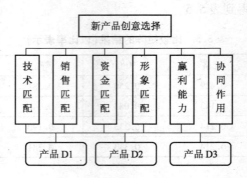

图 5.2　层次分析模型图

其中,目标层是新产品创意选择;准则层包括技术匹配、销售匹配、资金匹配、形象匹配、赢利能力和协同作用 6 项,为了在后文中便于说明,我们用 A1,A2,A3,A4,A5,A6 来表示这 6 项评估准则;最后,产品 D1,D2,D3 是方案层,即企业提出的新产品创意。

在建立层次分析模型后,下一步是建立准则层对目标层,方案层对准则层的两两比较矩阵。

准则层两两比较矩阵

研究人员根据管理层的判断,建立了准则层对目标层的两两比较矩阵,即比较各评判准则对选择合适、可行的新产品创意这一决策目标的重要性,比较矩阵如表 5.7 所示。

表 5.7　准则层比较矩阵

	A1	A2	A3	A4	A5	A6
A1	1	4	2	8	6	2
A2	1/4	1	1/3	5	3	1/3
A3	1/2	3	1	7	5	1
A4	1/8	1/5	1/7	1	1/5	1/6
A5	1/6	1/3	1/5	5	1	1/3
A6	1/2	3	1	6	3	1

准则层各因素的优先级

在获得比较矩阵后,研究人员据此计算准则层相对于目标层的优先级。首先,计算比较矩阵每列的和值,得到表5.8。

表5.8 准则层各列求和

	A1	A2	A3	A4	A5	A6
A1	1.00	4.00	2.00	8.00	6.00	2.00
A2	0.25	1.00	0.33	5.00	3.00	0.33
A3	0.50	3.00	1.00	7.00	5.00	1.00
A4	0.13	0.20	0.14	1.00	0.20	0.17
A5	0.17	0.33	0.20	5.00	1.00	0.33
A6	0.50	3.00	1.00	6.00	3.00	1.00
总和	2.542	11.533	4.676	32.000	18.200	4.833

然后,将矩阵的每一项都除以它所在列的总和,得到新的矩阵,对新矩阵的每行求平均,各行的平均数即为其对应因素的优先级,具体如表5.9所示。

表5.9 准则层各因素的优先级

	A1	A2	A3	A4	A5	A6	优先级
A1	0.39	0.35	0.43	0.25	0.33	0.41	0.360
A2	0.10	0.09	0.07	0.16	0.16	0.07	0.108
A3	0.20	0.26	0.21	0.22	0.27	0.21	0.229
A4	0.05	0.02	0.03	0.03	0.01	0.03	0.029
A5	0.07	0.03	0.04	0.16	0.05	0.07	0.070
A6	0.20	0.26	0.21	0.19	0.16	0.21	0.205

从表5.9不难看出,新产品与企业的技术匹配度(0.360)及资金匹配(0.229)是该企业在新产品创意评估中最为重要的因素。在得到准则层各因素优先级后,还需要检验比较矩阵的一致性。

比较矩阵的一致性检验

首先,将两两比较矩阵中的第一列乘以第一条标准的优先级,第二列乘以第二条标准的优先级,以此类推,并计算各行的总和,得到一个加权值。具体如表5.10所示。

然后,将表5.10中每行的总和除以各对应评估因素的优先级(用2.31除以A1的优先级,用0.70除以A2的优先级等),并对结果求平均值,得到平均数 λ_{max}。

表 5.10　一致性检验

	A1	A2	A3	A4	A5	A6	总和
A1	0.36	0.43	0.46	0.23	0.42	0.41	2.31
A2	0.09	0.11	0.08	0.14	0.21	0.07	0.70
A3	0.18	0.32	0.23	0.20	0.35	0.20	1.49
A4	0.05	0.02	0.03	0.03	0.01	0.03	0.18
A5	0.06	0.04	0.05	0.14	0.07	0.07	0.42
A6	0.18	0.32	0.23	0.17	0.21	0.20	1.32

$$\lambda_{max} = (6.40 + 6.46 + 6.51 + 6.09 + 6.10 + 6.44)/6 = 6.33$$

最后计算一致性指标 CI,和一致性比率 CR:

一致性指标(CI):$CI = (\lambda_{max} - n)/(n-1)$,$n$ 为比较项的个数。

$$CI = (6.33 - 6)/(6-1) = 0.066$$

一致性比率(CR):$CR = CI/RI$,其中 RI 与矩阵的大小有关,查表当 $n=6$ 时,RI 值为 1.24,这样:

$$CR = 0.066/1.24 = 0.05$$

$CR = 0.05 < 0.1$,表明比较矩阵符合一致性检验,可以继续进行后续研究。

方案层对准则层的优先级

同样,我们计算方案层对准则层的优先级,计算方法与上面的步骤类似,具体如表 5.11 所示。

表 5.11　方案层对准则 A1 的优先级计算

A1	D1	D2	D3	
D1	1	1/3	1/2	比较矩阵
D2	3	1	3	
D3	2	1/3	1	
	D1	D2	D3	
D1	1	1/3	1/2	计算列和
D2	3	1	3	
D3	2	1/3	1	
	6.000	1.667	4.500	
	D1	D2	D3	优先级
D1	0.167	0.200	0.111	0.159
D2	0.500	0.600	0.667	0.589
D3	0.333	0.200	0.222	0.252

按照同样的方法,我们得到方案层对 A2,A3,A4,A5,A6 的优先级,如表 5.12 所示。

表 5.12　方案层对准则层各因素的优先级

准则 \ 方案	A1	A2	A3	A4	A5	A6
D1	0.159	0.750	0.333	0.455	0.250	0.685
D2	0.589	0.060	0.333	0.091	0.500	0.093
D3	0.252	0.190	0.333	0.455	0.250	0.221
准则优先级	0.360	0.108	0.229	0.029	0.070	0.205

方案层对目标层的优先级

最后,研究人员将准则层对目标层的优先级作为权重,将方案层对准则层的优先级作为因子,用权重乘以因子,得到方案层对目标层的优先级:

D1 对目标层的优先级 = 0.385

D2 对目标层的优先级 = 0.351

D3 对目标层的优先级 = 0.263

这样,研究人员得出结论,D1 产品相对于 D2,D3 来说是企业的最优产品创意选择。而利用表 5.12 中的数据作图,研究人员更清晰地看到各产品创意在评价准则上的优劣,见图 5.3。

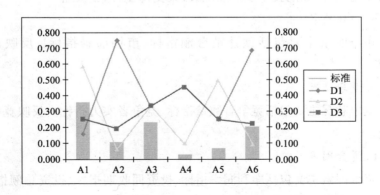

图 5.3　方案层对准则层各因素的优先级图示

从图 5.3 不难看出,产品 D1 除了在 A1 评价上落后于 D2,D3,在 A5 评价上落后于 D2 以外,在其他评价中均处于领先的位置。对于 D1 的开发,最为重要的是克服技术上的难点（A1 技术匹配较弱,说明该产品创意的技术实现对该企业来说是比较困难的）。

二、熵权法（开发价值比较法）

将熵权法引入产品开发价值比较研究中,是李翔等学者于 2004 年提出的。

（一）产品开发价值比较指标体系

李翔等学者认为,产品开发价值比较应从产品水平、企业状况、开发条件、市场前景、竞争状况、资金因素等方面进行考虑并构建比较指标体系。具体指标如下:

1. 产品水平

产品水平主要包括产品综合质量指标。反映产品本身质量、产品可用性、产品适应程度。

2. 企业状况

企业状况主要包括企业综合能力指标。反映设计开发能力、创造能力、生产能力、原材料供应能力、生产设备水平、营销能力、售后服务能力、管理水平。

3. 开发条件

开发条件主要包括产品开发周期指标、外部环境指标。反映产品开发所用时间、产品的技术发展状况、政策支持度、行业状况。

4. 市场前景

市场前景主要包括预计销售额指标、市场前景指标。反映市场状况。

5. 竞争状况

竞争状况主要包括竞争者数量指标、竞争者实力指标。反映竞争者情况。

6. 资金因素

资金因素主要包括净利润率指标、投资回收期指标、投资总额指标。反映有关资金的情况。

综上,可建立起产品开发价值指标体系,比较指标值分别来源于专家评判或对被比较对象的自身情况统计。具体地说,从上述指标体系可以看出,一类为定性指标,需要利用专家法得到指标值;一类为定量指标,可通过企业统计数据得到。

（二）熵权法运用于产品开发价值比较研究

1.运用熵权法进行产品开发价值比较研究的优越性

首先，人们在决策中获得信息的多少，是决策的精度和可靠性的决定因素之一。在产品开发价值研究中，我们应该考虑各个指标所含信息量的大小，对信息量大的指标，决策时应充分考虑，对信息量小的指标可以少考虑，对信息量为零的指标（即各方案该指标值相同）可不予考虑。熵权法能很好地处理这一问题，在熵权法中，指标值变异程度较大的指标，熵值较小，说明该指标提供的信息量较大，因此熵权较大。

其次，熵权法能较大程度地反映被评价对象的真实水平，并在确定指标权数时尽可能地排除人为因素的影响，因而具有一定的自适应功能，这对于弱化权重确定中人为因素是非常必要的。因此，熵权法是一种根据指标数据提供的信息量进行赋权的方法，其最大优点是能实现数据处理的全自动化，不需人为确定各指标的权重系数，避免了其他比较方法的结果可能因人而异的缺点。

最后，熵权法是在定性的打分值和定量的数值中已经含有"权"的全部信息这一假设下应用的，这一假设不是在任何情况下都成立，因而熵权法并非在任何领域都适用。当出现下列两种情况时，这一假设不成立。一是各指标间具有一定的相关性时，即两指标间或更多指标间存在某种函数关系时。例如，当构思产品的某指标值完全相同时，根据熵的性质，该指标的权数为零，对产品开发价值比较没有任何影响，而当该指标与其他指标间具有一定的相关性时，这显然与实际不符。二是数据存在偶然性。熵权法对数据有依赖性，数据的构成状况决定了指标的权重，当数据随机性较大或偶尔一次出现时，不能真实反映各指标的权重。

2.熵权法运用于产品开发价值比较研究的过程

设共有构思产品 n 个，则构思产品集为 $F = \{F_1, F_2, \cdots, F_n\}$，比较指标有 m 个，则比较指标集为 $C = \{C_1, C_2, \cdots, C_m\}$。

按定性与定量相结合的原则取得关于多对象的比较指标矩阵。

$$R' = \begin{bmatrix} r'_{11} & r'_{12} & \cdots & r'_{1n} \\ r'_{21} & r'_{22} & \cdots & r'_{2n} \\ \vdots & \vdots & \vdots & \vdots \\ r'_{m1} & r'_{m2} & \cdots & r'_{mn} \end{bmatrix}$$

其中，元素 r'_{ij} 为 F_j 构思产品的 C_i 指标值。

对 R' 做标准化处理，对效益型指标，令

$$r_{ij} = \frac{r'_{ij} - \min_j\{r'_{ij}\}}{\max_j\{r'_{ij}\} - \min_j\{r'_{ij}\}}$$

对成本型指标，令

$$r_{ij} = \frac{\max_j\{r'_{ij}\} - r'_{ij}}{\max_j\{r'_{ij}\} - \min_j\{r'_{ij}\}}$$

则有规范化比较指标矩阵

$$R = \begin{bmatrix} r_{11} & r_{12} & \cdots & r_{1n} \\ r_{21} & r_{22} & \cdots & r_{2n} \\ \vdots & \vdots & \vdots & \vdots \\ r_{m1} & r_{m2} & \cdots & r_{mn} \end{bmatrix}$$

(1) 计算比较指标的熵与熵权。比较指标的熵为

$$H_i = -k \sum_{j=1}^{n} f_{ij} \ln f_{ij}$$

式中，$f_{ij} = \dfrac{r_{ij}}{\sum\limits_{j=1}^{n} r_{ij}}$，$k = 1/\ln n$。

并假定：当 $f_{ij} = 0$ 时，$f_{ij} \ln f_{ij} = 0$。

也可以选择 k 使得 $0 \leqslant H_i \leqslant 1$，这种标准化在进行比较时是很必要的。

则 C_i 比较指标的熵权 ω_i 定义为：

$$\omega_i = \frac{1 - H_i}{m - \sum\limits_{i=1}^{n} H_i}$$

(2) 计算构思产品开发价值权重。根据上述所得指标的权重，可以引用 Zadeh 的定义将构思产品集映射到距离空间

$$L_{pj}(\omega, i) = \left[\sum_{i=1}^{m} \omega_i^p r_{ij}^p \right]^{1/p}$$

一般情况下，取 $p = 1$（海明距离，只注重偏差的总和）

$$L_{1j}(\omega, i) = \left[\sum_{i=1}^{m} \omega_i r_{ij} \right]$$

或取 $p = 2$（欧式距离，更注重个别偏差较大者）

$$L_{2j}(\omega, i) = \sqrt{\sum_{i=1}^{m} \omega_i^2 r_{ij}^2}$$

显然,距离大者更接近理想方案。对 L_{pj} 进行归一化处理: $l_j = \dfrac{L_{pj}}{\sum\limits_{j=1}^{n} L_{pj}}$

$(j = 1, 2, \cdots, n)$,得所有构思产品开发价值权重 $L = (l_1, l_2, \cdots, l_n)$,其中 l_j 为第 j 个构思产品的开发价值权重。l_i 越大,所对应的产品开发价值越高。

下例可以帮助我们更好地理解熵权法在创意评估中的作用。

【举例】以某消防器材厂开发气体灭火器为例,以熵权法进行产品开发价值比较研究。有关数据见表5.13。

表5.13　构思产品指标值

序号	指　　标	构思产品		
		A	B	C
1	产品综合质量	好	差	好
2	企业综合能力	一般	差	一般
3	开发周期(月)	10		7
4	外部环境	好	18	好
5	预计销售额(亿元)	9	一般	3
6	竞争者数量(户)	5	2	100
7	竞争者实力	一般	100	弱
8	净利润率	8%	弱	17%
9	投资回收期(月)	21	12	36
10	投资总额(万元)	500	46	80
11	市场前景	好	好	一般

注:在表中,打分如下:好——10分;一般——6分;差(弱)——2分

据此,可得到关于三个构思产品的比较指标矩阵 R' 及对 R' 做标准化处理后的规范化比较指标矩阵 R (略),根据计算比较指标的熵与熵权的公式,可得到各指标的 H_i 和 ω_i ,见表5.14。

表5.14　各指标的 H_i 和 ω_i

序号	指标	H_i	ω_i
1	产品综合质量	0.630 93	0.068 98
2	企业综合能力	0.630 93	0.068 98
3	开发周期(月)	0.619 51	0.071 12
4	外部环境	0.630 93	0.068 98
5	预计销售额(亿元)	0.343 14	0.122 7

序号	指标	H_i	ω_i
6	竞争者数量	0	0.186 91
7	竞争者实力	0.630 93	0.068 98
8	净利润率	0.295 72	0.131 63
9	投资回收期（月）	0.606 47	0.073 55
10	投资总额（万元）	0.630 24	0.069 11
11	市场前景	0.630 93	0.068 98

针对所论述的产品，选取 $p=1$（海明距离，只注重偏差的总和）时，根据计算构思产品开发价值权重公式，经归一化处理得所有构思产品开发价值权重 $L=(l_1,l_2,l_3)=(0.444,0.192,0.364)$。选取 $p=2$（欧氏距离，只注重个别偏差较大者）时，根据计算构思产品开发价值权重公式，经归一化处理得所有构思产品开发价值权重 $L=(l_1,l_2,l_3)=(0.433,0.225,0.342)$。$l_j$ 越大，所对应的产品开发价值越高，因此，A 产品的开发价值高。

第三节　新产品设计模型

在新产品开发第二步形成产品概念中，产品设计是最为重要的环节之一，如果说产品创意考虑的是产品整体概念中的核心产品（产品利益），那么产品设计考虑的则是产品整体概念中的有形产品。在新产品设计中联合分析是最为有效的方法之一。

一、联合分析（conjoint analysis）

（一）联合分析的概念

联合分析方法最初由数理心理学家卢斯（Luce）和统计学家拉基（Luckey）于 1964 年提出，其最初不是为市场营销研究而设计的，但这种分析方法在提出不久后就被引入市场营销领域，用于评估不同属性对消费者的相对重要性，以及不同属性水平给消费者带来的效用。其分析思想是从消费者对产品或服务（刺激物）的总体偏好判断（渴望程度评分、购买意向、偏好排序等）入手，通过对总体判断的统计技术处理来估计产品每一属性的相对重要性。

（二）联合分析的基本假定

联合分析假定分析的对象,如产品、品牌和商店等,可以由一组属性组合来表示(如电脑可以由硬盘、CPU 等的组合表示),而一种属性又可以有多种水平或备选方案(如硬盘有 50G、100G、150G 等几个水平)。一个产品属性组合就是由每个属性的某一水平构成的具体产品。该假设的实质也就是将产品定义为各种属性水平的组合。

此外,联合分析还假定消费者的抉择过程是通过理性的考虑这些属性水平的相对权重来进行的。

（三）联合分析的步骤

1. 确定产品属性与属性水平

确定产品属性与属性水平是联合分析的第一步。在产品设计中,这一步的完成是需要营销人员与技术人员共同参与的。在确定属性及属性水平时应该注意以下几点:

（1）为了使联合分析更具现实意义,应当选择那些与现有类似产品相近的属性水平及技术可实现范围内的产品属性水平。

（2）研究的属性个数和属性水平应尽可能的少,以简化顾客评估任务,一般而言每项属性有 2～5 个水平是比较合适的。

（3）尽量使每个属性的水平数一致,否则在属性的权重评估中,有些属性可能仅仅由于有较多的属性水平供顾客选择而显得更重要。可以采用重新定义属性、合并属性或分解属性的方法来尽量保持属性水平的一致性。

产品属性及其水平的确定是定性分析的过程,需要对市场的观察,以及求得技术人员的建议,在确定产品属性与水平后,我们就可以依此来创建需要分析的产品了。

2. 创建产品（确定要评价产品的属性组合）

如前文所述,我们将产品定义为各种属性水平的组合,这样如果当某类产品属性及属性水平都比较少的时候,例如,三个属性、每个属性三个水平,我们一共可以获得 27 种产品属性组合($3 \times 3 \times 3 = 27$),让顾客（被试）评价 27 种产品还是可行的。但当某类产品需要用五个属性来展示,而每个属性又有五个水平,那么我们获得的产品数将是 3 125 种($5 \times 5 \times 5 \times 5 \times 5$),也就是 3 125 种模拟产品。显然让顾客（被试）对这 3 125

种产品进行评价是不现实的,这样我们就需要一种方式来选择部分产品组合以减少顾客评价的产品数目。一种常见的做法是选择属性水平的正交组合(也就是正交设计)来减少顾客必须评价的产品属性组合数目。

从上面的分析我们可以看到创建产品主要有两种方式:全轮廓设计和正交设计。

全轮廓设计指的是由全部属性的各种水平构成的所有组合。其优点是不但可以测出各属性的主效应还能测出各属性间的交互效应;缺点是当属性水平过多时需要顾客评价的产品数目太多。

正交设计则是根据正交性从全面试验中挑选出部分有代表性的点进行试验的方法。其优点是可以用较少的、有代表性的组合数提供充分有用的信息;缺点是只能得到各属性的主效应,无法获得各属性间的交互效应。正交设计有如下特点:①任一列中,各水平都出现,并且出现的次数相等;②任两列中之间各种水平的不同组合都出现,并且出现的次数相等;③每个属性下的各个水平的出现,与其他属性的水平的出现是独立的,属性间的交互作用被忽略。

一般来说,产品可能的属性水平组合数都是很大的,如果不是特别强调属性间的交互效应,在创建产品时更多的还是使用正交设计的方法。在 SPSS 中提供了生产正交设计软件包,使用起来十分方便。

在此,需要提出的是,在联合分析中如何选择产品属性组合这一问题,除了全轮廓设计和正交设计外还有一些处于二者之间的设计方案用于解决专门的市场研究问题,由于涉及的数学知识较为复杂,在此我们不再介绍。

3. 问卷设计及数据收集

在创建好需要评价的产品后,就可以进行相应的问卷设计了。就产品评价而言,可以采取如下两种方法进行:

(1)排序法,这种方法让被试对所给产品进行排序,把最偏爱的列为第一名,把最不喜爱的列为最后一名。

(2)评分法,该方法要求被试按一定的尺度来评价每种产品(如按 0~10,或者 0~100 的尺度),数字越大表示越偏爱、喜欢;或者将一常数(如 100 分)分配给所有产品。

第二种方法比第一种方法实施起来更困难。第二种方法是假设顾客有能力表示出其对某种产品的偏好比对其他产品的偏好强烈多少,属于定距尺度的测量。而第一种方法属于定序尺度的测量。

除了对产品的评价外,在设计问卷时还应包含测量人口统计、产品使用、生活方式等信息的问题,这些信息的获得将使联合分析的功能大大加强,而不仅仅局限于产品设计。

问卷设计好后,就可以将问卷发放给确定的样本组进行市场调研、数据收集了。

4.数据分析(计算属性水平的效用)

这一步是从收集的信息中分离出消费者对每一属性以及属性水平的偏好值,这些偏好值也就是该属性的"效用"。对于某产品的总效用可以写成:

$$U(X) = \sum_{i=1}^{m} \sum_{j=1}^{ki} a_{ij} X_{ij} \tag{5.1}$$

式中,U 表示产品的总效用;X_{ij} 表示属性 i 的第 j 个水平,如果存在用1表示,不存在则用 0 表示;a_{ij} 表示属性 i 的第 j 个水平所贡献的效用。而第 i 个属性的重要性 I 由效用函数的全距表示:

$$I_i = |\max(a_{ij}) - \min(a_{ij})| \tag{5.2}$$

转化成百分比,表明该属性相对于其他属性的相对重要性:

$$W_i = I_i / \sum I_i \tag{5.3}$$

通过收集到的数据,采用适当的统计方法(如回归)我们可以由式5.1估计出 a_i 的值,而根据 a_{ij} 的值及式5.2及5.3我们可以得到各属性的重要性。SPSS 中提供了专门解决联合分析的软件包,但其需要通过程序语言的形式实现,现将其一般性的程序语言列出如下:

CONJOINT PLAN = 设计数据文件名

/DATA = 结果数据文件名

/属性变量测量方式 = 相应变量列表

/SUBJECT = 个体 ID 号变量

/FACTORS = 需要分析的属性变量列表

/PRINT = 需要输出的结果列表

/UTILITY = 存储效用分析结果的数据文件

/PLOT = 需要绘制的统计图列表

其中的语法说明如下:

● Plan & Data:设计文件、结果文件,∗ 表示当前文件

● SEQUENCE:数据以序列方式被收集,依次是最喜欢的卡片到最不喜欢的卡片

● RANK:数据以序列方式被收集,结果文件中记录的是卡片的喜

好次序,排序越小的卡片越受欢迎

- **SCORE**:数据以评分方式被收集,依次记录了卡片 1、卡片 2 的得分,评分越高越受欢迎
- **PRINT**:对结果的输出报告
- **ANALYSIS**:只分析设计/检查卡片,不对模拟卡片拟和
- **SIMULATIONS**:输出市场模拟结果

  ❖ 最大效用模型:该方法假定消费者一定会选择效用值最大的属性组合

  ❖ BTL 模型:假定消费者选择该产品的概率是效用值的线性函数

  ❖ Logit 模型:假定购买概率与效用值呈 Logit 关系
- **SUMMARYONLY**:只输出样本整体的结果
- **ALL**:输出所有结果,默认值
- **NONE**:不输出任何结果

5. 最优产品设计

根据效用最大化原则,各属性的最大效用水平组合即为最优的产品设计。但在现实中最优的产品设计并不一定是企业能够提供的,在实践中企业可以根据自己的战略目标、技术能力、营销水平在最优产品设计的基础上进行适当修改,以获得最适合企业的高效用产品。

(四)联合分析在市场营销中的其他用途

需要指出的是,联合分析是对人们购买决策的一种现实模拟。通过联合分析,我们可以模拟出人们的抉择行为,可以预测不同类型的人群抉择的结果,了解顾客对产品各个特征的重视程度。

依据这些选择行为和各个特征的重要程度,我们可以对市场细分;而当数据样本足够大且能够很好地描述总体时,我们可以根据顾客的选择进行市场模拟,估计现有市场中所有类似产品的市场份额等。从以上的举例我们可以看到联合分析不仅仅可以用于产品设计,还可以被广泛地运用于市场营销研究的方方面面,其在营销研究领域的应用归纳起来有如下几方面:

(1)确定消费者赋予某个预测变量(水平)的贡献和效用以及属性的相对重要性。

(2)根据消费者对属性及水平相对重要性的评估进行市场细分。

(3)寻找消费者可接受的某种产品的最佳市场组合,这种组合最初

可能并没有被消费者所评价。

（4）模拟市场,估计市场占有率和市场占有率的变化。

（5）将产品价格作为一种属性纳入联合分析,根据消费者对价格重要性的评分可以有效地分析价格在该市场的弹性,为定价决策提供参考。

（6）根据消费者对各属性水平的效用得分,对市场上现有的竞争者产品进行竞争分析。

除在市场研究中的应用,联合分析还被广泛应用于消费品、工业品、金融及其他服务领域。而联合分析本身也在不断的完善,各种新的处理方法、设计被提出来以应对专门的研究问题,在此只做抛砖引玉,不再介绍。

（五）联合分析运用举例

【举例】联合分析在常温液态奶市场中的运用。

2009 年,经过三鹿毒奶粉风波的常温业态奶市场又慢慢恢复其活力,在风波中未遭受损失、且名声大振的三元乳业准备推出新的产品来占领市场的高地。

1. 产品的初始设计

三元的市场研究人员用品牌、容量、包装、口味、价格五个属性来描述不同的常温液态奶。具体的属性水平设计如表 5.15 所示。

表 5.15　产品设计表

属性 水平	品牌	容量 （ml）	包装	口味	价格 （元）
1	伊利	125	利乐砖	纯牛奶	1.8
2	蒙牛	250	利乐枕	水果味酸奶	2.5
3	三元	300	百利包	朱古力	3.5
4				营养奶	

注:营养奶是指加入核桃或者红枣元素,具有二者口味和营养成分的高营养牛奶品种。

而市场上现有的主要产品如表 5.16 所示。

表 5.16　市场上现有的主要产品

编号	品牌	容量(ml)	包装	口味	价格(元)
1	蒙牛	250	利乐砖	水果味	1.8
2	蒙牛	250	利乐砖	纯牛奶	2.5
3	蒙牛	250	利乐砖	朱古力	1.8

编号	品牌	容量(ml)	包装	口味	价格(元)
4	蒙牛	300	利乐枕	纯牛奶	3.5
5	伊利	250	百利包	营养奶	1.8
6	伊利	250	利乐砖	水果味	1.8
7	伊利	250	百利包	朱古力	1.8
8	伊利	250	利乐砖	纯牛奶	2.5

三元公司拟开发的新产品为:三元300ml装添加核桃、红枣、杏仁等元素的营养奶。

2. 正交设计和联合分析

在确定完产品属性及水平后,用SPSS进行正交设计得到如下16种正交设计产品(参见表5.17)。

表5.17　正交设计表

品牌	容量(ml)	包装	口味	价格(元)
蒙牛	125	百利包	水果味	1.8
蒙牛	125	利乐砖	朱古力	3.5
三元	300	百利包	纯牛奶	3.5
伊利	250	利乐砖	水果味	3.5
三元	125	利乐枕	水果味	1.8
蒙牛	300	利乐砖	营养奶	1.8
伊利	250	百利包	朱古力	1.8
伊利	125	百利包	营养奶	2.5
三元	250	利乐砖	营养奶	1.8
蒙牛	250	利乐枕	纯牛奶	2.5
伊利	125	利乐砖	纯牛奶	1.8
伊利	300	利乐枕	朱古力	1.8
三元	125	利乐砖	朱古力	2.5
伊利	300	利乐砖	水果味	2.5
伊利	125	利乐枕	营养奶	3.5
伊利	125	利乐砖	纯牛奶	1.8

将正交设计表做成问卷,供调研对象就其对每个正交设计的产品进行购买意愿打分(1表示购买意愿最低,100表示购买意愿最高);此外,

为了更好的研究市场,对市场进行细分及产品定位,我们还添加测量购买频率、获得新产品信息渠道、对牛奶的态度(作为早餐还是零食)等问题,具体见附录问卷。

将调研获得的数据录入 SPSS 中进行联合分析,得到:

(1)消费者对各属性重要性的评判。研究人员从图5.4 ~ 图5.8 来认识消费者对各属性重要性的评判。

图5.4 展示的是各品牌给消费者带来的效用,从图中可以看出,蒙牛给消费者带来的效用是最大的,其次是伊利,三元品牌与二者有较大差距的。

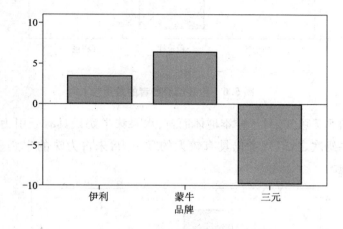

图5.4　各品牌给消费者的效用

从图5.5 可以知道消费者对于大容量的牛奶有更多的偏爱,125ml 的容量显然满足不了消费者的需要。

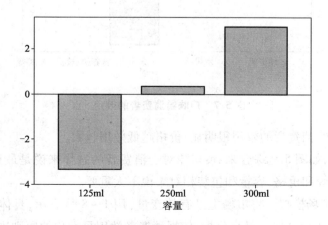

图5.5　容量给消费者的效用

从图5.6可知,利乐砖的包装给消费者带来的效用最大,百利包也还不错,利乐枕的包装不太适合调研样本人群。

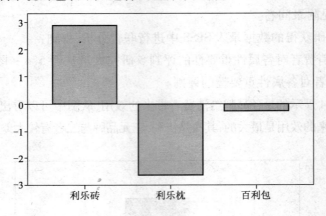

图5.6　包装给消费者的效用

以图5.7可知,对于样本群体而言,水果味牛奶最具有吸引力,营养奶和纯牛奶次之,但二者仍具有较大的吸引力,朱古力味的牛奶显然是不受欢迎的。

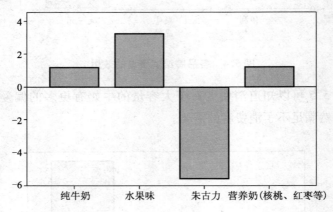

图5.7　口味给消费者的效用

价格给消费者的效用很明显:价格越低效用越大。

最后,如图5.9综合来看:口味对于消费者的选择来说是最重要的,其次是品牌和价格,容量和包装相对来说不太重要。

(2)市场模拟。将市场上已有的变量(用1~8号表示,具体的产品如表5.16所示)加入联合分析,依据消费者效用最大化的原则进行市场

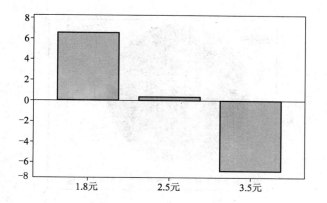

图5.8 价格给消费者的效用

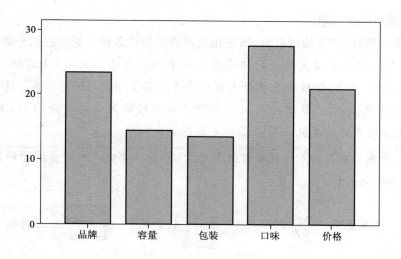

图5.9 各因子的重要性

模拟,得到如图5.10所示的市场份额图。

从图5.10可以看到,我们推出的新产品将有6.1%的市场占有率,在此市场上占有率最高的产品为1号产品(蒙牛、250ml、利乐砖、水果味、1.8元)占24.2%;其次是5号产品(伊利、250ml、百利包、营养奶、1.8元)占18.2%。

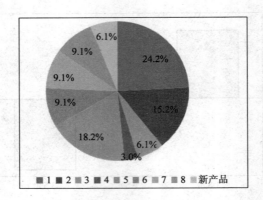

图5.10 模拟市场份额图

附录:调查问卷

第一部分:产品偏好打分,请在相应的表格中填入符合您情况的分数

Q1.下面表格里每一行均代表一个常温业态牛奶产品(由品牌、容量、包装、口味、价格五个属性来描述每个产品),共有16个产品。请就你自己的偏好,在最后一栏里对每种产品进行购买意愿打分(1~100,1表示购买意愿最低,100表示购买意愿最高)。

注:营养奶是指加入核桃或者红枣元素,具有二者口味和营养成分的高营养牛奶品种。

包装说明: 利乐砖 利乐枕 百利包

产品号	品牌	容量	包装	口味	价格	购买意愿打分(1~100)
1	蒙牛	125ml	百利包	水果味	1.8元	
2	蒙牛	125ml	利乐砖	朱古力	3.5元	
3	三元	300ml	百利包	纯牛奶	3.5元	
4	伊利	250ml	利乐砖	水果味	3.5元	
5	三元	125ml	利乐枕	水果味	1.8元	
6	蒙牛	300ml	利乐砖	营养奶	1.8元	
7	伊利	250ml	百利包	朱古力	1.8元	
8	伊利	125ml	百利包	营养奶	2.5元	

产品号	品牌	容量	包装	口味	价格	购买意愿打分(1~100)
9	三元	250ml	利乐砖	营养奶	1.8元	
10	蒙牛	250ml	利乐枕	纯牛奶	2.5元	
11	伊利	125ml	利乐砖	纯牛奶	1.8元	
12	伊利	300ml	利乐枕	朱古力	1.8元	
13	三元	125ml	利乐砖	朱古力	2.5元	
14	伊利	300ml	利乐砖	水果味	2.5元	
15	伊利	125ml	利乐枕	营养奶	3.5元	
16	伊利	125ml	利乐砖	纯牛奶	1.8元	

第二部分:基本信息,请将符合您情况的选项加上红色的底色(如:

1.从不喝)

Q2.您一周喝牛奶的频率是:

1.从不喝　　2.1周1次　　3.1周2~3次　　4.1周3~5次

5.每天都喝

Q3.您获得关于牛奶产品的信息最多的渠道是:

1.电视　2.上网　3.朋友　4.自己逛超市看到(或其他市场)

Q4.如果需要每天喝牛奶的话,您会在什么时候喝牛奶:

1.早餐　　2.晚上睡觉前　　3.零食(随时想喝就喝)

Q5.您的性别是:

1.女　　2.男

Q6.您的年龄是:(周岁)

1.10以下　　2.10~18　　3.19~29　　4.30~39

5.40~49　　6.50~59　　7.60以上

第六章　新产品采用与扩散决策模型

在新产品开发过程中,对新产品的销售预测及市场测试是必不可少的环节。上一章我们介绍了新产品开发的主要流程以及产品创意、产品设计等环节。本章将着重介绍新产品开发流程中的销售预测及市场测试方法,由于其涉及营销中的新产品采用与扩散理论,在介绍方法之前,我们将对这些基本理论做简要介绍。

第一节　新产品采用与扩散

新产品采用过程是从微观角度考察消费者个人由接受创新产品到成为重复购买者的各个心理阶段。新产品扩散过程则是从宏观角度分析创新产品如何在市场上传播并被市场所采用的更为广泛的问题。

一、新产品采用者的类型

在新产品的市场扩散过程中,由于个人性格、文化背景、受教育程度和社会地位等因素的影响,不同的消费者对新产品接受的快慢程度不同。罗杰斯根据这种接受快慢的差异,把采用者划分成五种类型,即:创新采用者(可简称为"创用者")、早期采用者、早期大众、晚期大众和落后采用者。同时,从新产品上市算起,采用者的采用时间大体服从统计学中的正态分布。

如图6.1所示。由正态分布曲线可知,约有68%的采用者(早期大众和晚期大众)落入平均采用时间加减一个标准差的区域内,其他采用者的情况类推。尽管这种划分并非精确,但它对于研究扩散过程有着重要意义。

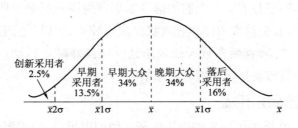

图6.1 采用者分布曲线

（一）创新采用者

该类采用者处于距离平均采用时间两个标准差以左的区域内,占全部潜在采用者的2.5%。任何新产品都是由少数创新采用者率先使用,因此,他们具备如下特征:极富冒险精神;收入水平、社会地位和受教育程度较高;一般是年轻人,交际广泛且信息灵通。企业营销人员在向市场推出新产品时,应把促销手段和传播工具集中于创新采用者身上,如果他们采用效果较好,就会大肆宣传,影响到后面的使用者。不过,找出创新采用者并非易事,因为很多创新采用者在某些方面倾向于创新,而在别的方面可能是落后采用者。

（二）早期采用者

早期采用者是第二类采用创新的群体,占全部潜在采用者的13.5%。他们大多是某个群体中具有很高威信的人,受到周围朋友的拥护和爱戴。正因如此,他们常常去搜集有关新产品的各种信息资料,成为某些领域里的舆论领袖。这类采用者多在产品的介绍期和成长期采用新产品,并对后面的采用者产生较大影响,所以,他们对创新扩散有着决定性的影响。

（三）早期大众

这类采用者的采用时间较平均采用时间要早,占有34%的市场份额。其特征是:深思熟虑,态度谨慎,决策时间较长,受过一定教育,有较好的工作环境和固定收入,对舆论领袖的消费行为有较强的模仿心理。他们虽然也希望在一般人之前接受新产品,但却是在经过早期采用者认可后才购买。由于该类采用者同后面的晚期大众占有68%的市场份额,因而,研究其消费心理和消费习惯对于加速创新产品扩散有着重要意义。

（四）晚期大众

这类采用者的采用时间较平均采用时间稍晚,占有34%的市场份额。其基本特征是多疑。他们的信息多来自周围的同事或朋友,很少借助宣传媒体,其受教育程度和收入状况相对较差,所以,他们从不主动采用或接受新产品,直到多数人都采用且反映良好时才行动。显然,对这类采用者进行市场扩散是极为困难的。

(五)落后采用者

这类采用者占有16%的市场份额。他们思想保守,拘泥于传统的消费行为模式。他们与其他的落后采用者关系密切,极少借助宣传媒体,其社会地位和收入水平最低。因此,他们在产品进入成熟期后期乃至进入衰退期时才会采用。

除了罗杰斯之外,有关采用者类型的研究还有很多。我们把这些研究粗略地加以整理,列成下表进行比较,见表6.1。在表中,创新采用者被分成早期采用者和晚期采用者两类,从而比较他们在社会经济地位、个人因素和沟通行为等三个方面的差异。这种比较为新产品扩散提供了重要依据,对企业营销沟通具有指导意义。

表 6.1 早期采用者和晚期采用者的比较

特 征		早期采用者	晚期采用者
社会经济地位	年龄	没有差别	
	教育水平	较高	较低
	识字能力	较高	较低
	社会地位	较高	较低
	向上流动可能性	较大	较小
	对信贷的态度	偏爱	不偏爱
个人因素	移情作用	较大	较小
	教条主义	较少	较多
	处理抽象问题的能力	较强	较弱
	理性化	较多	较少
	智力	较高	较低
	对待变化的态度	乐意	不乐意
	处理风险的能力	较强	较差
	对待教育的态度	喜爱	厌恶
	对待科学的态度	喜爱	厌恶
	宿命论	较少	较多
	成功的动力	较强	较弱
	欲望水平	较高	较低

续表

特　　征		早期采用者	晚期采用者
沟通行为	社会参与	较多	较少
	与社会制度的一体化	较高	较低
	接受宣传媒体	较多	较少
	接受个人沟通渠道	较多	较少
	信息收集	较多	较少
	对创新的认识	较多	较少
	舆论领袖	较高	较低

Source：Everett M. Rogers，DIFFUSION OF INNOVATIONS，3rd ed. New York：Free Press，1983，PP. 251~259.

二、新产品扩散过程管理

新产品扩散过程管理是指企业通过采取措施使新产品扩散过程符合既定营销目标的一系列活动。企业之所以能对扩散过程进行管理，是因为扩散过程除了受到外部不可控制因素（如竞争者行为、消费者行为、经济形势等）的影响外，还要受到企业营销活动（产品质量、人员推销、广告水平、价格战略等）的制约。企业扩散管理的目标主要有：①导入期销售额迅速起飞；②成长期销售额快速增长；③成熟期产品渗透最大化；④尽可能维持一定水平的销售额。然而，新产品扩散的实际过程却不是这样。根据产品生命周期曲线，典型的产品扩散模式通常是导入期销售额增长缓慢，成长期的增长率也较低，而且，产品进入成熟期不长一段时间，销售额就开始下降。

从图 6.2 不难看出，扩散管理目标同实际的扩散过程差异显著。那么，如何使产品扩散过程达到其管理目标呢？这就要求企业营销管理部门采取一些措施和策略。

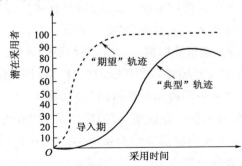

图 6.2　两种扩散轨迹的比较

实现迅速起飞，需要：①派出销售队伍，主动加强推销；②开展广告攻势，使目标市场很快熟悉创新产品；③开展促销活动，鼓励消费者试用新产品。

实现快速增长，需要：①保证产品质量，促进口头沟通；②继续加强广告攻势，影响后期采用者；③推销人员向转卖商提供各种支持；④创造性地运用促销手段，使消费者重复购买。

实现渗透最大化，需要：①继续采用快速增长的各种战略；②更新产品设计和广告战略，以适应后期采用者的需要。

要想长时间维持一定水平的销售额，需要：①使处于衰退期的产品继续满足市场需要；②扩大分销渠道；③加强广告推销。

三、舆论领袖和口头传播对扩散的影响

前面提出，扩散过程就是创新产品不断地被更多消费者所采用的过程。对于企业而言，它总是希望产品扩散越快越好，消费者接受得越快越好。因此，缩短消费者由不熟悉新产品到采用新产品所花费的时间就成为企业营销目标之一。前面对采用和扩散过程的分析不同程度地解决了这个问题，这里再从信息沟通的角度进行研究。

在新产品扩散过程中，有关信息和影响是怎样从营销人员那里传递到目标市场的呢？最初，人们认为信息和影响是借助于传播媒体的力量直接传递到消费者那里的，这就是一级流动过程，即从传播媒体到消费者。后来，研究者们发现，信息的流动并非经过一级，而是两级。他们认为，新产品常常是从传播媒体传递到舆论领袖，然后再从舆论领袖流向追随者，追随者受舆论领袖的影响远远超过传播媒体的影响。这叫做两级流动模型。事实上，最能反映实际情况的是多级流动模型（如图6.3）。图6.3列出了几条信息流动渠道。比如，信息直接从传播媒体传递到追随者A，同时，追随者A又从舆论领袖A′那里获取信息。另一条渠道是舆论领袖B′，从传播媒体获取信息，并传递给追随者B。有时，舆论领袖D′会从舆论领袖C′或追随者C那里获取信息。另外，有的舆论领袖并不从传播媒体而从交易中间商那里获得信息（如E′）。所以，信息流动（传递）的情况是十分复杂的。在这里，宣传媒体是主要的信息源，追随者是信息受众，而舆论领袖则对信息受众接受信息有着重要作用，他们依靠自身的威信和所处的位置加速了信息的流动。

下面，具体分析舆论领袖和口头传播的作用。

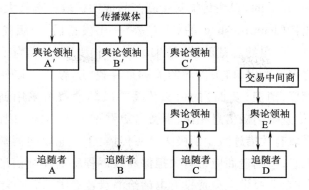

图6.3　多级沟通流动模型

(一)舆论领袖

舆论领袖是指能够非正式地影响别人的态度或者一定程度上改变别人行为的个人。他们主要具有以下作用:告知他人(追随者)有关新产品的信息;提供建议以减轻别人的购买风险;向购买者提供积极的反馈或证实其决策。所以舆论领袖是一个告知者、说服者和证实者。不过,舆论领袖只是一个或几个消费领域的领袖,他们仅仅在一个或几个领域施加自身的影响,离开这些领域,他们就不再是领袖也就没有影响了。同时,每一个社会阶层都有舆论领袖,大多数情况下,信息是在每一个阶层内水平流动而不是在阶层之间垂直流动。舆论领袖同其追随者有着显著不同的特征:①舆论领袖交际广泛,同传播媒体和各种交易中间商联系紧密;②舆论领袖容易被接触,并有机会、有能力影响他人;③与追随者相比,具有较高的社会、经济地位,但不能高出太多,否则,二者就难以沟通;④更乐于创新,尤其当整个社会倡导革新时。

(二)口头传播

从舆论领袖的特征与功能中不免发现问题,究竟是什么力量促使其去不断传播信息呢?看起来,舆论领袖似乎乐意同别人进行口头沟通,因为通过告诉他人自己的观点和自己所知道的有关新产品的信息,能获得满足感。著名的动机理论研究学者迪彻特(Ernest Dichter)认为,口头传播的核心是"威信",舆论领袖乐于成为信息的载体,通过向他人传播而获得威信并成为某方面的专家①。

---

① 参见 The Marketing of 2011 – Word of Mouth, http://www.ravetopia.com/2011/word – of – mouth – marketing – of – 2011.

积极的(正面的)口头传播对于新产品成功扩散影响甚大。比如,约翰·奈斯比特(John Naisbitt)的《大趋势》一书发行后,出版商先把1 000册书送给各大公司的总裁阅读,结果不到一个月,该书成为千百万生意人的必读之书。所以,口头传播的关键是寻找"喝彩者",以便获得积极的传播。相反,消极(负面)的口头传播会破坏消费者采用新产品。因为,就积极信息与消极信息相比,消费者更看重消极信息。因此,企业营销人员应采取有效措施减少消极的口头传播:①企业要向消费者表示接受合理的抱怨;②制造商应把有关担保和投诉程序的详细信息贴到产品的包装上;③企业要设立免费投诉电话给消费者提供投诉机会等。

第二节 新产品采用与销售预测模型

在新产品首次购买预测模型中,巴斯模型是历史较长、较为成熟的模型,巴斯模型为预测新技术或新耐用品的长期销售模式提供了良好的起点,下面我们对该模型进行详细的介绍。

一、巴斯模型

与新产品采用与扩散理论相一致,巴斯模型的理论基础是:创新的潜在采用者受两种传播途径影响,大众媒体和口头传播;创新的采用者分为两个群体,一个群体只受大众媒体的影响(外部影响),另一群体则只受口头传播的影响(内部影响),巴斯将前者称为"创用者",后者称为"模仿者"。

巴斯模型为预测首次购买行为提供了良好的方法,其特别适合预测目前市场上还没有竞争者的创新产品的销售情况。但运用巴斯模型进行销售预测必须具备以下两个条件:

(1)企业已经引入新产品,并且观察了一段时期。

(2)企业尚未引入新产品,但是该产品或者技术在某些方面同已有一段销售历史的产品或者技术相似。

这是因为,巴斯模型必须要有一定的参考数据来估计其模型中的参数。通过构建巴斯模型及对巴斯模型参数的估计,我们可以很好地回答最终有多少顾客会采用该新产品以及何时采用的问题,这也是巴斯模型最为关注的方面。

二、巴斯模型的技术描述

（一）巴斯模型的表达式

正如假设所述,巴斯模型将采用创新产品的顾客分为两类:

（1）创新者:只受外界因素(如大众媒体)的影响购买产品;创新系数,未购买产品的消费者受外部因素的影响购买新产品的可能性。

（2）模仿者:只受内部因素(如口碑)的影响购买产品;模仿系数,未购买产品的消费者受内部因素的影响购买新产品的可能性。

并且认为,产品的接受速度是前一阶段购买者的线性函数,与创新者和购买者有关。在这样的前提下,巴斯模型将新产品在 t 时刻的销量表示为:

$$S_t = \left[p + \frac{q}{N} N_{t-1} \right] \left[N - N_{t-1} \right] \tag{6.1}$$

其中, S_t 表示 t 时刻新产品的销量; N 表示最终购买新产品的顾客数量(也就是市场容量); N_{t-1} 表示 t 时刻之前购买新产品的顾客数量; p 为创新系数(对应创新采用者,外部影响系数); q 为模仿系数(对应模仿者,内部影响因素)。巴斯模型中界定的内、外部影响因素对销量的影响可以用图 6.4 来表示。

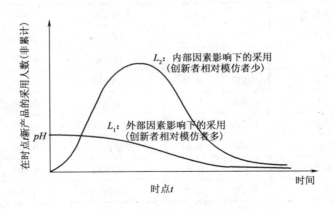

图 6.4　巴斯模型中内外部影响因素对销量的影响

如果某新产品的采用受外部因素影响较大($q < p$,创新者相对模仿者多,创新者使用后模仿者并没有或很少受到影响,新产品销售后继乏力),其销售额随时间变化的曲线如 L_1 所示;如果新产品的采用受内部因素影响较大($q > p$,创新者相对模仿者少,创新者采用后模仿者受影响较大,新产品受到模仿者的采用,经历整个产品生命周期),其销售额随时间变化的曲线则如 L_2 所示。

(二)巴斯模型的参数估计

将6.1式因式展开,得到下式:

$$S_t = pN + (q-p)N_{t-1} - \frac{q}{N}N_{t-1}^2 \tag{6.2}$$

6.2式又可以表示为:

$$S_t = a + bN_{t-1} + cN_{t-1}^2 \tag{6.3}$$

其中, $a = p, b = q - p, c = -\dfrac{q}{N}$

6.3式为二次方程,根据求根公式可计算巴斯模型的参数:

$$N = \frac{-b - \sqrt{b^2 - 4ac}}{2c} \tag{6.4}$$

$$p = a/N \tag{6.5}$$

$$q = p + b \tag{6.6}$$

要估计 a, b, c 三个未知数至少需要三期的销售数据,这是使用巴斯模型的必备条件。前人的研究为我们提供了一些产品的创新系数和模仿系数,参见表6.2。

表6.2 创新系数和模仿系数(美国)

产品或技术	p	q	产品或技术	p	q
软水剂	0.018	0.30	彩色电视	0.005	0.84
空调	0.010	0.42	拖拉机	0.009	0.38
烘干机	0.017	0.36	汽车旅馆	0.007	0.36
剪草机	0.009	0.34	麦当劳	0.018	0.54
电热毯	0.006	0.24	连续漂白联合机	0.041	0.95
熨斗	0.029	0.33	快速漂白联合机	0.044	0.59
录音机	0.025	0.65	电冰箱	0.003	0.22
黑白电视	0.028	0.25	家用冷柜	0.018	0.17

根据两个系数我们可以大致得到对应产品的销售曲线,或者依据现有产品的创新系数和模仿系数估计类似新产品的销售曲线。

当然巴斯模型也有其局限性,具体而言有如下几点:①巴斯模型对新产品的考虑是行业层次的、非品牌层次的;②其只考虑首次购买新产品的行为;③在巴斯模型中市场容量是假定不变的;④假设创新系数、模仿系数不随时间改变;⑤忽略了营销组合策略和竞争结构;⑥需要新产品采用的初始数据或者相似产品的数据。

上述的局限性在一些更复杂的模型里得以避免,但是目前应用较多的还是最基本的模型。下面我们通过举例来说明巴斯模型在新产品销售预测中的应用。

(三)巴斯模型应用举例

【举例】移动电话的销售预测。

当前使用手机已经是司空见惯的行为了,手机也算不上新产品。但在 20 世纪 80 年代末 90 年代初,手机是非常罕见的通信工具,巴斯模型在手机推广的初期发挥了重要作用。下面的例子展示了 2003 年末某手机厂商运用巴斯模型对中国某地级城市 2004～2005 年的手机销量进行预测的情况。

通过前期的调研,研究人员获得了该地区 1990～2003 年各年的手机保有量,如表 6.3 所示。

表 6.3　某地区 1990～2003 年各年手机保有量

年份	1990	1991	1992	1993	1994	1995	1996
移动电话	2	5	18	64	157	363	685
年份	1997	1998	1999	2000	2001	2002	2003
移动电话	1 323	2 386	4 330	8 453	14 522	20 662	26 869

根据巴斯模型的表达式(6.3):

$$S_t = a + bN_{t-1} + cN_{t-1}^2$$

其中,S_t 表示 t 时刻新产品的销量;N 表示最终购买新产品的顾客数量(也就是市场容量);N_{t-1} 表示 t 时刻之前购买新产品的顾客数量;$a = p$;$b = q - p$;$c = -\dfrac{9}{N}$。为此,我们要将表 6.3 中的数据进行适当的转换,将累计销售量转换为单期销售量 S_t,如表 6.4 所示。

表 6.4　调整后的数据

时间	移动电话	N_{t-1}	S_t
1990	2		2
1991	5	2	3
1992	18	5	13

时间	移动电话	N_{t-1}	S_t
1993	64	18	46
1994	157	64	93
1995	363	157	206
1996	685	363	322
1997	1 323	685	638
1998	2 386	1 323	1 063
1999	4 330	2 386	1 944
2000	8 453	4 330	4 123
2001	14 522	8 453	6 069
2002	20 662	14 522	6 140
2003	26 869	20 662	6 207

将表6.4中的数据输入到 SPSS 中,并且以 S_t 作为因变量,N_{t-1} 作为自变量,进行曲线回归估计。操作步骤如下。在 SPSS 中依次点击分析—回归—曲线估计,在弹出的对话框中选择二次估计。得到的模型结果和参数估计如表6.5所示。

表6.5 模型结果和参数估计

方程	模型汇总					参数估计值		
	R 方	F	df1	df2	Sig.	a	b	c
二次	0.984	331.203	2	11	0.000	42.527	0.933	$-3.147E-5$

从表6.5可以看到,模型 R 方达到 0.984,显著性水平为 0.000,远小于 0.05,模型的整体拟合度是非常不错的。而模型的参数估计值:$a = 42.527, b = 0.933, c = -3.147E-5$,得到巴斯预测模型为:

$$S_t = 42.527 + 0.933N_{t-1} + -3.147E^{-5}N_{t-1}^2 \tag{6.7}$$

转化为式(6.2)中的参数有:$N = 29\ 718$,创新系数 $p = 0.002$,模仿系数 $q = 0.934$。模仿系数 q 远远大于创新系数 0.002,说明在当时推动手机销售的最主要动力来自于消费者的模仿效用。

研究人员用建立的巴斯预测模型(6.7)对 1990~2006 年的手机销量进行估计,得到的估计值如表6.6所示。

表6.6　手机保有量真实值与模型估计值

时间	手机保有量	手机保有量估计值
1990	2	2
1991	5	52
1992	18	148
1993	64	333
1994	157	688
1995	363	1 362
1996	685	2 621
1997	1 323	4 896
1998	2 386	8 754
1999	4 330	14 553
2000	8 453	21 511
2001	14 522	27 070
2002	20 662	29 326
2003	26 869	29 688
2004		29 716
2005		29 718
2006		29 718

注:模型算出的 S_t 并不是手机保有量,保有量的计算为 $S_t + N_{t-1}$。

　　从表6.6我们可以看到,该预测地区到2004年手机的保有量将达到饱和,约为29 716部,而且在未来两年这一数值将不会变动。需要说明的是,保有量为动态值并不表示在2004年后手机将不再有销售额,只是说明从2004年开始该地区的手机保有量将维持在29 700部左右的水平。为了更好地分析手机的销售趋势,我们将以上数据用图6.5表示出来。

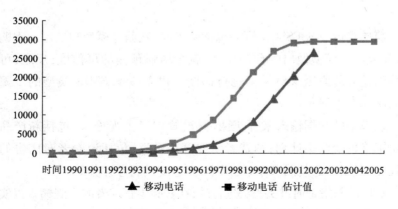

图6.5　手机销售的趋势图

从图6.5可以看到,手机在该地区的销售已经进入成熟期,销售量总体平稳不会再有较大幅度的增长。在该阶段市场饱和、竞争非常激烈,销售增长缓慢,利润也开始下滑。手机厂商可以通过加强营销组合或者通过对手机功能的调整、对使用人群重新定位,尽量使本企业手机产品的成熟期延长。

第三节 新产品市场测试模型

在营销实践中,对于新产品开发,除了预测首次购买情况的模型外,我们还需要预测顾客重复购买情况,并依此为企业提供新产品诊断的方法,使企业能够找到新产品的潜在问题。ASSESSOR模型是最为常用的市场预测模型之一。通过实体产品的市场测试及ASSESSOR模型分析,营销研究人员可以给企业提供有益的新产品诊断建议。

一、ASSESSOR 模型概述

当实体产品开发完成,产品包装、广告文案等已准备好,且企业已经制订好营销组合的预备计划后,就要开始进行市场测试了。将上述因素作为输入变量,ASSESSOR模型可以:

(1)预测该产品的长期市场份额及其销售量。

(2)估计新产品的市场份额来源,即份额是从竞争者手中夺到的,还是来自企业其他类似产品份额的减少。

(3)为企业提供诊断信息以评估和改进针对新产品的营销组合计划。

简单来说,ASSESSOR模型包括两个模型:偏好模型和试用—重购模型,如果两个模型做出的预测相似,就会增强预测的可信度;反之,可分析预测差异的原因来对模型进行诊断。建立ASSESSOR模型的步骤可以用图6.6来展示。

该模型的数据输入来源于两部分:管理者主观输入,包括新产品的定位策略以及营销计划;消费者研究客观数据,包括消费者对广告的欢迎程度,对新产品的购买率、使用率、满意度及属性评分等。

数据的采集是通过实验法进行的,在实验中管理者的主观输入以实验操纵的形式呈现,而消费者的反应则是需要收集的数据。实验步骤如下。

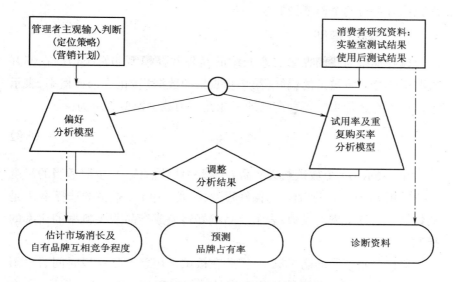

图 6.6 建立 ASSESSOR 模型的步骤

（1）筛选和招募调查者,筛选是保证招募的调查对象能代表目标细分市场的特点。

（2）对现有品牌进行测量,即要求参与者说明其购买与新产品类似产品考虑的品牌集合,并对集合中各品牌进行偏好打分。

（3）观看现有品牌和新产品的广告(实验操纵,新产品的广告即为管理者的主观输入之一)。

（4）测量对广告的反应,该步骤不是必须的,其测量的是广告的受欢迎和可信程度,主要用于广告评估。

（5）模拟购物过程,观看新产品和现有品牌陈列(实验操纵)。

（6）消费者购买情况,记录调查者的产品选择结果。

（7）新产品在家里的使用和消耗。

（8）使用后的调查,包括新产品的使用率、满意度、属性评分及品牌偏好等。

通过上面的步骤,研究人员实际上是将管理者的输入作为实验操纵,通过对真实场景的模拟获得了相应的市场和消费者数据,这些数据也是 ASSESSOR 模型分析的基础。

二、ASSESSOR 模型的技术描述

上文中提到 ASSESSOR 模型包含了偏好模型和试用—重购模型,下

面我们分别对两个模型做简要介绍。

（一）偏好模型

偏好模型与我们在第二章介绍的品牌选择模型非常类似。在偏好模型中研究者将被试的偏好（第 2 步收集的数据）转化成选择概率，表示被试购买其选择集中每种产品的可能性。用数学模型表示为：

$$P_{ij} = \frac{v_{ij}^b}{\sum_{k \in c_i} v_{ik}^b} \tag{6.8}$$

其中，p_{ij} 表示第 i 个被试购买产品 j 的概率估计值；v_{ij} 是按照适当的尺度衡量的第 i 个被试对产品 j 的偏好程度；c_i 表示第 i 个被试的选择集；b 是从数据中估计出来的参数，表示产品偏好转换成产品购买概率的比率的指数。

要预测新产品的购买概率，需要在被试试用新产品一段时间后再衡量他们对新产品和现有选择集中产品的偏好程度。在得到数据后，所有产品（包括新产品）的购买概率可以用如下方程来估算：

$$p'_{ij} = \frac{v_{ij}'^b}{v_{in}'^b + \sum_{k \in c_i} v_{ik}'^b} \tag{6.9}$$

其中，p'_{ij} 表示被试 i 在试用新产品后购买产品 j 的概率；n 表示新产品；v'_{ij} 表示被试 i 试用新产品后对产品 j 的偏好评分。

运用偏好模型还可以分析新产品的市场份额是来自竞争者还是本公司的其他产品。具体做法是这样的：先按对新产品的态度将被试分为两组，假设第一组的人将新产品列入其选择集，第二组的人不会把新产品列入其选择集。我们设 N 为被试的总人数，E_n 为第一组人的比例，该比例的估计是试用—重购模型的任务之一。这样就有 NE_n 个被试把新产品列入选择集，有 $N(1 - E_n)$ 个被试不这么做。

对第一组而言，最佳的估值方程为（6.9），将新产品纳入选择集；对第二组而言最佳的估值方程为（6.8），不接纳新产品选择情况与没有新产品时类似。按照这样的思路，新产品引入市场前和引入市场后的现有产品 j 的市场份额为：

$$M_j = \sum_i \frac{p_{ij}}{N} \tag{6.10}$$

$$M'_j = E_n \sum_i \frac{p'_{ij}}{N} + (1 - E_n) \sum_i \frac{p_{ij}}{N} \tag{6.11}$$

其中，M_j 表示新产品引入市场前，产品 j 的市场份额，$j \in c_i$；M'_j 表示新产品引入市场后,产品 j 的市场份额。由于假设其他营销力量不变,在该模型中 M'_j 最大不超过 M_j,在得出估计值后,新产品从现有产品 j 获得的市场份额为:

$$L_j = M_j - M'_j \tag{6.12}$$

事实上,从所有现有产品的市场份额中夺取的份额之和 $\sum_{jec_i} L_j$ 即为新产品的市场份额 M'_n。如果 ASSESSOR 模型预测某新产品会有很高的市场份额,但其市场份额来源主要是本公司其他产品,那么该新产品的推出还是值得慎重考虑的,至少还需要分析其对企业的财务贡献。

(二)试用—重购模型

在 ASSESSOR 模型中,我们用一个标准公式来测算产品的长期市场份额:

$$M_n = zrw \tag{6.13}$$

其中,z 表示目标市场中最终会试用该新产品的消费者的累计比例;r 表示试用过新产品并会成为长期重复购买者的消费者人数比率;w 为相对使用率,市场的平均使用率 $w = 1$。

试用—重购模型对 z 的估计如下:

$$z = X + Y - (X)(Y) \tag{6.14}$$

其中,X 表示知晓新产品,在其能接触到的购物处能买到新产品并且最终会试用的新消费者所占比重;Y 表示将得到试用样品的消费者所占比重;$(X)(Y)$ 表示既购买了该产品又得到样品的消费者,其作用是为了避免重复计算。

对于 r 和 w 我们可以通过用 ASSESSOR 实施步骤中第 8 步的被试使用后调查得到的信息进行估计。r 用在测试地点购买了新产品并在使用后的调查中表示下次仍会购买的消费者所占比例来表示,w 用调查中顾客回答的平均使用率来表示。当然,用上述两种方法估计 r,w 只是最为简单的处理,其他处理方法由于其涉及的数学知识较深,本书在此不再介绍。

与偏好模型不同,试用—重购模型不能估算出来自竞争者产品和本企业产品的市场份额,试用—重购模型更为关注的是新产品的长期市场份额以及从试用转换为长期使用者的概率,这种概率显然与企业的营销组合、营销计划有关,在更为复杂的试用—重购模型中可以更清楚地看到企业营销组合对新产品长期市场份额的营销,限于本书的目的在此不再做详细介绍。

（三）ASSESSOR 模型的使用及有效性

在实践中,通过 ASSESSOR 模型中的偏好模型和试用—重购模型分别独立的估算新产品的市场份额,然后把所得到的结果进行比较。如果这两种模型的估算结果比较接近,就会增强预测的可信度;反之,则可通过分析预测差异的原因来对模型进行诊断。

就目前来看,市场测试模型已成为营销工程最成功的应用领域,ASSESSOR 模型中偏好模型所提供的诊断信息有助于企业制订、修改新产品引入的营销计划。不过值得注意的是,ASSESSOR 模型只有用于满足下列特征的产品大类时才比较准确:

（1）顾客了解新产品的速度足够快,使顾客偏好能迅速稳定下来。

（2）顾客对该产品大类的使用率不会因新产品的出现而改变。

（四）ASSESSOR 模型应用举例:庄臣公司 Enhance 即效护发液开发

1. 背景

庄臣公司成立于 1886 年,当时主要生产复合地板。庄臣不是上市公司,不必公布自己的销售和利润,在 20 世纪 80 年代是公认的家居产品、汽车养护和个人护理产品、商业维护和工业市场及户外娱乐和休闲活动产品的顶尖制造商。

1979 年 4 月,庄臣公司研发并准备推广 Enhance 护发液,在当时这是一种新型即效护发液,也是公司第一个护发产品雅姬（Agree）的配套产品。

当时护发液产品主要有两种类型:

（1）即效护发液:在头发上 保留 1～5 分钟后即可冲洗。

（2）疗效护法液:要在头发上保留 5～20 分钟,然后才能冲洗。

1978 年即效护法液的主要品牌和市场份额是:

庄臣公司的雅姬占 15.2%,威娜公司的凤仙占 4.7%,伊卡璐的 Condition 占 9.9%,露华浓的 Flex 占 13.4%,沙宣占 5.4%。即效护发素有多种包装,但一般是装在透明和不透明的塑料瓶里,通常带有喷头。比较受欢迎的规格是 8 盎司、12 盎司和 16 盎司装。零售利润率通常在 30%～38% 之间。

庄臣公司的雅姬洗发护发产品于 1977 年 6 月打入市场,定位于"防止头发变油腻"。雅姬产品在比较测试和 ASSESSOR 测试均取得了良好的成绩，到 1978 年，雅姬在洗发水市场上占有 4.5% 的市场份额，在护发素市场上占 15.2% 的市场份额。

新产品开发：公司管理者将雅姬的成功归结于有效地解决了一个细分市场的特殊需求，因此，他们感觉到提供另一种基于某细分市场的个人护理产品线是个好主意。

公司对 Enhance 的构思是：针对露华浓的 Flex，面向 25～45 岁干性发质的年轻妇女的即效护发素。在确定构思后，公司进行了 Enhance 与 Flex 的盲测，盲测结果表明，Enhance 与 Flex 的差别不大，差异之处主要集中在应对发质干燥、易断裂、细软等问题上 Enhance 表现得更好。

盲测之后，公司在产品配方、产品定位、包装、广告文案方面继续工作，制订了产品导入的营销计划。在广告中，Enhance 成为一种解决头发干燥和断裂问题的产品。公司生产出了两种样品：常规配方的 Enhance 和特效护发配方的 Enhance。

2. ASSESSOR 预市场测试

在公司批准上述营销计划并生产出样品后，ASSESSOR 市场预测试活动开始了。Enhance 的 ASSESSOR 测试由实验期和回访期组成。在测试开始前，公司从购物中心找一些女顾客，询问她们是否愿意参加这个市场测试，那些愿意参加并属于目标客户的女顾客要配合完成以下工作：

（1）初步问卷：了解参与者近来或者以前用过的品牌以及下次可能考虑或不考虑购买的品牌，确定参与者的"品牌集合"。

（2）偏好问卷：了解每个参与者对自己品牌集合里每个品牌的偏好强度。

（3）广告回忆水平：参与者看 6 种洗发/护发产品的电视广告后测定回忆水平。这些产品包括：Tame、雅姬、露华浓的 Flex、伊卡璐的 Condition、威娜的凤仙及 Enhanc。

（4）实验购物：在模拟商店，每个参与者得到一张 2.25 美元的购物券，如果超出了 2.25 美元，购买者自己负担。没有购买 Enhance 的参与者会得到一个 Enhance 的礼品包装，其中一半人得到的是 2 盎司的包装，另一半人是 8 盎司的包装。对少数没有购买任何测试产品的人调查了几个问题，以便了解他们对 Enhance 的印象及未购买的原因。

（5）品牌评分：参与者在 22 个产品属性上对自己品牌集合里的几个

品牌进行评分,对 Enhance 也用这些属性进行打分,7 分制。由于参与者没有用过 Enhance 品牌,评分以他们对广告、价格和包装的感觉为依据。

(6)回访:用过 Enhance 的参与者,回访产品用后的偏好、重购率、产品性能诊断。

预测试中前 5 步属于实验、后一步为回访。ASSESSOR 市场预测试的现场调查是在亚特兰大、芝加哥、丹佛进行的。调查开始于 1978 年 9 月 25 日,大约四周后进行回访访谈。

3. ASSESSOR 实验、回访结果

通过测试可以得到以下五方面的数据:①市场结构;②广告回忆;③试用率估计;④重购率估计;⑤产品接受情况。

(1)市场结构。在实验期,参与者要用 22 个属性从自己的品牌集合中评出理想的品牌。用这些品牌评分结果进行因子分析,得出四个基本的直觉维度(因子),如表 6.7 所示。

表 6.7　四个基本直觉维度(因子)

因子	相对重要性(%)	形成因子的属性组合
调理	33	滋养干燥头发、保湿、防分叉等
清洁	27	没有头屑、不油腻、使头发清洁等
易梳理	23	易梳理、有光泽、使头发饱满、柔顺等
芳香	17	用时有好闻的香味、发上有余香

利用因子分析得到的数据还能在知觉图上绘制消费者的品牌定位(第四章内容)。在这个过程中将每对因子作为知觉图的两轴,以每个品牌在各因子上的因子得分作为该品牌的坐标,绘制知觉图。由这些知觉图可以更直观的看到,四个维度对调查所涉及的所有细分市场都很重要,要在市场中占有更高的份额,仅在一个维度上有优势可能不够。

(2)广告回忆。广告回忆可以看出一个广告如何在众多竞争性广告中脱颖而出。Enhance 的广告回忆率是 76%,在 ASSESSOR 所测试的产品中属于中等水平,比公司其他产品要低一些。在发质不同的各细分市场广告回忆率大体相等。

而在广告文案的要点回忆率上,大约有 50% 的人回忆起 Enhance 广告是针对干性头发的,这一比例也不算高。

(3)试用率估计。试用率测试是在商店现场进行的。商店测试的目的是为了反映本地条件和模拟预期的竞争环境。Enhance 有两种配方并各有两种规格。Enhance 的价格与威娜的凤仙和 Tame 的价格十分接近。

试用率用购买 Enhance 的人数占实验购物的百分比来表示。387 名参与者中有 307 名（79%）在商店里购买了洗发水和护发素。Enhance 的试用率为 23%。雅姬的 ASSESSOR 测试中使用率是 33%。

（4）重购率估计。重购率和对产品的接受情况是在实验四周后通过电话回访测出的。由于没有购买 Enhance 的得到了赠品，因此能够得到所有参与者的使用后数据。215 名参与者完成了电话访问（占实验参与者的 55%，该比率低于大部分 ASSESSOR 的电话回访完成率），那些没有参与回访的人中，有 23%（42 人）称，因为 Enhance 是专为干性头发设计的，因此没有使用。Enhance 实验购买者的重购率为 60%，非购买者的重购率是 43%。

在电话回访时，再次要求参与者把 Enhance 与他们品牌集合中的其他品牌进行比较。这些信息可以用来了解实际使用是否能够改变 Enhance 在市场上的地位。

（5）产品接受。在电话回访时，要询问参与者最喜欢 Enhance 的哪些特点。令人惊讶的是，尽管"易梳理"并不是广告诉求的要点，却是被频繁提起的产品特点（而非调理性）。其中重购者比非重购者更多的提到了易梳理的特点。

4. ASSESSOR 市场份额预测与诊断

在得到实验和回访数据后，公司用这些数据进行了市场份额预测及诊断。与其预测方法相比，ASSESSOR 的主要特征之一是采用两种收敛方法来预测市场份额——试用—重购模型和偏好模型。

（1）试用—重购模型。试用—重购估计是用前述购物实验、回访所收集的信息进行。所用的模型是：

$$M = ZR$$

其中，M 表示市场份额；Z 表示最终累计试用率；R 表示购买过该产品的人中最终形成重复购买的比率（维系率）。维系率（R）是最初的重购率和买过另一品牌后又转回来重新购买 Enhance 的人所占比率（称为转回率）的函数：

$$维系率 = 转回率/(1 + 转回率 - 重购率)$$

如前所述，在 ASSESSOR 实验中，Enhance 的实验试用率为 23%，重购率为 60%。通过一系列电话回访得出的转回率为 16%。这样就可以计算出 Enhance 的维系率为 28.6%。由于这些估计是在每个参与者都能看到广告且 Enhance 随时可以买到的环境下做出的,因此在预测整体市场份额时还必须对这些估计值进行修正。公司对 Enhance 的市场试用率用下式进行估计:

$$Z = FKD$$

其中,F 是 ASSESSOR 测试中的试用率,即在所有消费者都能看到广告、都能获得产品条件下的试用率,Enhance 的实验试用率为 23% ;K 是消费者能注意到 Enhance 的长期概率,这一方面取决于公司广告投放覆盖的区域,一方面取决于公司广告投放的时间,按照以往的经验,庄臣公司的广告投放能力可使该值达到 70% ;D 值是整个市场中销售 Enhance 的零售网点的比例,该值约为 85%。

这样就可以运用试用—重购模型估计 Enhance 的市场份额了:

$$M = ZR = FKD \cdot R = 23\% \times 70\% \times 85\% \times 28.6\% = 3.9\%$$

(2)偏好模型。用偏好模型估计市场份额时要求的数据包括:参与者对产品属性的评分及从这些品牌中能多大程度感受到这些属性的存在。偏好模型预计,在把 Enhance 加入自己的品牌选择集合的顾客中,Enhance 会获得 27.5% 的市场份额。利用在 ASSESSOR 实验研究得出的渗透率(14%),公司计算出其基本的市场份额为 3.8%。

本企业的相互竞争:Enhance 对雅姬市场份额造成的影响也可以从 ASSESSOR 的结果中看出。分析显示,Enhance 从雅姬夺取的用户占雅姬用户的 2.4%。这表明雅姬被 Enhance 抢占的份额是非常低的。通过更详细的分析,Enhance 从威娜的凤仙处夺得的份额最多。

发放样本引起的份额增加:由于未曾购买过 Enhance 的参与者在初次 ASSESSOR 实验时接受了产品样品的赠送,因此发放试用品引起的市场份额的增加值也可以估算出来(发放赠品的使用和接受程度可以在电话回访时加以测定)。在对发放样品的效果评估中,首先要确定它所能引起的试用率的提高。在使用样品的人中,一定比例(等于累积试用率)的人无论如何会试一下这个产品,其他人则属于试用品带来的新试用者。这些新增的试用者会遵循正常的品牌转换过程,对他们长期市场份额潜量的估计方法和对广告引起的新试用者的估计方法类似。通过计算,公司通过发放 Enhance 样品,最多增加 2% 的市场份额,将这点考虑进来,偏好模型估计的市场份额为 5.8%,用试用—重购模型估计的市场份额是 5.9%。

5. Enhance 销售量的预测

对 Enhance 成功可能性评价的最后一步是把份额估计值转换为销

售额。这就需要一些额外的资料和调整。1979 年即效护发产品的销售额预计为 2.5 亿美元。为了确定在某一市场份额下 Enhance 的销售额，可以根据 Enhance 与其他同类产品之间在价格和使用频率上的差异进行调整。

根据调整，Enhance 的使用频率大约是同类产品平均值的 0.9。测试出的 Enhance 两种包装规格的价格和销售量份额需要以价格调整因子 1.04 进行调整。将这两个因子相乘，得到一个因子 0.94，可以用它将 Enhance 销售量份额转换为销售额，如表 6.8 所示。

表 6.8　Enhance 销售量份额转换为销售额

	试用—重购模型	偏好模型
本产品大类的销售额(万美元)	25 000	25 000
Enhance 的销售量份额(%)	5.90	5.80
Enhance 的销售额份额(销售量份额 ×0.94)(%)	5.54	5.45
Enhance 的销售额	1 385	1 363

6. 研究建议

庄臣公司的管理人员为 Enhance 设定了一个 10% 的市场份额目标，但 ASSESSOR 预测结果表明 Enhance 的前景并不乐观，即使发放样品也不会促使其成功。研究人员建议放弃 Enhance 或修改配方、重新进行市场定位。

第七章 定价理论与决策模型

价格是影响市场需求和购买行为的主要决策因素。企业制定适当的价格,就能扩大销售,提高市场占有率,增强赢利能力。而且,价格对营销组合中的其他变量也有很大影响。本章中我们首先从需求、成本及竞争等方面入手,分析影响定价的基本因素,然后以此为基础介绍产品定价的基本方法(制定基本价格)和动态定价策略(修改基本定价)。

第一节 需求弹性与定价

产品的最高价格取决于产品的市场需求,最低价格取决于该产品成本费用。在最高价格和最低价格的幅度内,企业能把价格定多高,则取决于竞争者同种产品的价格水平。需求又受价格和收入变动的影响。因价格和收入等因素而引起的需求的相应的变动率,就叫做需求弹性。需求弹性分为需求的收入弹性、价格弹性和交叉弹性。

一、需求的收入弹性

需求的收入弹性是指因收入变动而引起的需求的相应的变动率。有些产品的需求收入弹性大,意味着消费者货币收入的增加导致该产品的需求量有更大幅度的增加,一般说来,高档食品、耐用消费品、娱乐支出的情况就是如此。有些产品的需求收入弹性较小,这意味着消费者货币收入的增加导致该产品的需求量的增加幅度较小,一般说来,生活必需品的情况就是如此。也有的产品的需求收入弹性是负值,这意味着消费者货币收入的增加将导致该产品需求量下降,例如,某些低档食品、低档服装就有负的需求收入弹性,因为消费者收入增加后,对这类产品的需求量将减少,甚至不再购买这些低档产品,而转向高档产品[①]。

[①] 郭国庆、钱明辉:《市场营销学通论》(第四版),第 196~197 页,中国人民大学出版社,2011 年版。

假设 M_1 为初始收入；Q_1 为初始收入水平下的需求量；M_2 为新收入；Q_2 为新收入水平下的需求量，则需求的收入弹性 e_m 为：

$$e_m = \frac{(Q_2 - Q_1)/[(Q_2 + Q_1)/2]}{(M_2 - M_1)/[(M_2 + M_1)/2]}$$
$$= \frac{(Q_2 - Q_1)(M_2 + M_1)}{(M_2 - M_1)(Q_2 + Q_1)} \tag{7.1}$$

二、需求价格弹性

（一）需求价格弹性概述

价格会影响市场需求。在正常情况下，市场需求会按照和价格相反的方向变动。价格提高，市场需求就会减少；价格降低，市场需求就会增加。所以，需求曲线是向下倾斜的，如图 7.1 所示。这是供求规律发生作用的表现。但是也有例外情况。菲利普·科特勒指出，显示消费者身份地位的商品其需求曲线有时是向上倾斜的，如图 7.2 所示。例如，香水提价后，其销售量却有可能增加。当然，如果香水的价格提得太高，其需求和销售将会减少。

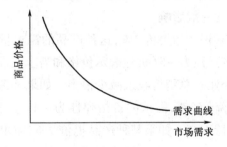

图 7.1 需求曲线

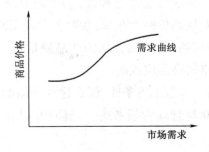

图 7.2 需求曲线

正因为价格会影响市场需求,所以企业所制定的价格高低会影响企业产品的销售,因而会影响企业市场营销目标的实现。因此,企业的市场营销人员在定价时必须知道需求的价格弹性,即了解市场需求对价格变动的反应。换言之,需求的价格弹性反映需求量对价格的敏感程度,以需求变动的百分比与价格变动的百分比之比值来计算,亦即价格变动1%会使需求变动百分之几。

如果用 P_1 代表初始价格;Q_1 代表初始价格水平下的需求量;P_2 代表新价格;Q_2 代表新价格下的需求量,则需求的价格弹性 e_{qp} 为

$$
\begin{aligned}
e_{qp} &= \frac{(Q_2 - Q_1)/[(Q_2 + Q_1)/2]}{(P_2 - P_1)/[(P_2 + P_1)/2]} \\
&= \frac{(Q_2 - Q_1)(P_2 + P_1)}{(P_2 - P_1)(Q_2 + Q_1)}
\end{aligned}
\tag{7.2}
$$

一旦计算出 e_{qp} 值,即可得知价格变动对需求的影响程度。如果 $e_{qp} \leqslant -1$,则表明需求对价格是很敏感的,销售收入变动的方向与价格变动的方向相反。如果 $e_{qp} > -1$,则需求对价格不敏感,价格的提高或降低只会引起很小的销售收入上的增加或减少。实际上,要算出弹性的精确数值通常是不容易的。然而,一旦测出 e_{qp} 值,就能够使我们理解价格变动对收入和利润的一般影响。

假设企业的某种产品提价2%,这种产品的需求量(即销售量)降低10%,需求的价格弹性为 -5(负号表示价格和需求之间的反比例关系)。在这种情况下,企业的总销售收入减少很多。如果某种产品提价2%,这种产品的需求量降低2%,需求的价格弹性为 -1。在这种情况下,企业的总销售收入保持不变。如果某种产品提价2%,需求量仅降低1%,则需求的价格弹性为 $-1/2$。在这种情况下,企业的总销售收入有所增加。由此可得出如下结论:需求如果缺乏弹性,企业提价的可能性大。

在以下条件下,需求可能缺乏弹性:①市场上没有替代品或者没有竞争者;②购买者对较高价格不在意;③购买者改变购买习惯较慢,也不积极寻找较便宜的东西;④购买者认为产品质量有所提高,或者认为存在通货膨胀等,价格较高是应该的。

如果某种产品不具备上述条件,那么这种产品的需求就有弹性。在这种情况下,企业高层管理者须考虑适当降价,以刺激需求、促进销售,增加销售收入。

假定 e_{qp} 为需求的价格弹性,$\Delta Q = Q_2 - Q_1$,$\Delta P = P_2 - P_1$,$Q = (Q_2 +$

$Q_1)/2, P = (P_2 + P_1)/2$,则公式(7.2)可改写为:

$$e_{qp} = \frac{\Delta Q/Q}{\Delta P/P} = \frac{\Delta Q}{\Delta P} \cdot \frac{P}{Q} \tag{7.3}$$

或

$$e_{qp} = \frac{\partial Q}{\partial P} \cdot \frac{P}{Q} \tag{7.4}$$

这样,价格弹性与边际收益(MR)、总收益(TR)的关系为:

$$TR = PQ$$

$$MR = \frac{\partial TR}{\partial Q}$$

$$= P + Q \frac{\partial P}{\partial Q}$$

$$= P(1 + \frac{Q}{P} \cdot \frac{\partial P}{\partial Q})$$

$$= P(1 + \frac{1}{e_{qp}}) \tag{7.5}$$

由公式(7.5)可知,边际收益的变动既受价格本身的影响,又受到需求的价格弹性的影响。

(二)需求价格模型

需求价格模型可分为线性需求价格模型和恒弹性需求价格模型两种。

1.线性需求价格函数

图7.3表明了需求和价格之间的线性关系,用数学表达式可表示为:

$$Q = a - bp$$

式中,a,b 均为常数。这样,可得

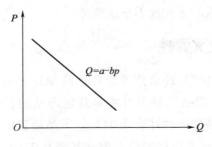

图7.3 线性需求价格函数

$$\partial Q/\partial P = -b$$

$$e_{qp} = \frac{\partial Q}{\partial P} \cdot \frac{P}{Q} = -b \cdot \frac{P}{a - bP}$$

$$= -\frac{bP}{a - bP} \qquad (7.6)$$

由公式(7.6)可知：①当 $P = a/2b$ 时，需求的价格弹性 $e_{qp} = -1$；②当价格较高时，价格弹性也较高，因而当需要时可考虑将价格调低些；③当价格较低时，价格弹性也较低，因而当需要时可考虑将价格调高些。

2. 恒弹性需求价格函数

另一种需求函数的形式，是以恒弹性概念为基础的，即价格弹性为常数(恒量)，如图7.4所示。其数学表达式为

$$Q = aP^{-b} \qquad (7.7)$$

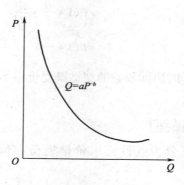

图7.4 恒弹性需求价格函数

式中，指数 b 为价格弹性，对所有价格来说都是固定不变的。

这种函数形式由于弹性明确，便于数学处理而受到市场营销分析人员的广泛欢迎。

当然，需求函数的形式远不止这两种。

三、需求的交叉弹性

在为产品线定价时，还必须考虑各产品项目之间相互影响的程度。产品线中的某一个产品项目很可能是其他产品的替代品或互补品，同时，一项产品的价格变动往往会影响其他产品项目销售量的变动，两者之间存在着需求的交叉价格弹性。假如某产品 X 的需求不仅受其价格 $P(X)$ 影响，而且还受产品 Y 的价格 $P(Y)$ 变动的影响，这种相互影响的关系就叫做需求的交叉价格弹性 e_c。其定义如下式所示：

$$e_c(X,Y) = \frac{[\,Q(X_2) - Q(X_1)\,]/Q(X_1)}{[\,P(Y_2) - P(Y_1)/P(Y_1)\,]}$$

$$= \frac{\Delta Q(X)}{\Delta P(Y)} \cdot \frac{P(Y)}{Q(X)} \tag{7.8}$$

交叉弹性可以是正值也可以是负值。如为正值,则此二项产品为替代品,表明一旦产品 Y 的价格上涨,则产品 X 的需求量必然增加。相反,如果交叉弹性为负值,则此二项产品为互补品,也就是说,当产品 Y 的价格上涨时,产品 X 的需求量会下降。二者之间的关系如图 7.5、图 7.6、图 7.7 所示。

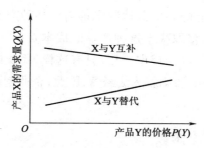

图 7.5   两种产品的需求关系

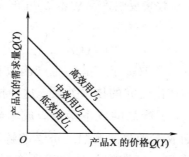

图 7.6   不同效用水平下的完全替代需求关系

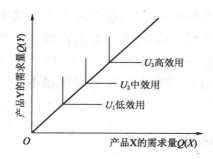

图 7.7   不同效用水平下的完全互补需求关系

所谓替代性需求关系,是指在购买者实际收入不变的情况下,某项产品价格的小幅度变动将会使其关联产品的需求量出现大幅度的变动。而互补性需求关系,则是指在购买者实际收入不变的情况下,虽然某项产品大幅度地变动,但其关联产品的需求量并不发生太大变化。

第二节 成本与竞争对定价的影响

任何企业都不能随心所欲地制定价格。某种产品的最高价格取决于市场需求,最低价格取决于这种产品的成本费用。从长远看,任何产品的销售价格都必须高于成本费用,只有这样,才能以销售收入来抵偿生产成本和经营费用,否则就无法经营,因此,企业制定价格时必须估算成本。

一、成本与成本函数

我们可借助成本函数来反映产品成本 C 与产量 Q 之间的关系。用数学式表示,就是:

$$C = F(Q) \tag{7.9}$$

企业产品的成本函数取决于产品的生产函数和投入要素的价格。生产函数表明投入与产出之间的技术关系。这种技术关系与投入要素的价格相结合,就决定了产品的成本函数。成本函数可以分为两种:短期成本函数和长期成本函数。按照经济学的解释,这里所说的短期与长期具有特定的含义。短期指的是这样一个时期,在这个时期内,企业不能自由调整生产要素的投入和组合,不能选择各种可能的生产规模。因此,短期成本可以分为固定成本与可变成本。长期指的是这样一个时期,在这个时期内,企业可以自由调整生产要素的投入和组合,可以选择最有利的生产规模。在这个时期内,一切生产要素都是可以变动的。因此,长期成本中没有固定成本,一切成本都是可变成本。

二、短期成本函数

在短期成本函数中,有三种成本要素十分重要。

（一）总固定成本（*TFC*）

总固定成本是一定时期内产品固定投入成本的总和。在一定的生产规模内，产品固定投入的总量是不变的，只要不超过这个限度，不论产量是多少，总固定成本都一样。如果增加总固定成本，只能进行大量投资、购置新设备等。

（二）总可变成本（*TVC*）

总可变成本是一定时期内产品可变投入的总和，产量越大，总可变成本也越大；反之，产量越小，总可变成本也越小。然而，一旦产量继续增加使得边际收益出现递减时，总可变成本的增长率才会有递减的可能。而这种总可变成本边际递减现象，也正是企业定价时可资运用的战术工具之一。边际收益是指企业每多出售一件产品所增加的收入，也就是最后一件产品的卖价。假如企业出售 Q 单位的产品的总售价为 R_Q，现在多销售一个单位产品，使销售量由 Q 增加到 $(Q+1)$，于是总售价也由 R_Q 增加到 R_{Q+1}。那么，在 $(Q+1)$ 与 Q 之间所增加的那个单位产品的售价就是 $(R_{Q+1} - R_Q)$。这个差额就是边际收益。作为企业管理人员，掌握边际收益递减规律是非常重要的。如果产出率较小，产品可变投入的增加会导致劳动生产率的提高。虽然总可变成本也会随着产量的增加而增加，但增长率却递减。超过一定的限度，产品可变投入和总可变成本的递减，会导致边际收入减少。

（三）总成本（*TC*）

总成本是总固定成本和总可变成本之和。总成本函数、总固定成本函数和总可变成本函数不同，如图 7.8 所示。

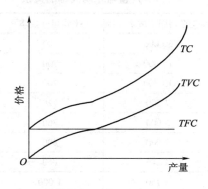

图 7.8　总成本曲线

三、短期平均成本

平均成本(AC)是指平均单位产品的成本。在短期平均成本中,也包括平均固定成本、平均可变成本和总平均成本三个成本要素,如图7.9所示。

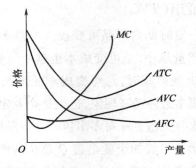

图7.9 平均成本曲线

(一)平均固定成市(AFC)

平均固定成本是总固定成本被产品总量均分的份额。由于短期固定成本是一个常数,产量增加,平均固定成本就会减少。

(二)平均可变成市(AVC)

平均可变成本是可变总成本被产品总量均分的份额。在某一产值区间内,产量增加,平均可变成本会减少。超出了这一产值区间,产量增加将导致平均可变成本趋于增加,参见表7.1。

表7.1 产量与平均成本的关系

产量	平均固定成本	平均可变成本	平均总成本
1	30 000	800	30 800
2	15 000	700	15 700
3	10 000	700	10 700
4	7 500	720	8 220
5	6 000	760	8 760
6	5 000	800	5 800
7	4 286	860	5 146
8	3 750	1 000	4 750
9	3 333	1 600	4 933

（三）平均总成本（ATC）

平均总成本是产品总成本被产品总量均分的份额。不论产量大小，平均总成本始终等于平均固定成本和平均可变成本之和。如果产量增加，平均固定成本和平均可变成本减少，那么平均总成本也一定会随之减少。如果超出某一产值区间，平均固定成本的减少额最终不能抵消平均可变成本的增加额，那么平均总成本也会增加。平均总成本的变化，取决于平均可变成本和平均固定成本的变化。

四、短期边际成本

边际成本是增加一个单位产量相应增加的单位成本。表7.2是表7.1的续表，从表7.2中可以看出边际成本与产量、总成本之间的关系。当日产量由0增加到1单位时，边际成本是800元，这是生产第一个单位产品时的新增成本。而生产1个单位产品时的总成本（30 800元）和生产0个单位产品时的总成本（30 000元）之差，就是边际成本。

表7.2　边际成本与产量、总成本之间的关系　　　　单位：元

产量	总成本	边际成本
0	30 000	0
1	30 800	800
2	31 400	600
3	32 100	700
4	32 900	800
5	33 800	900
6	34 800	1 000
7	36 000	1 200
8	38 000	2 000
9	4 400	6 400

一般地说，边际成本的变化取决于产量的大小。在上面的例子中，当日产量由1单位增到2单位时，边际成本为600元；日产量由5单位增到6单位时，边际成本为1 000元；日产量由8单位增到9单位时，边际成本增至6 400元。在产量增加初期，由于固定的生产要素使用效率逐渐提高，使产量自然增加呈现收益递增现象，从而边际成本递减。而在产量达到一定

程度后,由于增加的可变生产要素无法获得足够的固定生产要素的配合,即在短期内无法增加固定成本投入,使得产量逐渐出现递减现象,收益递减甚至出现负值的收益率,此时,边际成本将巨额递增。

　　了解边际成本与平均成本的关系是非常重要的。边际成本曲线分别与平均可变成本曲线和平均总成本曲线相交于它们的最低点。如果新增产品的成本比已经生产出的产品平均成本高(或低),那么,新增产品必然引起平均成本的增加(或减少)。如果边际成本比平均成本高(或低),平均成本一定会增加(或减少)。只有当平均成本与边际成本相等时,才能使平均成本最低[1]。长期平均总成本与边际成本之间的关系也是如此,参见图 7.10 和图 7.11。

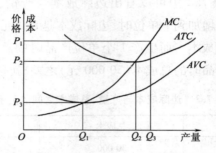

图 7.10　短期成本、价格、产量的关系

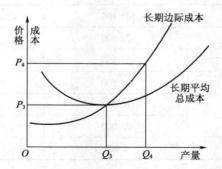

图 7.11　长期成本、价格、产量的关系

　　在短期内,企业要实现利润最大化,必须让价格等于边际成本。由

　　[1]　E. Jerome McCarthy, Stanley J. Shapiro, and William D. Perreault, Jr., BASIC MARKETING Sixth Canadian Edition(HomeWood:Richard D. Irwin, Inc., 1992),PP. 538 - 541.

于低价能引起销售的增加,在成本曲线上利润会最大。但是,如果伴随着产量的增加和产品成本的提高,最后将导致成本支出大于价格收入。高价会引起销售的减少,利润也将很低。因此,只要价格高于成本,通过增加销售就能获得较多的利润。利润取决于价格、平均总成本和销售量三个因素。面对竞争压力,企业也可能被迫降低价格,使产品价格等于边际成本,以实现最佳获利产量。

在短期竞争条件下,有两种价格是非常重要的。一种是价格收入仍能弥补成本支出的最低价格,在总平均成本曲线上,它是最低成本点,并且与边际成本相等。另一种是根据平均可变成本曲线上的最低点确定的价格,这种价格的总收入不能弥补总成本支出。产品一旦卖出,就会发生亏损。当价格高于最低可变成本时,需要调配一部分收入来弥补固定成本支出。任何低于最低平均可变成本的价格都会导致亏损。因此,企业制定的价格必须等于或高于平均可变成本。

五、长期平均成本

不论生产规模大小,利用长期平均成本函数都有助于使生产一定量产品的平均成本最小,参见图 7.12 和图 7.13。长期平均成本函数适合于长期内全部投入是可变成本而不是固定成本的情况,同时要考虑计划周期,并相应制定出企业的长期战略。如果能在很大的范围内任意确定企业的生产能力,那么应该选择使产品成本最小的生产规模。如果长期内产品需求量较小,就可以选择小批量生产规模。中批量或大批量生产规模适合于长期内有很大的产品需求量的情况。当产量越来越大时,长期平均成本趋于降低,所以,一开始就要有扩大生产能力的规划。

图 7.12 短期平均成本曲线

长期平均成本函数的斜率由什么决定呢？它在很大程度上取决于生产的特征函数——规模效益。所谓规模效益，是指各种生产要素都作等比例增加时，对产量变动的影响程度。如果企业的产出增加大于投入增加，则企业支出会使规模效益增加。如果企业的产出增加小于投入增加，则企业规模效益会减少。如果产出与投入以同样的比例增加，则规模效益不变。图7.13表明了这三种规模效益情况。

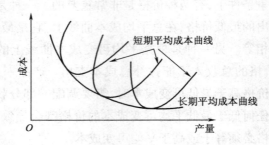

图7.13 长期平均成本曲线

规模效益增加、减少还是不变，都取决于企业产量大小（值域），在一定的产值区间内，规模效益可能会增加，在另一个产值区间内，规模效益可能不变。

长期状况下的企业定价，必须注意两个方面：一是长期与短期边际成本必须等于产品价格，并且此时的边际成本必须处在递减状态。二是长期与短期平均成本必须等于产品价格，并且此时也必然是长期成本与短期成本的最低点。

六、竞争价格与产品

企业定价目标主要有以下几种。

（一）生存

如果企业产能过剩，或面临激烈竞争，或试图改变消费者需求，则需要把维持生存作为主要目标。为了确保工厂继续开工和使存货出手，企业必须制定较低的价格，并希望市场是价格敏感型的。生存比利润重要得多。许多企业通过大规模的价格折扣，来保持企业活力。只要其价格能弥补可变成本和一些固定成本，企业的生存便可得以维持。

（二）当期利润最大化

有些企业希望制定一个能使当期利润最大化的价格。他们估计需求和成本,并据此选择一种价格,使之能产生最大的当期利润、现金流量或投资报酬率。假定企业对其产品的需求函数和成本函数有充分的了解,则借助需求函数和成本函数便可制定确保当期利润最大化的价格。

假如 Q 为需求量;N 为需求潜量;P 为价格;e 为需求随价格变化而变化的速率(常为负值),则需求函数可表述为:

$$Q = N + eP \tag{7.10}$$

假定 C 为总成本;F 为固定成本;V 为单位产品可变成本;Q 为与需求量相同的生产量,则成本函数可表述为:

$$C = F + VQ \tag{7.11}$$

假定 R 为销售收入;Z 为利润,则有

$$
\begin{aligned}
Z &= R - C \\
&= QP - C \\
&= (N + eP)P - (F + VQ) \\
&= (N + eP)P - [F + V(N + eP)] \\
&= eP^2 + (N - eV)P - (F + VN)
\end{aligned}
$$

一阶导数 $Z' = 2eP + N - eV$

令 $$Z' = 0$$

即 $$2eP + N - eV = 0$$

则 $$P = \frac{eV - N}{2e} \tag{7.12}$$

而 $$Z'' = 2e$$

由于 e 为负值,故 $Z'' < 0$

所以,当 $P = (eV - N)/2e$ 时,Z 有极大值,企业利润最高。

上述这种当期利润最大化定价模型,明确表述了需求函数和成本函数在定价中的重要作用。但是,该模型也有其局限性:①该模型假设其他营销组合变量均为常数,但事实上它们必须随着价格的不同而作调整;②该模型假设竞争者的价格固定不变,但事实上竞争者会对企业不同的定价做出不同的变价反应;③该模型忽略了营销系统中其他群体、供应商、中间商、政府机构等对企业不同价格的反应;④该模型还假设需求函数和成本函数可以准确地估计出,但在实际工作中这是很难做到的。

(三)市场占有率最大化

有些企业想通过定价来取得控制市场的地位,即使市场占有率最大

化。因为,企业确信赢得最高的市场占有率之后将享有最低的成本和最高的长期利润,所以,企业制定尽可能低的价格来追求市场占有率领先地位。企业也可能追求某一个特定的市场占有率。例如,企业计划在一年内将其市场占有率从 10% 提高到 15% 。为实现这一目标,企业就要制定相应的市场营销计划和价格决策。

当具备下述条件之一时,企业就可考虑通过低价来实现市场占有率的提高:①市场对价格高度敏感,因此低价能刺激需求的迅速增长;②生产与分销的单位成本会随着生产经验的积累而下降;③低价能吓退现有的和潜在的竞争者。

(四)产品质量最优化

企业也可以考虑在市场上产品质量领先地位这样的目标,并在生产和营销过程中始终贯彻产品质量最优化的指导思想。这就要求用高价格来弥补高质量和研究开发的高成本。产品优质优价的同时,还应辅以相应的优质服务。

第三节　制定基本价格

企业产品价格的高低要受市场需求、成本费用和竞争情况等因素的影响和制约。企业制定价格时理应全面考虑到这些因素。但是,在实际定价工作中往往只侧重某一个方面的因素。大体上,企业定价有三种导向,即成本导向、需求导向和竞争导向。其中,成本导向包括成本加成定价法和目标定价法,需求导向包括认知价值定价法和需求差别定价法,竞争导向包括随行就市定价法和密封投标定价法。除了定价的三种基本导向,近年来随着通信及互联网技术的进步,定价方法又有了进一步发展,如自行定价、双边市场定价、微型定价等。下面我们对定价方法进行逐一分析和介绍(需求差别定价见下一节)。

一、成本导向定价

(一)成本加成定价法

所谓成本加成定价是指按照单位成本加上一定百分比的加成来制定产品销售价格。加成的含义即是一定比率的利润。所以,成本加成定价公式为：

$$P = C(1 + R) \tag{7.13}$$

式中，P 为单位产品售价；C 为单位产品成本；R 为成本加成率。

【例 1】某制鞋公司生产某种鞋的单位成本为 15 元，加成率为 20%，则皮鞋的销售价格为：

$$P = 15(1 + 20\%) = 18(元)$$

与成本加成定价法类似，零售企业往往以售价为基础进行加成定价。其加成率的衡量方法有两种：

（1）用零售价格来衡量，即加成（毛利）率 = 毛利（加成）/售价。

（2）用进货成本来衡量，即加成率 = 毛利（加成）/进货成本。

假设某零售商店经营某种鞋的进货成本为 18 元，加成 50%，则

$$P(售价) = 18(1 + 50\%) = 27(元)$$

将一个固定的、惯例化的加成加在成本上，这样定价从逻辑上是否行得通？回答是否定的。在制定价格的过程中，任何忽略现行价格弹性的定价方法都难以确保企业实现利润最大化，无论是长期利润还是短期利润。需求弹性总是处在不断变化中，因而，最适加成也应随之调整。

我们知道，边际收益是与价格紧密相关的，因为

$$MR = \left(1 - \frac{1}{e_{qp}}\right)P$$

式中，e_{qp} 为需求的价格弹性，且 $e_{qp} > 0$。

当边际收益等于边际成本（MC）时，利润最大。即最适条件为：

$$MC = MR = \left(1 - \frac{1}{e_{qp}}\right)P$$

假设平均成本（AC）固定不变，则 $AC = MC$，最适条件就变为：

$$AC = \left(1 - \frac{1}{e_{qp}}\right)P$$

$$\frac{P}{AC} = \frac{1}{1 - (1/e_{qp})} = \frac{e_{qp}}{e_{qp} - 1}$$

将两边都减去 AC/AC，并化简，得

$$\frac{P - AC}{AC} = \frac{e_{qp}}{e_{qp} - 1} - 1 = \frac{1}{e_{qp} - 1} \tag{7.14}$$

或
$$最适加成 = \frac{1}{e_{qp} - 1}$$

由上式可知，最适加成与价格弹性成反比。如果某品牌的价格弹性高（假设为 5.0），最适加成就应相对低些（即 25%）。如果某品牌的价格弹性低（假设为 2.0），最适加成则应相对高些（即 100%）。而且，当价格

弹性保持不变时,加成也应保持相对稳定,以制定出最适价格。

成本加成定价法之所以受到企业界的欢迎,主要是由于:①成本的不确定性一般比需求小,将价格盯住单位成本,可以大大简化企业定价程序,而不必根据需求情况的瞬息万变而作调整。②只要行业中所有企业都采取这种定价方法,则价格在成本与加成相似的情况下也大致相似,价格竞争也会因此减至最低程度。③许多人感到成本加成法对买方和卖方讲都比较公平,当买方需求强烈时,卖方不利用这一有利条件谋取额外利益而仍能获得公平的投资报酬。

(二)目标定价法

所谓目标定价法,是指根据估计的总销售收入(销售额)和估计的产量(销售量)来制定价格的一种方法。目标定价法要使用损益平衡图这一概念。损益平衡图描述了在不同销售水平上预期的总成本和总收入。图7.14展示了一张假设的损益平衡图。不论销售量多少,固定成本都是600万元。管理人员的任务是:①估计各种不同产出水平的总成本。总成本曲线按固定的速率上升,直到最大产能为止。②估计未来一期的产能水平。假设企业预期产能为80%,即产能为100万件时预期销售80万件,根据图7.14,生产这一产量的总成本为1 000万元。③确定目标报酬率。假设企业希望利润为成本的20%,则利润目标为200万元。因此,在产能为80%时总收入必须是1 200万元。总收入曲线上另外一点为零产能时,其对应值也为零。将点(80,1 200)与点(0,0)连成一条直线,便是总收入曲线。总收入曲线的斜率就是所要制定的价格。本例中斜率$K=15$,如果企业定价为每单位15元,且售出80万件,则按此价格可实现20%的报酬率,赚得20万元。

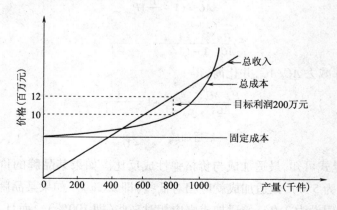

图7.14　目标定价中的损益平衡图

目标定价法有一个重要的缺陷，即企业以估计的销售量求出应制定的价格，殊不知价格却又恰恰是影响销售量的重要因素。要实现 80 万件的销售量，15 元/件的价格可能偏高或偏低。在上述分析中，忽略了需求函数，即不同价格下该产品可售出的数量。借助估计的需求曲线及20%的利润条件，企业就可以解决将价格与销售量统一起来的问题，从而确保用所定价格来实现预期销售量的目标。

二、需求导向定价

（一）认知价值定价法

所谓认知价值定价法，就是企业根据购买者对产品的认知价值来制定价格的一种方法。认知价值定价与现代市场定位观念相一致。企业在为其目标市场开发新产品时，在质量、价格、服务等各方面都需要体现特定的市场定位观念。因此，首先要决定所提供的价值及价格；之后，企业要估计在此价格下所能销售的数量，再根据这一销售量决定所需要的产能、投资及单位成本；接着，管理人员还要计算在此价格和成本下能否获得满意的利润。如能获得满意的利润，则继续开发这一新产品，否则，就要放弃这一产品概念。

认知价值定价的关键，在于准确地计算产品所提供的全部市场认知价值。企业如果过高地估计认知价值，便会定出偏高的价格；如果过低地估计认知价值，则会定出偏低的价格。为准确把握市场认知价值，必须进行市场营销研究。

【例2】假设有 A，B，C 三家企业均生产同一种开关，现抽一组产业用户作样本，要求他们分别就三家企业的产品予以评比，有三种方法可供使用：

（1）直接价格评比法。运用直接价格评比法，要求产业用户为三家企业的产品确定能代表其价值的价格。例如，他们可能将 A，B，C 三家企业的产品分别定价为 2.55 元、2 元和 1.52 元。

（2）直接认知价值评比法。运用直接认知价值评比法，要求产业用户根据他们对三家企业开关的价值的认知，将 100 分在三者之间进行分配，假设分配结果为 42，33，25。如果这种开关的平均市场价格为 2 元，则我们可得到三个反映其认知价值的价格：2.55 元、2 元和 1.52 元。

（3）诊断法。运用诊断法，要求产业用户就三种产品的属性（假定有产品耐用性、产品可靠性、交货可靠性、服务质量四种属性）分别予以评分。对每一种属性，分配 100 分给三家企业，同时根据四种属性重要程度的不同，也将 100 分分配给四种属性。假设结果如表 7.3 所示。

表 7.3　诊断法定价

重要性权数	属性	产品		
		A	B	C
25	产品耐用性	40	40	20
30	产品可靠性	33	33	33
30	交货可靠性	50	25	25
15	服务质量	45	35	20
100	认知价值	41.65	32.65	24.90

把每个企业的评分乘以重要性权数，我们发现：A 企业提供的产品的认知价值高于平均数（为 42），B 企业提供的产品认知价值相当于平均数（为 33），C 企业提供的产品认知价值低于平均数（为 25）。

A 企业能为其开关制定一个较高的价格，因为它被认知能提供较多的价值。如果企业想根据其产品的认知价值的比例定价，则可能定价为 2.55 元左右，因为平均质量的开关价格为 2.0 元 × 42/33 = 2.55 元。假如三家企业都按其认知价值的比例定价，则每家企业都可享受到部分的市场占有率，因为它们提供的价值与价格之比均相等。

如果某一家企业的定价低于其认知价值，则它将得到一个高于平均数的市场占有率，因为当购买者与企业打交道时，其支付的货币可换回更多的价值。这可以由图 7.15 说明之。A, B, C 三家企业最初位于相同的价值/价格线上，其各自的市场占有率将取决于围绕着这三个定点的理想点（未标出）的相对密集度。现在，假设 A 企业将其价格由 A(2.55, 41.65) 降至 A'(2.0, 41.65)，其价值/价格将是一条较高的线段（以虚线表示），它将冲击 B, C 两家企业的市场占有率，尤其是 B 企业，因为 A 企业以与 B 企业相同的价格提供更多的价值。B 企业将被迫降低价格或提高其认知价值。提高认知价值的主要措施，包括增加服务项目，提高服务质量和产品质量，进行更有效的沟通等。如果这样做的成本低于因降低价格而引起的收入损失，则 B 企业很可能会增加投资来提高其认知价值。

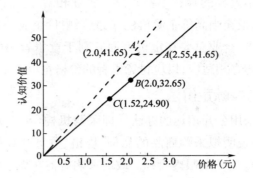

图 7.15 认知价值定价法

三、竞争导向

（一）随行就市定价法

所谓随行就市定价法,是指企业按照行业的平均现行价格水平来定价。在以下情况下往往采取这种定价方法:难以估算成本;企业打算与同行和平共处;如果另行定价,很难了解购买者和竞争者对本企业价格的反应。不论市场结构是完全竞争的市场,还是寡头竞争的市场,随行就市定价都是同质产品市场的惯用定价方法。

在完全竞争的市场上,销售同类产品的各个企业在定价时实际上没有多少选择余地,只能按照行业的现行价格来定价。某企业如果把价格定得高于时价,产品就卖不出去;反之,如果把价格定得低于时价,也会遭到削价竞销。

在寡头竞争的条件下,企业也倾向于和竞争对手定价相同。这是因为,在这种条件下市场上只有少数几家大公司,彼此十分了解,购买者对市场行情也很熟悉,因此,如果各大公司的价格稍有差异,顾客就会转向价格较低的企业。所以,按照现行价格水平,在寡头竞争的需求曲线上有一个转折点。如果某公司将价格定得高于这个转折点,需求就会相应减少,因为其他公司不会随之提价(需求缺乏弹性);相反,如果某公司将其价格定得低于这个转折点,需求则不会相应增加,因为其他公司可能也削价(需求有弹性)。总之,当需求有弹性时,一个寡头企业不能通过提价而获利;当需求缺乏弹性时,一个寡头企业也不能通过降价而获利。

在异质产品市场上,企业有较大的自由度决定其价格。产品差异化使购买者对价格差异的存在不甚敏感。企业相对于竞争者总要确定自己的适当位置，或充当高价企业角色、或充当中价企业角色、或充当低价企业角色。总之，企业总要在定价方面有别于竞争者，其产品战略及营销方案也尽量与之相适应，以应付竞争者的价格竞争。

（二）密封投标定价法

该法通常采用公开招标的办法。即采购机构（买方）在报刊上登广告或发出函件，说明拟采购商品的品种、规格、数量等具体要求，邀请供应商（卖方）在规定的期限内投标。政府采购机构在规定的日期内开标，选择报价最低的、最有利的供应商成交，签订采购合同。某供货企业如果想做这笔生意，就要在规定的期限内填写标单，上面填明可供应商品的名称、品种、规格、价格、数量、交货日期等，密封送给招标人（政府采购机构），这叫做投标。这种价格是供货企业根据对竞争者报价的估计制定的，而不是按照供货企业自己的成本费用或市场需求来制定的。供货企业的目的在于赢得合同，所以它的报价应低于竞争对手（其他投标人）的报价。这种定价方法叫做密封投标定价法。

然而，企业不能将其报价定得低于某种水平。确切地讲，它不会将报价定得低于边际成本，以免使其经营状况恶化。如果企业报价远远高出边际成本，虽然潜在利润增加了，但却减少了取得合同的机会。

两个相反方向拉力的效果，可以用某一特定投标的期望利润来说明。

假设报价 9 500 元的投标额能有 0.81 的中标率，但只能产生低利润，只有 100 元。如果企业报价 11 000 元，其利润将为 1 600 元，但中标率降低为 0.01，期望利润仅仅是 16 元。如表 7.4 所示。逻辑上的投标准则应使期望利润最大。从表 7.4 可看出，最佳报价应是 10 000 元，因为该报价的期望利润是 216 元。

表 7.4　不同报价对期望利润的影响

企业报价（元）	企业利润（元）	报价中标率（%）	期望利润（元）
9 500	100	0.81	81
10 000	600	0.36	216
10 500	1 100	0.09	99
11 000	1 600	0.01	16

企业选定最后价格时还须考虑其他方面的要求、意见和情况。

企业选定最后价格时,首先必须考虑所制定的价格是否符合政府的有关政策和法令的规定,否则就会违法,受到法律制裁。企业的定价政策回答这些问题:企业需要的定价形象、对待价格折扣的态度以及对待竞争者的价格的指导思想,企业营销人员选定最后价格时须检查所制定的价格是否符合企业的定价政策。

企业选定最后价格时,还须考虑消费者的心理。在现代市场经济体制下,企业可以利用消费者的心理,采取声望定价,把某些实际上价值不大的商品的价格定得很高(如把实际价只值 10 元的香水的价格定为 100 元),或者采取奇数定价(如把一台电视机的价格定为 1 499 元),以促进销售。

企业选定最后价格时,还须考虑企业内部有关人员(如推销人员、广告人员、会计出纳人员等)对定价的意见,考虑经销商、供应商等对定价的意见,考虑竞争对手对所定价格的反应等。

四、新的定价方法

随着通信与互联网技术的发展,提供边际成本为零(或趋近于零)的产品和服务成为可能。而零边际成本的产品和服务又使免费定价成为可能,谷歌和百度就是很好的例子。对此,营销研究者也日益开始关注这一现象,并且在此基础上总结、提炼出一系列新的定价方法,这些新的方法将有助于企业取得更多的收益。下面我们简要介绍其中的三种方法。

(一)自行定价法(pay - as - you - wish pricing)

在前面我们介绍到消费者的意愿价格是影响价格制定的重要因素,但在有些情况下这样的意愿是企业难以获得的,比如,当不同消费者之间的意愿价格存在很大差异的时候,企业想获得意愿价格就必须付出极大的成本。在实践中想要了解消费者意愿价格,最易的途径应是"自行定价"了,也就是让消费者自己来决定产品价格。

初看起来,"自行定价"似乎不是一种好方法,虽然其能很便利、经济地显示出各消费者的意愿价格,但同时企业的收入和利润也难以保证。然而事实上一些企业却使用"自行定价"获得了极大的成功。在美国,电台司令乐队在互联网上销售他们唱片录音时采取的就是"自行定价"的方法,他们让消费者自己决定唱片录音的价格,为此他们在获得高视听的同时还取得了不错的销售业绩。对他们来说"自行定价"无疑是非常出色的定价机制。不过对其他公司而言,这种方法可能不是很好的方法,因为"自行定价"方法的使用必须满足以下的条件:

第一,使用"自行定价"方法的产品必须具备生产成本非常低的特点。以互联网上唱片录音销售的例子来说,他们的边际成本为零,因为再一次的下载录音,企业不会为此多花一分钱。实际上在音乐销售中的确有很多人没有为产品付费,而企业在一开始也应该清楚有些人是不会为这种产品付费的,因为他们一开始就想盗版。因此,即便如此企业也不会有什么损失。

第二,使用"自行定价"方法的产品必须在不同的消费者心中具有强烈的偏好差异,必须确定有一定的消费者对产品有强烈的偏好并自愿为产品出高价。在上面唱片录音销售案例中就有人愿意为这张专辑出价20美元,他们就是想支持这个乐队,希望该乐队能继续推出出色的音乐作品。

最后,实行"自行定价"还有另一个可行的情形,那就是在市场竞争非常激烈的情况下。如果市场竞争非常激烈,刚开始的时候企业是赚不到多少钱的。实际上,在这样的市场中,企业应该做的就是将定价权从销售这些产品的企业中夺回来。"自行定价"无疑是夺取定价权的最好方法,一旦企业采用了这种方法,价格竞争就能得到很大缓解。事实表明,音乐产业是个极富竞争的行业。如果让消费者确定价格的话,那么企业就不必在价格上与其他企业竞争了。这也是案例中乐队大获成功的另一个原因。

(二)双边市场中的免费定价

谷歌公司的成功就是双边市场免费定价运用的典范。就谷歌的搜索业务而言,实际上它既可以从使用搜索引擎的人身上赚钱,也可以从想赢得这些消费者的广告客户身上赚钱。我们通常将这样的情形描述为双边市场(two – sided market)。通俗地说,通过一个产品或服务平台可以向两方收取费用、赚取利润的市场就叫双边市场。在这种市场条件下,通常而言,企业应该在价格相对不敏感的一方赚取利润。现实中,我们可以看到很多这样的模式,比如,当你去一间酒吧时,酒吧店主往往会向先生收费,而让女士免费进入。

在运用"双边市场"免费定价方法时辨识市场平台和双边市场平台是非常重要的。事实上，这种双边市场平台在很多行业中是适用的，比人们意识到的要多得多。比如，报纸就处在一个双边市场，只不过报纸既向订户收费也向广告客户收费，而谷歌只选择了向一方收费；又比如，爱尔兰一家低成本航空公司，也将自己视为一个双边市场平台，其中一方是旅客，另一方是机场的旅馆和出租车司机。该公司不向旅客收费而是向在机场附近运营的出租车司机和旅馆收费。

而在识别、确定双边市场后企业要考虑的是通过哪一方赚钱，向哪一方收费。对此，价格灵敏度分析及各方对取得利益的依存度分析是解决该问题的有效方法。

（三）微型定价

由于消费者消费习惯的差异，特别是在全球化的今天，各国经济发展水平差异带来的消费差异几乎是普遍存在的。在这样的环境中，通过将大件商品进行小件化或小量化后再进行微型定价往往会获得意想不到的收获。

例如在美国，人们每天都会消费洗发水，而在印度，较为贫穷地区的消费者只是偶尔才会用到洗发水。所以，在印度的市场中，试图将相对较高价格的一满瓶洗发水卖给这样的消费者是不可行的。但是，如果企业采用"微型定价法"，将洗发水分装在很小的包装中，以相对低得多的价格销售出去则会取得很好的效益。在这样的情形中，微型定价无疑是非常好的定价方式。

需要说明的是，"微型定价法"不一定只是应用于包装消费品。仍以印度为例，在那里我们可以发现手机费率的定价是按秒计算的，而不是按分钟计费的。对印度的消费者来说，这是个非常有意思的有利条件，这事实上也是微型定价，这样的定价方法对那些想与这些消费者打交道的企业来说是非常重要的。

当然，这种定价方法会给按微型规模收费的企业带来某些压力，就像以合理的成本生产小包装洗发水的公司也会面临某些压力一样。而按秒计费也会给通讯公司造成某些压力，因为这种计费方式需要很多的技术支持，需要公司付出更多的努力。但是，如果能做到这一点，企业一定能得到圆满的结果。

第四节 修改基本价格

上一节阐明了企业在什么情况下需给其产品定价以及如何定价,下面还要进一步考察企业的动态定价战略。本节先考察修改价格战略。应看到,在不同情况下(如企业将同一种产品卖给不同地区的顾客、顾客付清货款的早迟、顾客购买数量和购买时间、新产品等),企业的同一种产品的价格应当有所不同,以利于促进和扩大销售,提高经营效益。因此,企业的营销管理者必须酌情修改其产品的基本价格。企业修改价格战略有:①地区性定价;②价格折扣和折让;③促销定价;④需求差别定价。

一、地区性定价

一般地说,一个企业的产品,不仅卖给当地顾客,而且同时卖给外地顾客。而卖给外地顾客,把产品从产地运到顾客所在地,需要花一些装运费。所谓地区性定价战略,就是企业要决定:对于卖给不同地区(包括当地和外地不同地区)顾客的某种产品,是分别制定不同的价格,还是制定相同的价格。也就是说,企业要决定是否制定地区差价。地区性定价的形式有:

(一)按产品某种运输工具上交货定价(FOB origin pricing)

交货定价是一种贸易条件,是指卖方需负责将某种产品(货物)运到产地某种运输工具(如卡车、火车、船舶、飞机等)上交货,并承担一切风险和费用,交货后一切风险和费用(包括运费)概由买方承担。而所谓按产地某种运输工具上交货定价,就是顾客(双方)按照厂价购买某种产品,企业(卖方)只负责将这种产品运到产地某种运输工具(如卡车、火车、船舶、飞机等)上交货。交货后,从产地到目的地的一切风险和费用概由顾客承担。如果按产地某种运输工具上交货定价,那么每一个顾客都各自负担从产地到目的地的运费,这是很合理的。但是这样定价对企业也有不利之处,即远地的顾客可能不愿购买这个企业的产品,而购买其附近企业的产品。

(二)统一交货定价

这种形式和前者正好相反。所谓统一交货定价,就是企业对于卖给不同地区顾客的某种产品,都按照相同的厂价加相同的运费(按平均运费计算)定价,也就是说,对全国不同地区的顾客,不论远近,都实行一个价。因此,这种定价又叫邮资定价(目前我国邮资也采取统一交货定价,如平信邮资)。

(三)分区定价

这种形式介于前两者之间。所谓分区定价,就是企业把全国(或某些地区)分为若干个价格区,对于卖给不同价格区顾客的某种产品,分别制定不同的地区价格。距离企业远的价格区,价格定得较高;距离企业近的价格区,价格定得较低。在各个价格区范围内实行一个价。企业采用分区定价也有问题:①在同一价格区内,有些顾客距离企业较近,有些顾客距离企业较远,前者就不合算;②处在两个相邻价格区界两边的顾客,他们相距不远,但是要按高低不同的价格购买同一种产品。

(四)基点定价

即企业选定某些城市作为基点,然后按一定的厂价加从基点城市到顾客所在地的运费来定价(不管货实际上是从哪个城市起运的)。有些公司为了提高灵活性,选定许多个基点城市,按照顾客最近的基点计算运费。

(五)运费免收定价

有些企业因为急于和某些地区做生意,愿负担全部或部分实际运费。这些卖主认为,如果生意扩大,其平均成本就会降低,由此足以抵偿这些费用开支。采取运费免收定价,可以使企业加深市场渗透,并且能在竞争日益激烈的市场上站稳脚跟。

二、价格折扣和折让

为了鼓励顾客及早付清货款、大量购买、淡季购买,企业还可以酌情降低其基本价格。这种价格调整叫做价格折扣和折让。价格折扣和折让有以下五种。

(一)现金折扣

这是企业给那些当场付清货款的商家的一种减价。例如,顾客在30天必须付清货款,如果10天内付清货款,则给予2%的折扣。

(二)数量折扣

这种折扣是企业给那些大量购买某种产品的顾客的一种减价,以鼓励顾客购买更多的货物。因为大量购买能使企业降低生产、销售、储运、记账等环节的成本费用。例如,顾客购买某种商品 100 单位以下,每单位 10 元;购买 100 单位以上,每单位 9 元。这就是数量折扣。

(三)职能折扣

这种价格折扣又叫贸易折扣。职能折扣是制造商给某些批发商或零售商的一种额外折扣,促使他们愿意执行某种市场营销职能(如推销、储存、服务)。

(四)季节折扣

这种价格折扣是企业给那些过季商品或服务的顾客的一种减价,使企业的生产和销售在一年四季保持相对稳定。例如,滑雪橇制造商在春夏季给零售商以季节折扣,以鼓励零售商提前订货;旅馆、航空公司等在营业下降时给旅客以季节折扣。

(五)折让

这是另一种类型的价目表价格的减价。例如,一辆小汽车标价为40 000 元,顾客以旧车折价 5 000 元购买,只需付给 35 000 元。这叫做以旧换新折让。如果经销商同意参加制造商的促销活动,则制造商对于卖给经销商的货物予以一定的折扣。这叫做促销折让。

三、促销定价

企业可以把产品价格调整到低于价目表价格,甚至低于成本费用,以促进销售。这种促销定价的形式有四种。

(1)超级市场和百货商店大大降低少数几种商品的价格,把这些商品作为招徕顾客而亏本出售的特廉商品,以吸引顾客来商店购买其他正常加成的商品。

(2)企业在某些季节采取特殊事件定价,降低某些商品价格,以吸引更多的顾客。

(3)制造商在销售困难时期给那些在特定时间内向经销商购买商品的消费者以现金回扣(这种回扣由制造商直接支付给消费者),以清理存货,减少积压。

(4)心理折扣,即企业把某种产品的价格定得很高,然后大肆宣传大减价,例如说,“原价 359 元,现价 299 元”。

四、需求差别定价

所谓需求差别定价,也叫价格歧视,就是企业按照两种或两种以上不反映成本费用的比例差异的价格销售某种产品或劳务。需求差别定价有四种形式。

(1)企业按照不同的价格把同一种产品或劳务卖给不同的顾客。例如,某汽车经销商按照价目表价格把某种型号汽车卖给顾客 A,同时按照较低价格把同一种型号汽车卖给顾客 B。这种价格歧视表明,顾客的需求强度和商品知识有所不同。

(2)企业对不同型号或形式的产品分别制定不同的价格,但是,不同型号或形式产品的价格之间的差额和成本费用之间的差额并不成比例。

(3)企业对于处在不同位置的产品或服务分别制定不同的价格,即使这些产品或服务的成本费用没有任何差异。例如剧院,虽然不同座位的成本费用都一样,但是不同座位的票价有所不同,这是因为人们对剧院的不同座位的偏好有所不同。

(4)企业对于不同季节、不同时期甚至不同钟点的产品或服务也分别制定不同的价格。例如,美国公用事业对商业用户(如旅馆、饭馆等)在一天中某些时间、周末和平常日子的收费标准有所不同。

企业采取需求差别定价须具备以下条件:①市场必须是可以细分的,而且各个市场部分需表现出不同的需求程度。②以较低价格购买某种产品的顾客没有可能以较高价格把这种产品倒卖给他人。③竞争者没有可能在企业以较高价格销售产品的市场上以低价竞销。④细分市场和控制市场的成本费用不得超过因实行价格歧视所得额外收入,这就是说,不能得不偿失。⑤价格歧视不会引起顾客反感,放弃购买,影响销售。⑥采用的价格歧视形式不能违法。

第八章　分销渠道与物流决策模型

分销是指将产品由制造商转移到最终顾客的过程。分销渠道是指某种产品或服务从生产者向消费者转移的过程中,取得产品或服务的所有权或帮助所有权转移的所有企业和个人。分销渠道成员包括生产者、经销中间商、代理中间商、最终消费者或用户等。

在分销过程中商品的仓储和物理转移则属于物流管理的范畴。企业制定正确的物流策略,对于降低成本费用,增强竞争实力,提供优质服务具有重要的意义。

第一节　分销渠道及分销渠道决策

一、分销渠道的相关概念

分销渠道是指某种产品和服务从生产者向消费者转移过程中,取得这种产品和服务的所有权或帮助所有权转移的所有企业和个人。因此,分销渠道包括经销商(取得所有权)、代理商(转移所有权),及渠道起点的生产者和终点的消费者。与市场营销渠道相比,分销渠道不包括供应商和辅助商[1]。

除分销渠道的概念外,分销渠道结构和分销渠道任务也是我们必须了解的两个概念。

(一)分销渠道结构

分销渠道的结构是指分销渠道的整体布局,可以用分销渠道的长度结构、宽度结构来描述。

---

① 郭国庆、钱明辉:《市场营销学通论》(第四版),第 217～218 页,中国人民大学出版社,2011 年版。

1. 分销渠道的长度结构

分销渠道的长度(层次)是指产品从生产者转移到消费者过程中经过的对产品拥有所有权或负有销售责任的机构的数目。

其中,零层渠道通常叫做直销渠道,直销渠道是指产品从生产者流向最终消费者的过程中不经过任何中间商转手的分销渠道。

一层渠道含有一个销售中介机构。在消费者市场,这个中介机构通常是零售商;在产业市场,则可能是销售代理商或佣金商。

二层渠道含有两个销售中介机构。在消费者市场,通常是批发商和零售商;在产业市场,则通常是销售代理和批发商。

三层渠道含有三个销售中介机构。肉食类食品及包装类产品的制造商通常采用这种渠道分销其产品。在这类行业中,通常有一专业批发商处于批发商和零售商之间,该专业批发商从批发商进货,再卖给无法从批发商进货的零售商。

更多的层次的分销渠道比较少见。从生产者观点来看,随着渠道层次的增多,控制渠道所需解决的问题也会增多。

2. 分销渠道的宽度结构

分销渠道的宽度是指渠道的每个层次使用同类型中间商数目的多少。它与企业的分销策略密切相关。企业的分销策略通常可以分为三种:密集分销、选择分销和独家分销。

密集分销是指制造商尽可能地通过许多负责任的、适当的批发商、零售商推销其产品。消费者中的便利品和产业用品中的供应品,通常采取密集分销,使广大消费者和用户能随时随地买到这些日用品。

选择分销是指制造商在某一地区仅仅通过少数几个精心挑选的、最合适的中间商推销其产品。选择分销适用于所有产品。但相对而言,消费品中的选购品和特殊品最宜采取选择分销。

独家分销是指制造商在某一地区仅选择一家中间商推销其产品,通常双方协商签订独家经销合同,规定经销商不得经营竞争者的产品,以便控制经销商的经营业务。

二、分销渠道的职能

分销渠道的工作主要是对产品从生产者转移到消费者所必须完成的工作加以组织,其目的在于消除产品(或服务)与使用者之间的分离。因此,分销渠道最核心的职能有以下三个:

（1）广告促销，即进行关于所供产品的说服性沟通，广告是进行沟通的最主要方式。

（2）接洽，即寻找潜在购买者，并与购买者协商交易条件等的推销工作。

（3）物流，即从事产品的运输、储存和配送。

上述三点都直接减少了产品与使用者的分离，除此之外，分销渠道还承担部分调研、配合、谈判、融资及风险承担等辅助职能。

分销渠道职能的实现需要在各渠道主体之间进行任务分配，而如何进行分销渠道任务分配则成为分销渠道决策所需要考虑的重点问题。

三、分销渠道决策的类型

按照分销渠道决策的性质，可以将分销渠道决策分为分销渠道设计决策和分销渠道管理决策。分销渠道设计主要是在渠道建立前根据企业的目标进行渠道设计，包括渠道结构、渠道任务分配等，不涉及具体的渠道管理问题；而分销渠道管理主要是站在渠道管理者的角度研究如何对渠道成员进行有效管理，包括日常管理、冲突管理、激励、评估考核等。分销渠道决策的具体分类如表 8.1 所示。

表 8.1　分销渠道决策分类表

决策类别	细分决策
渠道设计决策	渠道结构
	渠道任务分配
渠道管理决策	渠道成员选择
	渠道日常管理
	渠道冲突管理
	渠道成员激励
	渠道成员评估考核

在渠道设计决策中：

● 渠道结构决策是指如何根据企业的目标设计渠道的长度和宽度。

● 渠道任务分配决策是指如何在渠道主体间分配渠道任务，以完成渠道的职能。

在渠道管理决策中：

● 渠道成员选择决策需要解决的是渠道管理者如何对中间商进行选择，以实现其渠道结构设计的实体化。

- 渠道日常管理决策是指渠道管理如何制定常规的渠道政策以保证渠道的运行。

- 渠道冲突管理决策是指如何对渠道中的冲突进行管理,包括冲突的预防和冲突发生后的解决。

- 渠道成员激励决策是指渠道管理者如何设定激励策略以激励中间商恪尽职守,保证分销渠道更有效的运营。

- 渠道成员评估考核是指对渠道成员进行绩效考核,一方面可以评估渠道的效率;另一方面,评估也是渠道成员激励的必要条件。

目前的营销研究并没有给分销渠道决策中的每个问题都提供定量化的决策模型,在此我们只介绍分销渠道决策中具有成熟定量方法和模型的部分。

第二节　分销渠道决策方法及模型

在本节,我们将分别介绍分销渠道设计决策和分销渠道管理决策的方法。其中分销渠道设计主要介绍分销渠道设计及任务分配方法;分销渠道管理主要介绍渠道成员选择、渠道成员激励、渠道成员评估以及渠道冲突管理方法和相应的模型。

一、分销渠道设计方法

分销渠道设计包括分销渠道结构设计及分销渠道任务分配两个方面。分销渠道的结构设计与渠道管理者所处的行业特征、企业战略目标有着紧密的联系;而分销渠道任务分配则是分销渠道职能实现的基础。

(一)分销渠道的结构设计

分销渠道结构包含了渠道长度、宽度等方面。渠道结构设计的实质就是在各种可能渠道方案(渠道长度、宽度的组合)之间进行选择或替换。每一渠道方案都是企业产品送达最后顾客的可能路线。生产者所要解决的问题,就是从那些看起来似乎很合理但又相互排斥的交替方案中选择最能满足企业长期目标的一种。因此,企业必须对各可能的渠道交替方案进行评估。评估标准有三个,即经济性、控制性和适应性。

在这三项标准中,经济标准最为重要。因为企业是追求利润而不是追求渠道的控制性与适应性。经济分析可用许多企业经常遇到的一个决策问题来说明，即企业应使用自己的推销力量还是使用制造商的销售代理商。假设某企业希望其产品在某一地区取得大批零售商的支持，现有两种方案可供选择：一是向该地区的营业处派出 10 名销售人员，除了付给他们基本工资外，还采取根据推销成绩付给佣金的鼓励措施；二是利用该地区制造商的销售代理商，该代理商已和零售店建立起密切的联系，并可派出 30 名推销员，推销员的报酬按佣金制支付。这两种方案可导致不同的销售收入和成本。判别一个方案好坏的标准，不应是其能否导致较高的销售额和较低的成本费用，而是能否取得最大利润。

这种经济分析，应从估计每个方案的销售水平开始，因为有些成本会随着销售水平的变化而变化。究竟使用企业推销人员取得的销售额大，还是使用制造商的销售代理商取得的销售额大？大多数市场营销管理人员都认为，使用企业推销人员所收到的成效较高。因为他们只专心于推销本企业的产品，在销售本企业产品方面有过较专门的训练，比较积极肯干，他们的前途与企业发展紧密相连，也由于顾客比较喜欢与企业直接打交道，故使用本企业推销人员更容易取得交易成功。其实，这种认识是片面的。事实上，制造商的代理商也可以达到与使用本企业推销员相同的销售水平。这主要是由于：①生产者派出 10 名推销员和利用 30 名代理商的推销员，单是人数上的差异就很有可能使代理商取得较高的销售额。②代理商的推销员也可能与企业推销员一样积极卖力，这要取决于本企业产品的推销和推销其他企业的产品在报酬上的差异。③顾客较喜欢与企业推销员打交道而不愿与代理商的推销员打交道确是事实，但这并不是绝对的、无条件的普遍现象，当产品及交易条件标准化时，顾客会觉得与谁打交道都无所谓，他们甚至更喜欢与经销多种产品的代理商打交道，而不愿与只卖一家企业产品的推销员打交道。④多年建立起来的广泛交际关系，是代理商的一项重要资本，也正是优于企业推销员的地方，因为企业推销员需从头开始一步步地建立这种关系。从上述几个方面来看，代理商通常也能为制造商创造较高的销售，至少在开始的前几年是这样。

因此，要估计企业推销力量与代理商二者的销售潜量，还必须对具体情况做具体分析，并注意征求该行业中经验丰富的管理人员及专家的意见。

经济分析的第二步是估计各种方案实现某一销售额所需花费的成

本。我们以图8.1说明这一问题。利用代理商所花费的固定成本,比企业经营一个营业处所需的固定成本低。但是,另一方面,利用代理商实现某一销售水平所需增加的成本比率要比利用企业推销员高,其原因是代理商的佣金率比企业推销员高。

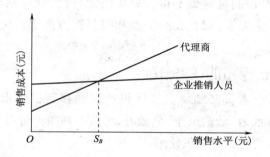

图8.1　企业推销员与制造商的代理商损益平衡图

由图8.1可以看出,有一销售额 S_B,可使得两种渠道方案下的分销成本相等。当销售额低于 S_B 时,最佳渠道方案是利用代理商;当销售额高于 S_B 时,则宜用自己的力量开设营业处。一般来讲,小企业以及在较小地区从事经营活动的大企业,最好利用代理商推销产品。如果不能确定两种渠道方案会达到相同的销售水平,则最好直接对投资收益率作简单估计。可利用下述公式

$$R_i = \frac{S_i - C_i}{C_i} \tag{8.1}$$

式中,R_i 为市场营销渠道 i 的投资收益率;S_i 为使用渠道 i 的估计销售额;C_i 为使用渠道 i 的估计成本。

假设其他条件相同,则能使 R_i 最大的渠道就是最佳渠道。

代理商与企业推销员的经济分析,只能大致表明某一渠道在经济上是否优于另一渠道。这种评估范围必须加以扩大,同时考虑到各渠道方案的激励性、控制性与冲突性。

使用代理商无疑会增加控制上的问题。一个不容忽视的事实是,代理商是一个独立的企业,他所关心的是自己如何取得最大利润。他可能不愿与相邻地区同一委托人的代理商合作。他可能只注重访问那些与其推销产品有关的顾客,而忽略对委托人很重要的顾客。代理商的推销员可能无心去了解与委托人产品相关的技术细节,也很难认真对待委托人的促销资料。

在评估各渠道交替方案时,还有一项需要考虑的标准,那就是生产者是否具有适应环境变化的能力,即应变力如何。每个渠道方案都会因某些固定期间的承诺而失去弹性。当某一制造商决定利用销售代理商推销产品时,可能要签订 5 年的合同。这段时间内,即使采用其他销售方式会更有效,但制造商也不得任意取消销售代理商。所以,一个涉及长期承诺的渠道方案,只有在经济性和控制性方面都很优越的条件下,才可予以考虑。

(二)分销渠道的任务分配

每一个生产者都必须解决如何将产品转移到目标市场这一问题。当渠道问题被视为"营销工作"分派时,可从下列四种营销工作的组合来看究竟有多少交替方案可供使用。

假设:T 为运输,即将产品运送至目标市场的工作;A 为广告,即通过广告媒体通知并影响购买者的工作;S 为储存,即准备接受订货的货物存储工作;K 为接触,即寻找购买者并与购买者协商交易条件的推销工作。

进一步假设每一中间商可负责完成一项或多项工作。

再假设目前所使用的渠道结构为:生产者(P)→批发商(W)→零售商(R)→消费者(C)。

下面,研究某一特定层次 R(零售商)及其所完成的工作。当 R 负责完成运输、广告、储存及接触四项工作时,则以 TASK 表示之。当 R 只负责广告和接触两项工作时,则以 OAOK 表示之。当 R 不负责任何工作时,则以 OOOO 表示之。如果列举所有可能分派给 R 的工作,则将有 16种组合可供参考。

完全不负责	负责一项工作	负责两项工作	负责三项工作	完全负责
OOOO	TOOO	TAOO	TASO	TASK
	OAOO	TOSO	TAOK	
	OOSO	TOOK	TOSK	
	OOOK	OASO	OASK	
		OAOK		
		OOSK		

暂时假设上述可能性都合理,即从事上述任何工作都与零售商的身份相符合。同样,可以假定生产者和批发商从事 16 种组合中的任何一种工作,并假定每一渠道层次都能独立地选择其负责的营销工作,而不受其他层次的影响,则将有 4 096(即 16^3)种不同的市场营销渠道可供选

择。现仅从 4 096 种渠道类型中任意选择一种(生产者、批发商和零售商都仅负责两项工作):

$$\frac{P}{TAOO} \rightarrow \frac{W}{TOSO} \rightarrow \frac{R}{OAOK}$$

在这种渠道中,生产者 P 所从事的营销工作仅限于运输所生产的产品,并为这些产品做广告。储存工作由中间商 W 负责,此外,他还负责运输工作。由此可知,该中间商是仓储代理商,属于辅助商的范畴,而不是提供完全服务的批发商。最后,R 负责进一步的广告(也许与生产者合作)以及与顾客接触的工作。

以下是另一种形式的渠道:

$$\frac{P}{TOSO} \rightarrow \frac{W}{OOOO} \rightarrow \frac{R}{OAOK}$$

在这里,生产者 P 变为私人品牌的厂家,即没有自己的品牌,自己所生产的产品将来要用别人的品牌,所以只从事生产、储存与运输工作;中间商 W 则省略掉,而中间商 R 则负责广告与接触。邮购商店的许多种产品都通过这种营销渠道销售。

在 4 096 种营销渠道类型中,有许多类型是不能采用的,所以必须取消,如:

$$\frac{P}{OOOK} \rightarrow \frac{W}{OOOK} \rightarrow \frac{R}{OOOK}$$

这种渠道类型的主要问题是,三个层次的机构均致力于最后顾客的接触工作,渠道冲突就不免要发生。

有些渠道类型因其不经济、不合法或不稳定,也应予以剔除。其结果必然是在营销工作分派上可行的渠道可能很少,而且还必须进一步仔细估计。

二、分销渠道成员选择

分销渠道管理主要是针对渠道成员的管理,包括渠道成员选择、激励、评估以及渠道冲突管理。

生产者在招募中间商时,常处于两种极端情况之间。

第一种极端情况是生产者毫不费力地找到特定的商店并使之加入渠道系统。它之所以能吸引经销商前来加入渠道系统,可能是因为它很有声望,也可能是因为它的产品能赚钱。在某些情况下,独家分销或选择分销的特权也会吸引大量中间商加入其渠道。对于那些毫不费力地得到所需数目的中间商的生产者来讲,他所做的工作只是选择适当中间商而已。

第二种极端情况是生产者必须费尽心思才能找到期望数量的中间商。例如,某一清凉饮料的生产者很不容易在食品商店找到合适的陈列位置。生产者必须研究中间商如何作购买决策,尤其是在他们制定决策时,对毛利、广告与销售促进、退货保证等赋予的权数。此外,生产者还必须开发一些能使中间商赚大钱的产品。

不论生产者遇到上述哪一种情况,他都须明确中间商的优劣特性。一般来讲,生产者要评估中间商经营时间的长短及其成长记录、清偿能力、合作态度、声望等。当中间商是销售代理商时,生产者还须评估其经销的其他产品大类的数量与性质、推销人员的素质与数量。当中间商打算授予某家百货公司独家分销权时,则生产者尚须评估商店的位置、未来发展潜力以及经常光顾的顾客类型。

三、渠道成员激励

生产者不仅要选择中间商,而且还要经常激励中间商使之尽职。促使中间商进入渠道的因素和条件已构成部分的激励因素,但仍需生产者不断地监督、指导与鼓励之。生产者不仅利用中间商销售商品,而且把商品销售给中间商。这就使得激励中间商这一工作不仅十分必要而且非常复杂。

激励渠道成员使其具有良好表现,必须从了解各个中间商的心理状态与行为特征入手。许多中间商常受到如下批评:①不能重视某些特定品牌的销售;②缺乏产品知识;③不认真使用供应商的广告资料;④忽略了某些顾客;⑤不能准确地保存销售记录,甚至有时遗漏品牌名称。

然而,生产者所批评的上述缺点,如果从中间商的角度看,可能很容易理解:①中间商并不是制造商所雇用的分销链中的一环,而是一个独立的市场营销机构,他逐渐形成以实现自己目标为最高职能的一套行之有效的方法。并且能自由制定政策而不受他人干涉。②中间商主要执行顾客购买代理商的职能,其次才是执行供应商销售代理商的职能,他卖得起劲的产品都是顾客愿意购买的产品,不一定是生产者叫他卖的产品。③中间商总是努力将他所供应的所有产品进行货色搭配,然后卖给顾客,其销售努力主要用于取得一整套订单,而不是单一货色的订单。④生产者若不给中间商特别奖励,中间商绝不会保存所销售的各种品牌的记录。而那些有关产品开发、定价、包装和激励规划的有用信息,常常保留在中间商很不系统、很不标准、很不准确的记录中,有时甚至故意对供应商隐瞒不报。尽管以上四点很简单,但确与以往观点不同。激励的首要步骤,就是站在别人立场上了解现状,设身处地为别人着想,而不应仅从自己的观点出发看待问题。

生产者必须尽量避免激励过分与激励不足两种情况。当生产者给予中间商的优惠条件超过他取得合作与努力水平所需条件时,就会出现激励过分的情况,其结果销售量提高,而利润下降。当生产者给予中间商的条件过于苛刻,以致不能激励中间商的努力时,则会出现激励不足的情况,其结果销售量降低,利润减少。所以,生产者必须确定应花费多少力量以及花费何种力量,来鼓励中间商。

一般来讲,对中间商的基本激励水平,应以交易关系组合为基础。如果对中间商仍激励不足,则生产者可采取两个措施:①提高中间商可得的毛利率,放宽信用条件,或改变交易关系组合使之更有利于中间商;②采取人为的方法刺激中间商,使之付出更大努力,例如,可以挑剔他们,迫使他们创造有效的销售机能,举办中间商销售竞赛,加强对最后顾客与中间商的广告活动等。不论上述方法是否与真正交易关系组合有直接或间接关系,生产者都必须小心观察中间商如何从自身利益出发来看待、理解这些措施,因为在渠道关系中存在着许多潜伏的矛盾点,拥有控制权的制造商很容易无意识地伤害到中间商的商誉。

生产者在处理他与经销商的关系时,常依不同情况而采取三种方法:合作、合伙和分蓝规划。不少生产者认为,激励的目的不过是设法取得独立中间商、不忠诚的中间商或懈怠懒惰的中间商的合作。他们多利用高利润、奖赏、津贴、销售竞赛等积极手段激励中间商。如果这些不奏效,他们就采取一些消极的惩罚手段,例如,威胁减少中间商的利润,减少为他们所提供的服务,甚至终止双方关系等。这些方法的根本问题,是生产者从未认真研究过经销商的需要、困难及优缺点,相反,他们只依靠草率地刺激—反应式的思考,把很多繁杂的手段拼凑起来而已。

一些老于世故的企业往往试图与经销商建立长期合伙关系。这就要求制造商必须深入了解他能从经销商那里得到些什么,以及经销商可从制造商那里获得些什么。这些都可用市场涵盖程度、产品可行性、市场开发、寻找顾客、技术方法与服务、市场信息等各种因素来衡量。制造商希望经销商能同意上述有关政策,并根据其遵守程度的具体情况确定付酬办法。例如,某企业不直接付给经销商25%的销售佣金,而是按下列标准支付:①如保持适当的存货,则付5%;②如能达到销售配额,则再付5%;③如能有效地为顾客服务,则再付5%;④如能及时报告最终顾客的购买水平,则再付5%;⑤如能对应收账款进行适当管理,则再付5%。

塔皮洛(C. S. Tapiero)和法雷(J. U. Farley)曾提出过一个中间商佣金动态模型。假定某一中间商 i 在时间 t 以价格 $P_j(t)$ 推销出 $q_{ij}(t)$ 单位的产品 j,可获得佣金率为 $r_j(t)$ 的佣金,则该中间商在 $[0,T]$ 期间获得的佣金收入 $Z_i(T)$ 为

$$Z_i(T) = \int_0^T \Big[\sum_{j=1}^n r_j(t) P_j(t) q_{ij}(t) \Big] \mathrm{d}t \qquad i = 1,2\cdots,m \qquad (8.2)$$

产品 j 的总销售额 $Q_j(t)$ 为

$$Q_j(t) = \sum_{i=1}^m q_{ij}(t) \qquad (8.3)$$

企业总利润额 $Z_O(T)$ 为

$$Z_O(T) = \int_0^T \Big\{ \sum_{j=1}^a [1 - r_j(t)][P_j(t)Q_j(t)] - C_j[Q_j(t)] \Big\} \mathrm{d}t \qquad (8.4)$$

式中,C_j 为产品 j 的生产成本[①]。

分销规划是指建立一个有计划的、实行专业化管理的垂直营销系统,把制造商的需要与经销商的需要结合起来。制造商可在营销部门下专设一个分销关系规划处,负责确认经销商的需要,制订交易计划及其他各种方案以帮助经销商以最佳方式经营。该部门和经销商合作确定交易目标、存货水平、商品陈列计划、销售训练要求、广告与销售促进计划。借助该部门的上述活动,可以转变经销商对制造商某些不利看法,比如,过去经销商可能认为他之所以能赚钱是因为他与购买者站在一起共同对抗制造商,现在他可能转变这种看法,认为他之所以能赚钱是因为他与销售者站在一起,作为销售者精密规划的垂直营销系统的一个组成部分而赚钱。

四、评估渠道成员的方法

生产者除了选择和激励渠道成员外,还必须定期评估他们的绩效。

---

① C. S. Tapiero, J. U. Farley, "Optimal Control of Sales Force Effort in Time", Management Science, Vol. 21, No. 9(May 1975), PP. 976 – 985.

如果某一渠道成员的绩效低于既定标准过多，则须找出主要原因，同时还应考虑可能的补救方法。当放弃或更换中间商将会导致更坏的结果时，生产者则只好容忍这种令人不满的局面。当不致出现更坏的结果时，生产者应要求工作成绩欠佳的中间商在一定时期内有所改进，否则，就放弃与他合作。

如果一开始生产者与中间商就签订了有关绩效标准与奖惩条件的契约，就可避免种种不愉快。在契约中应明确经销商的责任，如销售强度、绩效与覆盖率；平均存货水平；送货时间；次品与遗失品的处理方法；对企业促销与训练方案的合作程度；中间商对顾客须提供的服务等。

除了针对中间商绩效责任签订契约外，生产者还须定期发布销售配额，以确定目前的预期绩效。生产者可以在一定时期内列出各中间商的销售额，并依销售额大小排出先后名次。这样可促使后进中间商为了自己的荣誉而奋力上进，也可促进先进的中间商努力保持已有的荣誉，百尺竿头，更进一步。

需要注意的是，在排列名次时，不仅要看各中间商销售水平的绝对值，而且还须考虑到他们各自面临的各种不可控制的环境变化，考虑到生产者的产品大类在各中间商的全部产品组合中的相对重要程度。

测量中间商的绩效，主要有两种办法可供使用。

第一种测量方法是将每一中间商的销售绩效与上期的绩效进行比较，并以整个群体的升降百分比作为评价标准。对低于该群体平均水平以下的中间商，必须加强评估与激励措施。如果对后进中间商的环境因素加以调查，可能会发现一些可原谅因素，如当地经济衰退，某些顾客不可避免地失去；主力推销员的丧失或退休等。其中某些因素可在下一期补救过来。这样，制造商就不应因这些因素而对经销商采取任何惩罚措施。

第二种测量方法是将各中间商的绩效与该地区的销售潜量分析所设立的定额相比较。即在销售期过后，根据中间商的实际销售额与其潜在销售额的比率，将各中间商按先后名次进行排列。这样，企业的调查与激励措施可以集中于那些未达既定比率的中间商。

五、渠道冲突管理模型

渠道冲突是指一个渠道成员意识到另一个渠道成员正在阻挠或干扰自己实现目标或有效运作的状态；或一个渠道成员意识到另一个渠道

成员正在从事某种伤害、威胁其利益,或者以损害其利益为代价获取稀缺资源的活动。

依据不同的标准,渠道冲突有以下几种分类。

(1)按焦点问题的不同,可以分为:日常行为冲突(如:主导权、独立性、主动性、灵活性、地位、沟通等)和特定的业务冲突(如价格保护、库存、利润水平和促销)。

(2)按渠道冲突发展的阶段可分为:潜在冲突、感觉的冲突、显形的冲突和冲突的结果。

(3)按渠道冲突的性质可分为:功能性(或称建设性)渠道冲突和病态性(或称破坏性)渠道冲突。

(4)按分歧强烈程度、重要程度和经常性可分为:高度冲突区、中度冲突区与低度冲突区。

(5)按渠道组织形态的差异可分为:垂直渠道冲突(生产商与中间商)、水平渠道冲突(中间商与中间商)和多渠道冲突(交叉复合)。

(6)按渠道冲突管理的角度可分为:显性渠道冲突和隐性渠道冲突。显性渠道冲突是指爆发出来的渠道冲突;隐形渠道冲突是指处于潜伏期、可能发生的渠道冲突。渠道冲突管理一方面要解决爆发的渠道冲突,一方面要预防潜在的渠道冲突。本书主要从这一角度介绍渠道冲突管理模型。

(一)基于激励理论的渠道冲突管理模型

激励理论认为,渠道冲突的本质在于渠道成员之间目标的差异性,渠道成员的利益不一致是导致渠道冲突的根源所在,而信息的不完全又在一定程度上加剧了这种矛盾。因此激励理论认为,要预防渠道冲突关键在于生产商利用有限的信息,设计有效的激励机制使得中间商有积极性来配合自己的意图和目标。依此,渠道冲突管理问题可以被转化为激励理论中的两个问题:

(1)在渠道建立前,生产商如何通过有限的信息,甄别具有不同能力的中间商,防止中间商的投机行为。即"委托—代理"理论中的逆向选择问题。

(2)在渠道建立后,生产商如何运用可获得的信息,设计有效的激励机制,防止中间商的短期利益行为,预防渠道冲突的产生。即"委托—代理"理论中的道德风险问题。

解决这两个问题的关键在于生产商设计的渠道契约满足参与约束和激励相容约束。

参与约束是指渠道中间商参与渠道工作的收益不小于不参加渠道的收益;激励相容约束是指给定生产商(渠道委托人)不能观察到中间商(代理人)的行动和自然状态,在激励合同下,中间商选择的使自己期望效用最大化的行动与生产商所期望的行动相一致。

如果能同时满足参与约束与激励相容约束,渠道冲突(在此指生产商与中间商的冲突)就能得到有效避免。

(二)超级目标法

当企业面临对手竞争时,树立超级目标是团结渠道各成员的根本。超级目标是指渠道成员共同努力,以达到单个所不能实现的目标。渠道成员有时会以某种方式签订一个他们共同寻找的基本目标的协议,其内容包括渠道生存、市场份额、高品质和顾客满意。从根本上讲,超级目标是单个公司不能承担,只能通过合作实现的目标。一般只有当渠道一直受到威胁时,共同实现超级目标才会有助于冲突的解决,才有建立超级目标的必要。

对于垂直性冲突,一种有效的处理方法是在两个或两个以上的渠道层次上实行人员互换。比如,让制造商的一些销售主管去部分经销商处工作一段时间,有些经销商负责人可以在制造商制定有关经销商政策的领域内工作。经过互换人员,可以提供一个设身处地为对方考虑问题的位置,便于在确定共同目标的基础上处理一些冲突。

第三节　物流职能与物流决策

营销不仅意味着发掘并刺激消费者或用户的需求和欲望,而且还意味着进行商品的仓储和转移,即进行物流管理。企业制定正确的物流管理决策,对于降低成本费用,增强竞争实力,促进和便利顾客购买,提高企业效益具有重要的意义。

一、物流与物流职能

所谓物流,是指通过有效地安排商品的仓储、管理和转移,使商品在需要的时间到达需要的地点的经营活动。物流的任务,包括原料及最终产品从起点到最终使用点或消费点的实体移动的规划与执行,并在取得一定利润的前提下,满足顾客的需求。图 8.2 表明,物流涉及 14 项工作。物流的职能,就是将产品由其生产地转移到消费地,从而创造地点效用。物流作为营销的一部分,不仅包括产品的运输、保管、装卸、包装,而且还包括在开展这些活动的过程中所伴随的信息的传播①。图 8.2 所表述的物流系统,以企业销售预测为开端,并以此为基础来规划生产水平和存货水平。生产规划指采购部门必须预先订购的原料,并经过进厂运输,送达接收区域而存于原料存货的仓库,原料再转换为制成品。而成品存货乃是顾客的订单与企业制造活动的联结。顾客订单使存货水平降低,而制造活动使之上升。产品经过装配线、包装、厂内仓储、装运处理、出厂运输、厂外仓储,最终送到顾客手中。

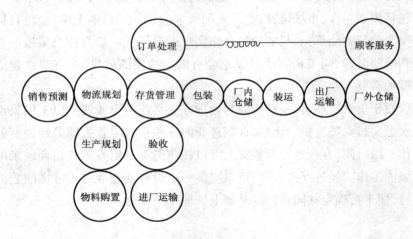

图 8.2 物流职能

传统的物流以工厂为出发点,并采取有效措施,将产品送达消费者手中。而从市场营销观点来看,物流规划应从市场开始考虑,并将所获得的信息反馈到原料的需求来源。企业首先应考虑到,它的目标消费者的位置以及他们对产品运送便利性的要求。企业还必须知道其竞争者所提供的服务水平,然后设法赶上并超过竞争者。最后,企业要制定一个综合决策,其中包括仓库及工厂位置的选择、存货水平、运送方式,进

---

① Philip Kotler & Gary Armstrong, *Principles of Marketing*, 13th Edition, New Jersey: Pearson Education, Inc., 2010, pp. 380 - 387.

而向目标顾客提供服务。

二、物流决策及其模型概述

正如上面所述,从市场营销的观点来看,物流决策包括:①物流的规划决策,主要包括市场地理范围的界定以及工厂及仓库的设立策略;②存货决策,主要包括存货量的设定以及定位—配给问题(location allocation problems,LAP)和车辆运输行程安排问题(vehicle problems,VRP);③区位决策模型,主要指面对消费者环节的零售店选址问题。

目前,对于上述物流问题均有比较成熟的决策模型,具体如表 8.2 所示。

表 8.2 物流决策问题及模型分类表

物流决策	问题描述	关注领域	决策模型
规划决策	市场的界定及工厂和仓库设置	生产及储存点设置	基于工厂和市场假设的成本效益分析决策模型
存货决策	存货量及 LAP,VRP 问题	存货及运输	最优化模型
区位决策	零售店选址	销售	回归模型与重力模型

规划、存货、区位决策分别对应了物流的生产、仓储、运输及送达消费者的基本职能;如何根据现实情况对这些问题进行正确的决策将为企业带来巨大的利益,下面我们将分别介绍解决上述三个决策问题的定量分析模型。

三、物流节点规划决策模型

每一个特定的物流系统都包括仓库数目、区位、规模、运输政策以及存货政策等构成的一组决策,因此,每一个可能的分销系统都隐含着一套总成本,可用数学公式表示如下

$$D = T + FW + VW + S \tag{8.5}$$

式中,D 为物流系统总成本;T 为该系统的总运输成本;FW 为该系统的总固定仓储费用;VW 为该系统的总变动仓储费用;S 为因延迟分销所造成的销售损失的总机会成本。

在选择和设计物流系统时,要对各种系统的总成本加以检验,最后选择成本最小的物流系统。一般来讲,可供企业选择的方案主要有以下几种。

(一)单一工厂,单一市场

在众多的制造商中,有些是单一工厂的企业,并且仅在一个市场上进行营销活动。这个市场可能是一个小城市,也可能仅限于一个地区。这些单一工厂通常设在所服务的市场中央,以节省运费。但是在某些情况下,工厂需设在离市场较远的地方,由此导致的高额运费可通过低廉的土地、劳动力、能源和原材料成本来抵消。从另一个角度看,假如工厂位置已确定,企业为了更好地开展营销活动,还需要对其所服务的市场范围进行界定。下面就此作一分析。

假设在地点 A 生产产品 G 的制造商只有一家(M),再假设产品 G 在地点 A 的出厂价为 P_0,每单位产品的运费(即运费率)为 F,那么,在距离制造商 L 的地点的销售价格 P 为:

$$P = P_0 + FL \tag{8.6}$$

产品 G 的需求量 Q 是销售价格 P 的函数,即 $Q = f(P)$,且

$$\frac{\mathrm{d}Q}{\mathrm{d}P} \leqslant 0 \tag{8.7}$$

由式(8.6)和(8.7)可知,当 L 变大,P 高到某个值以上时,将会出现 $Q=0$。因此,制造商 M 的市场范围就是以地点 A 为圆心,以 L^*(即可使 Q 为 0 的最小的 L 值)为半径的圆。而且,如果产品 G 的运费率 F 能降低,则制造商 M 的市场范围就可以相应扩大,如图 8.3 所示。

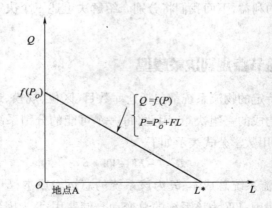

图 8.3 单一制造商的市场范围

当产品 G 的制造商有两家以上时,就会出现市场范围的边界问题。假设生产同一产品 G 的两家制造商 M_A,M_B 分别位于地点 A 和 B,其产品运费率分别为 F_A 和 F_B,设 C 为 M_A 和 M_B 的市场边界上的任意一点,

P_A, P_B 分别为 M_A 和 M_B 的产品出厂价, 假设在市场边界上产品出售价相同, AC, BC 分别为 A 和 C 之间、B 和 C 之间的距离, 则

$$P_A + F_A \overline{AC} = P_B + F_B \overline{BC} \tag{8.8}$$

在该模型中, 只要给出产品出厂价和运费率, 就可以得出如下几种市场边界线: ①当出厂价和运费率都相同时, 由于 $P_A = P_B$, $F_A = F_B$, 则模型 (8.8) 变为 $\overline{AC} = \overline{BC}$, 此时, 市场边界线是连接点 A, B 线段的垂直平分线(见图8.5 上); ②当出厂价不同但运费率相同时, 由于 $P_A < P_B$(或 $P_A > P_B$), $F_A = F_B$, 所以, $\overline{AC} - \overline{BC} = (P_B - P_A)/F_B$, 此时, 市场边界线为双曲线(见图 8.4 中); ③当出厂价相同, 运费率不同时, 由于 $P_A = P_B$, $F_A < F_B$ 或 $F_A > F_B$, 可得 $\overline{AC}/\overline{BC} = F_B/F_A$, 此时, 市场边界线为一个圆(见图8.5 下)。如果制造商 M_B 能使运费率降低, 使之趋于 $F_A = F_B$ 的状态, 那么市场边界线就接近第一种情况, 此时, M_B 的市场范围得以扩大。当市场上只有少数几家制造商存在时, 各制造商为了达到扩大市场范围的目的, 而努力调整出厂价和运费率的行为, 可称之为空间竞争。现用以下两个例子加以说明。

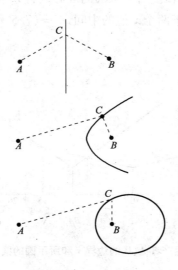

图 8.4 直场区域边界线的形状

【例1】假设产品 G 只有一个生产者, 其出厂价为 300 元, 运费率为 5 元/公里, 需求函数为: $zQ = f(P) = 1\,000 - 2P$, 求该生产者的市场范围。

解: 销售价格 $P = 300 + 5L$, 需求函数为:

$$Q = f(P)$$
$$= 1\,000 - 2P$$
$$= 1\,000 - 2(300 + 5L)$$

若使 $Q = 0$，只需 $L = 40$

因此，市场范围是以生产者为中心，半径 40 公里的圆。

【例 2】产品 G 的生产者 M_A 和 M_B 设在相距 10 公里的 A，B 两地，$P_A = P_B = 100$ 元，$F_A = 5$ 元，$F_B = 15$ 元，请在生产者 M_A 和 M_B 的选址直线上表明产品 G 的价格变化情况，并找出该圆的圆心位置 A'（离 A 点的距离）。

解：产品 G 的销售价格 P_A，P_B 的变化如图 8.5 所示。如果把 A 点作为原点，那么 $P_A = P_B$ 的地点位置 x（离 A 点的距离），可以通过解析下述方程组得出

$$\begin{cases} P_A = P_B \\ P_A = 100 + 5x \ (\text{自 A 至 B 的 } P_A) \\ P_B = 100 + 15(10 - x) \ (\text{自 B 至 A 的 } P_B) \\ P_B = 100 + 15(x - 10) \ (\text{自 A 至 B 的 } P_B) \end{cases}$$

得 $x = 7.5$ 和 $x = 15$。由于该圆的圆心位置 A' 在通过 A，B 两点的直线上，故 A' 的位置处于两个 x 值的中间，$A' = (7.5 + 15) \div 2 = 11.25$。

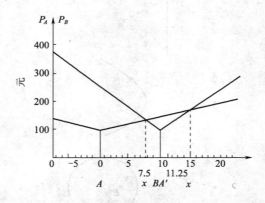

图 8.5　生产者 A，B 的边界 x 和所示圆的圆心位置 A'

(二) 单一工厂，多个市场

当一家工厂在几个市场内进行营销活动时，企业有好几种物流方案可供选择。例如，在中国东南沿海地区有一家制造厂，起初，在广州、深圳开展经营活动，现拟开拓西北市场，可从以下四种战略中进行选择：①从东南沿海工厂将产品直接运送至西北地区市场；②用整车货运方式

将产品运送至西北地区仓库;③将制成的零件运送至西北地区装配厂;④在西北地区另建一个制造厂。下面,分别权衡上述战略。

1. 直接运送产品至顾客的战略

任何一个物流系统都必须考虑服务水平与成本这两项重要因素。直接运送战略似乎在服务及成本上都处于不利地位,因为直接运送比由当地的仓库送货至顾客要慢;再者,通常顾客的订购量都很小,运送成本也较高。

不过,直接运送是否真有这些缺点,还取决于其他因素。在某些情况下,远地的工厂可能比附近的仓储在运送方面更有效率(或效益更好)。再者,零担订货的直接运送成本虽高,但不一定多于当地存货的费用。因此,企业在决定是否采取"直接运送"战略时,必须考虑下述因素:①该产品的特性(如单价、易腐性和季节性);②所需运送的程度与成本;③顾客订货多少与重量;④地理位置与方向。

毫无疑问,企业并不能用"抽象"的直接运送方式与在西北地区没有存货的仓储作比较,而必须用特定而具体的直接运送方式与之比较。直接运送的成本将随着运送方式(如水路、铁路、公路、空运与上述各种方式的组合)的不同而不同。图8.6,表明了各种运输方式的成本比较。如果企业在东南沿海接到的订单,所订货物的重量平均少于10公斤,则用空运可以降低运输成本;如果平均重量在10~35公斤之间,则用卡车运送为有利;当超过35公斤时由铁路运送将会降低费用。

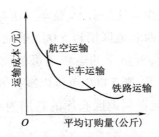

图8.6 运输成本、运输重量与运输方式的关系

当然,这种分析方法也不很全面,因为各种运送方式所需要的运送时间是不同的。运送时间越长,导致销售损失的机会成本越高。所以较慢的运送其运费虽然较低,但销售损失的成本却太高。这种关系可用图8.7加以说明。将图上的销售损失的成本曲线加上运送成本曲线即得总成本曲线。这种总成本曲线呈U字形,从它的最低点作垂直于代表运送时间的横轴的垂线,可知最佳延误送达时间为 D 点,其含义是指较长运送时间所获得的边际收益正好与丧失顾客惠顾的边际成本相等。

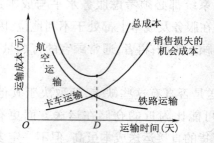

图 8.7 总运输成本是运输时间的函数

上述分析表明,企业必须对物流系统决策进行系统的检查。假如运送到西北地区的货物的平均重量为 50 公斤,根据图 8.6,企业应采用铁路运送;但铁路运送不仅缓慢而且会丧失销售的机会成本(见图 8.7),因此最好采用卡车运送。这样,企业虽然要负担较高的运送费用,但却降低了销售的机会成本。当然,在得出这一结论之前,企业管理人员还必须考虑到不同运送方式所带来的存货成本。

2. 大批整车运送到靠近市场的仓库的战略

第一,仓库与直运比较。企业发现,将成品大批运送到西北地区的仓库,再从那里根据每一订单运送给顾客的方式,比直接从东南沿海运送给顾客所花的费用要少。这是由于,整车运送与零担运送的费用率不同。设企业预计每年在西北地区销售 5 000 单位,所有单个订单的数量均少于整车运送的数量,若整车的运费是每单位 8 元,少于整车(即零担)的运费是每单位 12 元,则 5 000 单位以零担方式直接运送给顾客的费用为 6 万元,而整车运送到地区仓库的费用为 4 万元,因此整车运送可节省成本 2 万元。

从这 2 万元中,企业还须扣除从仓库送达顾客的运费和仓储本身的费用。假设一般的地方性运输费用率是每单位 1 元,在节省的总金额中企业再减去 5 000 元(1×5 000),则节约额为 1.5 万元。再假设,在运出之前平均每单位产品在仓库停留时间为 1 星期,仓储费为每单位每星期 2 元,每年的仓储费为 1 万元(2×5 000),减去这笔费用,净总节约额为 5 000 元。根据上述分析,该企业如采取将货物大批运到西北地区仓库的战略,比从东南沿海直接运送给顾客节省 5 000 元。

除了节省运费,在市场地点设立仓库,还具有其他优势。有了地区仓库,企业就可以较及时地向顾客提供送货服务,因此,可以提高顾客的惠顾率。一般来说,增加地区仓储的最佳准则很简单,即增加新地区仓储所节约的运费与所能增加的顾客惠顾利益如大于建立仓储所增加的成本,那么就应在这一地区增设仓储。

第二,租赁仓库与自建仓库比较。这家企业面临的另一个决策问题是,该仓库应租赁还是自建。租赁的弹性较大,风险较小,因此在多数情况下比较有利。只有在市场规模很大而且市场需求稳定时,自建仓库才有意义。这一原则可用图 8.8 收支平衡点的性质加以说明。

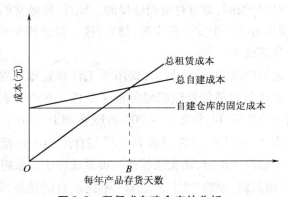

图 8.8　租赁或自建仓库的分析

假设租赁成本与每年存货量成正比例关系,总租赁成本是始于原点的一条直线。如果自建仓库,则企业必须负担在土地、房屋、设备等方面投资的各种固定成本,因而丧失了用这笔资金投资于其他方面的机会收益,并在厂房设备方面承担折旧费用。此外,还须支付税款、保险费及水电费等,这些费用都是固定的;即便是人工成本,如果它不随着仓储的工作量变化而变化,那么它也属于固定成本。

由图 8.8 可看出,如果平均存货量多数时间都超过 B 点,则自建仓库较为有利,换言之,市场需要量必须大而且稳定,以保证存货水平高于B 点。但对于那些规模小且其产品的市场需求变化较大的企业来说,如果自建仓库则所冒风险就大,就不合算。这类企业在经营环境不利时,可能要被迫参与仓储业的竞争,但它又可能因没有必要的资源与技术而居劣势。因此,在市场需求具有较大波动时,一个折中的解决方法是既自建仓库同时又租赁一部分仓库,而自建仓库只用于市场需求变化最小的季节。

以上,我们在讨论将大批货物运送至仓库这一问题时,仅仅假设只有一个仓库的情况,事实上,许多大型企业都在全盘考虑仓储系统,以适应全国市场的需要。

第三,广泛仓库系统问题。广泛仓库系统(或范围广大的仓库系统)也引出了不少问题。问题之一是:企业是否已建立了最佳数目的仓储点?这个最佳数目是50,100,还是150?问题之二是:仓储点的最佳地理位置是何处?这一问题与第一个问题有联系。问题之三是:不同地点所应保持的最佳存货量是多少?尤其当企业采用多仓储点系统时,自然比仅有一个仓储点的企业要保持较多的存货,并且每一个仓库必然有许多产品,有存货周转快的,也有存货周转慢的。此外,除经常的(不变的)需要量外,仓库还需有一个安全存货量,结果,这一系统所积累的存货数量将比集中存货系统多。

制定上述最佳战略,计算复杂,仅用手工计算是难以奏效的。新技术革命已为企业制定最佳仓储战略创造了条件。有些学者曾用电脑模拟程序评估一个包括40个仓库,4 000名顾客和10个工厂的系统。运用这个模拟程序,可很快计算出现有工厂与仓库的不同组合的储运成本。模拟技术的最大缺点,是无法提供一种系统方法来求得最佳安排。

最后,必须强调,影响"工厂—仓库"不同组合的储运成本的核心是仓库位置。下面,我们对仓库最佳位置的确定作进一步分析。

首先,根据仓库设置的需要,在特定地区的缩尺地图上设立一坐标,X轴代表东西方向,Y轴代表南北方向,并标明各分销点所在的位置。

其次,还要了解各分销点的运输量和每一吨公里的运费率。影响仓库位置选择的主要因素有运输量、运输距离和运输费。

从运输量方面考虑,应使仓库尽可能接近运量较大的分销点,从而使较大的运量走相对较短的路程。这种方法也叫做重心法,即求出本地区实际运量的重心位置。计算公式为:

$$X = \frac{\sum_{i=1}^{n}(X_i \cdot T_i)}{\sum_{i=1}^{n} T_i} \quad Y = \frac{\sum_{i=1}^{n}(Y_i \cdot T_i)}{\sum_{i=1}^{n} T_i} \tag{8.9}$$

式中,n为分销点的数目;X_i和Y_i分别为各分销点的横坐标和纵坐标;T_i为第i个分销点的运输量;X和Y分别为仓库设置点的横坐标和纵坐标。

　　从运输距离方面考虑,应使一个地区之内,仓库到各个分销点的总距离最短。这种方法叫做最小运距法。计算公式为:

$$X = \frac{\sum\limits_{i=1}^{n} \dfrac{X_i}{d_i}}{\sum\limits_{i=1}^{n} \dfrac{1}{d_i}} \qquad Y = \frac{\sum\limits_{i=1}^{n} \dfrac{Y_i}{d_i}}{\sum\limits_{i=1}^{n} \dfrac{1}{d_i}}$$

$$d_i = \sqrt{(X_i - X)^2 + (Y_i - Y)^2} \tag{8.10}$$

式中,n 为分销点的数目;X_i 和 Y_i 分别为各分销点的横坐标和纵坐标;X 和 Y 分别为仓库设置点的横坐标和纵坐标;d_i 为各点到仓库的直线距离。

　　在计算过程中,开始需假定一初选位置,通过反复计算,不断对计算结果加以修正,直至仓库位置不需再作变动为止。

　　为了提高企业物流的总体效益,可以将运量、运距和运费率综合起来考虑,使总的运输费用最低。计算公式为:

$$X = \frac{\sum\limits_{i=1}^{n} \dfrac{C_i X_i T_i}{d_i}}{\sum\limits_{i=1}^{n} \dfrac{C_i T_i}{d_i}} \qquad Y = \frac{\sum\limits_{i=1}^{n} \dfrac{C_i Y_i T_i}{d_i}}{\sum\limits_{i=1}^{n} \dfrac{C_i T_i}{d_i}} \tag{8.11}$$

式中,C_i 为仓库到各分销点的运费率;X_i 和 Y_i 为各分销点的位置坐标;T_i 为各分销点的运量;d_i 为各分销点到仓库的直线距离;X 和 Y 为仓库位置坐标。

　　在计算中,也需先设一仓库的初始位置,在此基础上不断反复计算,直至仓库位置最佳。

　　在实际工作中,还有许多因素影响仓库位置的选择。但是,由于这些因素的影响相对较小,我们可以忽略不计,以简化计算过程。另外,上述方法在实际应用中的一个主要限制因素是不能反映市场营销环境的变化。例如,各分销点规模的增大或缩小,交通运输条件的改善,市场规模的变化等,都对仓库位置的选择有着重要影响。

　　3. 将零件运到靠近市场的装配厂的战略

　　企业可以在西北地区建立一个装配分厂。因为整车运送单个零件,可以降低运费,并且运送中货物的价值还不是很高(因为还没有加上装配的人工成本及其他相关费用)。

　　一般来讲,建立装配分厂要比直接运送或建立地区性仓库更有利。不过,最后的决策仍有赖于对目前及未来成本的详细分析。建立装配分厂的好处是运费较低。此外,由于地区性工厂的建立而提高该地区的推销员、经销商及社会公众对产品的兴趣,从而增加销售额。建立装配分厂的不利之处是,要增加资金成本和固定的维持费用。这种建立装配分厂方案的分析,可以采用图 8.8 所示的方法。也就是说,企业必须考虑该地区未来销售量是否稳定以及数量是否会多到足以保证投下这些固定成本后仍有利可图。装配厂的投资不仅比仓库投资所需要的费用更大,而且所冒的风险也较大,这是由于装配厂比较专业化,因而难以出售。

4. 建立地区性制造厂的战略

企业可以在西北地区建立一个地区性工厂。这也是一般企业用来开拓距离较远的市场,并取得较大竞争利益的最后途径。

然而,建立一个制造厂需要有详细的当地资料以供分析,这时应加以考虑的因素很多,如人力、能源、土地、运输等的可用程度与成本,有关的法律及政治环境。其中最重要的因素之一,是该行业是否具有大规模生产的可能性。在需要大量投资的行业中,工厂规模必须较大才能得到经济的生产成本。如果行业生产成本能随着工厂规模的扩大而降低,则应设立一个足以供应整个企业销售需要的工厂,其生产成本应最低。但是企业不能只顾生产成本,还必须考虑分销成本,因为在产品产量较高的情况下,其分销成本也较高。对生产成本与分销成本的考虑可在图 8.9 中说明。

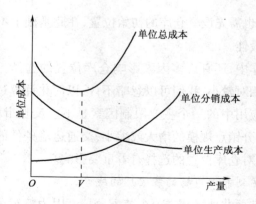

图 8.9　单一工厂的生产成本与分销成本

图 8.9 表明,随着产量的增加,单位生产成本会降低,而单位分销成本却随着需要对较远地的市场直接运送而趋于增加,因而两条曲线垂直相加所得总成本可能会因只设立一个工厂(注意此时在横轴 V 的右边)而增加。因此,当单一工厂的产量不断扩大并超过 V 点时,企业应该考

虑建立第二个工厂。尽管两个工厂的单位生产成本都较高,但其综合分销成本的降低,却使整个新的安排更为有利。所以,增设一个工厂不仅是工厂效率的问题,而且也是分销成本的问题。

上面我们所分析的是单位生产成本递减的行业情况。这种分析也适用于生产成本固定与递增的行业。由于分销成本随着产量递增,因此,那些处于成本固定或成本递增行业的企业,如果其他情况相同,则更适宜设立两个或更多的工厂,以取得比单一工厂更佳的经济效益。

(三)多个工厂,多个市场

企业还可通过由多个工厂及仓库所组成的分销系统(而不依靠大规模的工厂)来节省生产成本费用。这些企业面临两个最佳化的任务:一是短期最佳化,即在既定工厂和仓库位置上,制定一系列由工厂到仓库的运输方案,使运输成本最低;二是长期最佳化,即决定设备的数量与区位,使总分销成本最低。根据不少现代企业的管理经验,线性规划技术在短期最佳化方案的制订过程中,具有重要的应用价值。

(四)物流系统中的弹性因素

在评估不同的物流系统时,企业管理人员的重点集中于该系统的经济性与弹性问题上。企业管理人员必须慎重对待那些需要大量投资和长期投资于地区性工厂或仓库的方案。这是因为,一个行业的技术及成本会发生迅速或突然改变,以致使原估计完全破产。我们以啤酒工业为例说明这一问题。起初,很多酒厂采取设立地区性分厂的战略,以避免直接由单一工厂分送到多个市场所带来的高运送成本。但是,当分厂大量投资后,浓缩啤酒的制造技术(如浓缩橘子汁汽水技术)已经发展得很完善,因此,如果在一个酒厂集中生产浓汁,再分送到各地的装瓶厂,则可使成本大大降低,结果,那些没有实行分厂经营的企业反倒降低了成本,这表明当初采取设立分厂战略时,没有注意到未来技术创新所可能引起的弹性问题。

设计物流系统的着眼点不仅应追求目前的最大节约,而且更重要的是应注意未来的最大弹性。为了获得未来弹性而不免提高目前的一部分成本,所以物流系统的设计应考虑到企业的产品及营销战略,而不应仅仅考虑生产设备。换言之,诸如企业未来新产品—市场计划、改进产品样式与功能的计划、增加或减少中间商数量的计划等,在设计物流系统时都应考虑在内。此外,还必须考虑到环境因素的发展,特别是通信、交通运输以及自动化等技术。其他诸如自动化仓储作业、不同地点电脑作业的连贯性、集装箱化、航空货送等创新,都会对物流系统产生深刻影响,在设计物流系统时,不能不考虑到这些。

四、存货决策模型

存货决策包括存货的订购和存货的定位、配给及运输车辆安排的问题。存货决策将直接影响企业的顾客需求,直接影响企业整个营销渠道的效率。因此,存货决策对企业营销渠道具有重要的影响。下面我们将分别介绍对应上述决策问题的存货量模型和存货运输模型。

(一)存货订购决策

从成本观点来看,要求企业把存货维持到100%地避免缺货概率,实际上这是不符合经营原则的。根据统计调查,当服务水平趋近100%时,存货投资的增加率将会加快,成本也会增高。典型的成本与服务的关系可以用图8.10说明。例如,要使现有存货满足85%的订购量,企业就必须维持40万元的存货。如果服务水平提高5%达到90%,则需增加存货投资10万元。服务水平再提高5%达到95%时,则存货投资必须增加20万元。

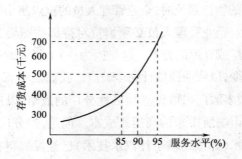

图8.10 存货成本与服务水平的关系

然而,这种投资加速的现象,并不意味着顾客服务水平的提高毫无意义。显然,服务水平的提高可以增加顾客的惠顾和销售量。但是相对于服务水平的提高,销售量究竟以何种方式来提高,则是一个难以把握的问题。该图仅告诉我们当服务水平从90%提高到95%时需要增加20万元的存货投资,并没有说明销售量与利润的增加程度何以弥补较高的投资成本。

因此,存货决策需要考虑成本与服务两因素间经常的平衡。

存货订购决策主要有两大步骤:①何时订购即订购点;②订购多少即订购量。

1. 订购点决策

存货的基本性质是在当期内随着提取而降低,因此企业的管理人员需要决定在何种剩货水平时就必须发出新的订单,以避免届时完全缺货,这个剩货水平就称为"订购点"。如果订购点为20,则表明企业所存货物降到20单位时,就必须发出订单,以保持应有的存货量。

订购点决定于订购前置时间、使用率、服务水平以及其他因素。

所谓订购前置时间,就是自订购单发出到接到货物所需要的平均时间。这段时间越长,则订购点就须越高。比如,订购后等候20天才取得货物比仅需10天所采用的订货点高,也就是必须提早订货。

所谓使用率,是指在某一段时间内,顾客的平均购买数量。使用率越高,则订购点就应越高。因此,每天销售4单位就须比每天销售2单位使用的订购点高。

所谓服务水平,是指企业希望从存货中直接用来完成顾客订单的百分比。服务水平越高,订购点就应越高。例如,如果订购前置时间为10天,每天使用率为2单位,假如企业的安全订购点为20单位,则可达到100%的服务水平(即订购点 = 订购前置时间 × 使用率),这种情形可以用图8.11加以说明。当企业存货量降为20单位时,企业必须再订货。如果企业每天存货减少2单位,则在第10天其存货为零,但此时新订购的存货已收到,所以不会出现缺货。

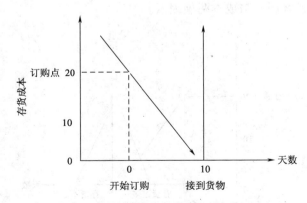

图8.11 使用率与前置时间无变动时的存货情况

假定使用率或订购前置时间中任何一项或两项同时具有变动性,则企业需要有较高的订购点,以避免缺货,这可由图8.12和图8.13加以说明。

在图8.12中,a线与b线所表示的使用率不同。a线表示1天高于

2 单位,b 线表示 1 天低于 2 单位。结果,在第 10 天 a 线出现缺货现象,而 b 线出现存货过多现象。假如使用率出现高低值的概率相同,则 20 单位的订购点出现缺货的概率也是 50%。

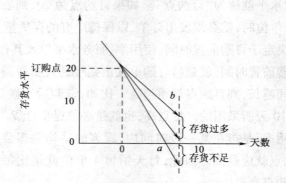

图 8.12 使用率变动对存货的影响

在图 8.13 中,假设使用率不变,订购前置时间变动。如果前置时间小于 c 线,则会出现存货过多的现象。但若大于 c 线,则会出现缺货现象。假如前置时间高低值出现的概率相同,则 20 单位的订购点出现缺货的概率为 50%。因此可得如下结论:使用率与订购前置时间变动越大,则订购点应越高。只有这样,才能达到一定的服务水平。一般把高于订购点的存货叫安全存货,这与补充存货相反。企业安全存货的大小,取决于顾客服务与成本两项因素。

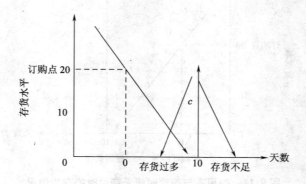

图 8.13 前置时间变动对存货的影响

由此可见,"何时订购"这一决策,乃是寻求一个最低的存货水平,当达到这一水平时,就须发出新订单。在使用率越高,订购时间越长以及在使用率及订购前置时间变动的条件下,服务水平越高,则所需的订购点也应越高。换言之,订购点由平衡缺货的风险和存货过多的成本而决定。

企业有关订购多少(即订购量)的决策直接影响企业的订购频率。订购量越大,则购买频率越低(即购买次数越少)。每次订购要花费成本费用,但保留大量存货也需要成本费用。企业在决定订购数量时,就要比较这两种不同的成本[1]。

(1)经销商的订购成本。订购成本也就是订货处理成本,对于经销商和制造商来讲有所不同。经销商的订购成本是指每次从发出订单到收货、验货所发生的成本,如物品费用(邮票、订单表格、信封等项支出)及人工费用等。不同企业对订货处理成本估计数值的差异,有些是"真实"的,即来自实际经营成本的差异;有些是"人为"的,即来自会计方法的不同。

(2)制造商的订购成本。制造商的订购成本包括装置成本与运转成本。如果装置成本很低,则制造商可以经常生产该产品,该产品的成本将变得非常牢固。然而,如果装置成本过高,制造商只有在大量生产的情况下才能降低平均单位成本。此时,企业愿采取大量生产但生产次数较少的生产方式。

(3)四种存货占用成本。一般讲,订购量受两个主要因素的影响:一是订购处理成本,二是占用成本即为维持存货而发生的成本。存货量越大,占用成本越高。

存货的占用成本大致可以分为四种:①存货空间费用。存货的保存常常需要热、光、冷冻、安全等专门的服务,这些可以租赁,也可以建造,但无论是租赁设备还是自建设备,都是存货越多,空间费用越高。②资金成本。实际上,存货也是企业投资的一种形式,因此企业会丧失投资于其他方面的机会收益。存货越多,全部存货的资金成本也就越高。③税金与保险费。企业的存货通常都须加以保险,并负担税金。在制定订购量决策时,必须考虑到这两项费用。④折旧与报废损失。企业的存货须冒损坏、降价、报废等风险。尽管这项成本难以计算,但很显然,存

① Philip Kotler and Gary Armstrong, PRINCIPLES OF MARKETING 13th Edition (Englewood Cliffs, New Jersey: Pearson Education. inc. ,2010), p.383.

货越多,这项成本越高。上述四种成本形成存货的占用成本。

(4)最佳订购量。最佳订购量可以用数学公式求得。8.14,订货处理成本与存货占用成本随着订购量的不同而改变。单位订购成本随订购量的增加而降低,单位占用成本随订购量的增加而提高(因为订购量越多,每单位被存储的时间越长)。这两条曲线垂直相加,即得到单位总成本曲线。从总成本曲线的最低点作垂直于横轴的直线,即得最佳订购量 Q^*,又称经济订购量。

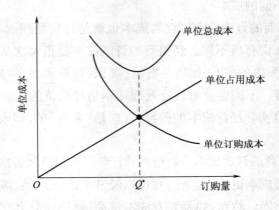

图 8.14 LAP 示意图

经济订购量 Q^* 也可以数学方法求得。假定成本取决于:订购量 Q(数量),单位成本 C(金额),每年的占用成本占单位成本的百分比 I(%),每次订购处理成本 S(金额)和每年需要量 D(数量)。可以得出三个变量:平均存货量 $Q/2$,每年订货次数 D/Q 和每年每单位占用成本 IC。则成本 T 为:

$$T = 每年订购成本 + 每年占用成本$$

$$T = 每年订购次数 \times 每次订购处理成本 + 平均存货量 \times 每单位占用成本$$

$$T = (D/Q)S + (Q/2)IC \tag{8.12}$$

令 $\dfrac{\mathrm{d}T}{\mathrm{d}Q} = 0$,得

$$Q^* = \sqrt{\dfrac{2DS}{IC}} \tag{8.13}$$

(二)存货运输决策(LAP 及 VRP)

物流管理系统中定位—运输路线安排问题的研究对降低整个物流成本具有重要的意义,达到最大限度降低物流成本,提高分销效率的

目的。

在物流管理决策中,定位—配给问题(location allocation problems, LAP)和车辆运输行程安排问题(vehicle problems,VRP)是得到较多关注的两个方面。定位—配给问题考虑设施(工厂、库存点、分销中心等)的定位与货物配给之间的相互关系,目的是对设施的数量、位置进行决策,使设施的运作成本及车辆的运输成本最低。在 LAP 中,一般认为设施到客户的运输路线是放射线状的,即运输车辆每次访问一个客户后,就返回到设施点(见图 8.15)。因此,在确定设施的位置时如果忽视了对车辆巡回行程路线的考虑,就有可能导致分销成本的增长。

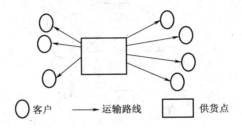

图 8.15　LAP 示意图

运输行程安排问题则是指在设施位置已知的前提下,确定车辆在各个客户间的行程路线,使得运输路线最短或运输成本最低(见图 8.16)。在 VRP 问题中,考虑了车辆在各个客户点间巡回访问的特性,提高了运输效率,并与实际情形相吻合。但在此问题中,未分析设施的选址问题,使得整个物流成本不能达到最低。

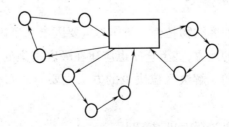

图 8.16　VRP 示意图

随着市场需求的日益多样性和不规则性,企业管理者希望能协调物流系统中的各个环节,以最低的价格,最好的服务来满足顾客的需要。因此,在 LAP,VRP 和其他物流决策模型的基础之上,产生了集成物流管理系统的概念。这种概念认为,在设施(制造厂、库存点或分销中心)相对于客户的位置,货物的配给、运输货物的车辆路线安排之间存在相互依赖的关系,根据这种关系来相应地进行综合优化与管理,应用这种集成物流管理系统的概念,一些学者对设施定位—车辆运输路线安排问题(location routi problems,LRP)进行了综合研究,通过建立 LRP 模型,对于多客户与多设施的情形,可同时解决确定设施最优数量、容量与寻求最优运输计划、路线安排之间的总体方案,从而降低物流成本,提高产品分销的效率。图 8.17 给出了一个简单 LRP 的示意图。

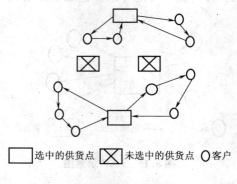

☐ 选中的供货点　☒ 未选中的供货点　○ 客户

图 8.17　LRP 示意图

关于 LAP 和 VRP 的具体决策过程涉及比较深的数学理论,限于篇幅限制在此不再介绍,有兴趣的同学可以参阅更多管理运筹学的书籍。

五、区位决策模型

如果企业把顾客购物是否方便作为重要因素来考虑,则零售机构应选择在顾客最多的地方,甚至仓库也应建在顾客密集处。这就是所谓的企业区位决策问题。解决区位决策的方法主要有回归模型法和引力模型法。

(一)区位决策的回归模型

回归模型法主要是通过建立一套最优地点选择的评价指标,这些评价指标作为回归模型的自变量,而商店销售额的大小作为因变量。然后将现有的零售店的指标带入回归模型,计算各评价指标的权重;最后利用这些指标权重并结合新地址的各项指标,我们就能评估出新地址开店的优劣,进而做出取舍决策。下面我们将详细说明这一模型。

一些大连锁商店为了评估各地点的优劣,都使用某种精制的地点选择评核表。尼尔森(Richard L. Nelson)曾设计出一种最完整、最全面的评核表,其摘要如表8.3所示。对每一个可能的地点都以表8.3中的各因素加以审核,并给予优、良、中、劣的等级评分。在评定等级时,必须做好现场调查工作。比如,要评估停车设施的等级,就必须先收集距此地点不同距离内的停车设施资料、停车费用及车辆周转率等,对每一重要因素评定等级后,企业就可知道该地点的优势和劣势。

表8.3 零售地点选择评核表

项　　　目	等级评分
	优良中劣
(一)商业区的潜力	
1.与公用事业的关联性(住宅区)	
2.已发住宅建筑许可	
3.学校招生人数	
4.新开银行账户	
5.当地报纸广告数目	
6.零售商销售量	
7.营业税	
8.特定就业	
9.一般就业	
(二)可接近性	
1.服务地点的公共运输系统	
2.服务地点的私人运输系统	
3.停车设施	
4.运输设施的长期趋势	
(三)成长潜力	
1.区划类型	
2.区划变更	
3.区划潜力	
4.公用事业变动趋势	

项　目	等级评分
	优良中劣
5. 空地市场(供住宅用地)	
6. 土地使用方式(非供住宅用地)	
7. 零售商土地使用趋势	
8. 零售店建筑趋势(新零售店建筑许可)	
9. 零售店改善情形(现有财产的修改或扩充等许可)	
10. 零售店地点趋势(零售店地点占有的变动)	
11. 每个家庭的平均收入趋势	

资料来源：Richard L. Nelson, IHE SELECTION OF RETAIL LOCATION (New York; F. W. Dodge Corp. ,1958) ,pp. 349 – 350.

尼尔森商店地点评核表并没有进一步研究出更理想的方法,但这一评核表却提供了将其定量化改进的可能。我们可以用数量(即 1,2,3,4)来代替优、良、中、劣四个等级,再根据对目前较为成功的位置特性所进行的统计回归分析,对各种不同的因素分别给以不同的权重。设 r_{ij} 为第 i 个位置第 j 个因素的等级,而 W_j 为第 j 个因素的权重,则第 i 个拟议位置的值为:

$$V_i = \sum_{j=1} W_j r_{ij} \tag{8.14}$$

(二)区位决策的引力模型

在确定商店具体位置时,雷利零售引力定律与模型可能对提高决策的科学化水平起到重要的帮助作用。现对此做一简单介绍。

美国学者雷利(W. J. Reilly)和肯沃斯(P. D. Converse)曾以引力模型为基础,提出了城市 A,B 对零售商的需求量 D_A,D_B 的模型。根据引力模型,处于两个城市 A,B(其人口分别为 P_A,P_B)之间的城镇 C(其人口为 P_C)受到城市 A, B 的营销环境力量 F_A,F_B 的影响。其中,$F_A = G\dfrac{P_A P_C}{L_A^2}$,$F_B = G\dfrac{P_B P_C}{L_B^2}$。其中, L_A 和 L_B 分别为 AC 和 BC 之间的距离,G 为参量。现在假定这两个力量的比 F_A/F_B 与两个城市的需求量之比 D_A/D_B 相等,则可得

$$\frac{D_A}{D_B} = \frac{P_A}{P_B}\left(\frac{L_B}{L_A}\right)^2 \tag{8.15}$$

该模型就是雷利模型,又称雷利零售引力定律。肯沃斯借助该模型又推导出了用 P_A 和 P_B 来表示 L_A 和 L_B 的公式,假设上式中 $\dfrac{D_A}{D_B}=1$,则

$$L_B = \frac{L_{AB}}{1 + \sqrt{P_A/P_B}} \tag{8.16}$$

式中,L_{AB} 为城市 A,B 之间的距离。

上述模型的前提条件是零售商不负责商品运送,消费者都到零售商所在城市来购买商品,因此,这里的商品价格是零售价格,而不是送货价格。

根据雷利零售引力定律,$\left(\dfrac{L_A}{L_B}\right)^2 = \left(\dfrac{P_A}{P_B}\right)$ 的前提是 $\dfrac{D_A}{D_B}=1$,设有 A,B 两大零售商,相距 l 公里,零售商 A 所在地区的入口 p 位于零售商 B,则 A 至市场范围边界线上任意一点之距离的平方将等于 p 位于 B 至该点距离的平方。在图 8.18 中,A 的位置在原点,而 B 位于横轴上距 A 点 l 公里处。A 和 B 市场边界线上有任意一点 $X(x,y)$。

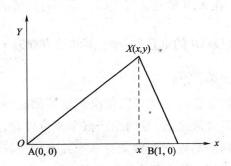

图 8.18　雷利零售引力定律

这样,雷利定律可以表述为:

$$y^2 + x^2 = p\left[y^2 + (x-l)^2\right]$$

即
$$y^2 + x^2 = p(y^2 + x^2 - 2xl + l^2)$$

则
$$y^2(1-p) = -x^2(1-p) - 2xpl + l^2 p$$

故
$$y^2 = \frac{l^2 p}{1-p} - \frac{2xpl}{1-p} - x^2 \tag{8.17}$$

令
$$Z = x + \frac{pl}{1-p} \tag{8.18}$$

则
$$Z^2 = x^2 + \frac{2xpl}{1-p} + \left(\frac{pl}{1-p}\right)^2$$

$$-x^2 = -Z^2 + \frac{2xpl}{1-p} + \left(\frac{pl}{1-p}\right)^2$$

代入式(8.17)　　$$y^2 = \frac{pl^2}{1-p} - \frac{2xpl}{1-p} - Z^2 + \frac{2xpl}{1-p} + \left(\frac{pl}{1-p}\right)^2$$

$$y^2 = \frac{pl^2}{1-p} + \left(\frac{pl}{1-p}\right)^2 - Z^2$$

$$y^2 + Z^2 = \frac{pl^2}{(1-p)^2}$$

这是一个半径为 $\frac{l}{1-p}\sqrt{p}$ 的圆的轨迹方程,若圆心在 $Z=0$ 处,将 $Z=0$ 代入式(8.18),得

$$x = \frac{pl}{p-1}$$

因此,A 至圆心距离为 A,B 间距离 l 的 $p/(p-1)$ 倍。若 $p>1$(即 A 所在地区的人口数较大),圆心将在图 8.17 中 B 的右侧,至 B 的距离为 $\frac{pl}{p-1} - l = \frac{l}{p-1}$。在 A,B 所在地区人口相等的特殊情况下,无圆,但有一条直线边界,即线段 AB 的垂直平分线,其轨迹方程为 x $= \frac{l}{2}$。

(三)区位决策案例

下面以美国雷克公司为例对区位决策模型做进一步说明。雷克公司建于第二次世界大战之后,专门生产汽车座位外套,其经销网是某些专门销售雷克公司产品而财务独立且享有独家特许权的经销商所共同组成的。本例所作的决策主要有地区选择以及地点选择。

1.地区选择

首先评估各地区的利润潜量。假设有若干个地区$(1,2,3,\ldots,n)$将予评估,令 Z_i 为 i 地区的预期利润潜量,X_i 为本公司为开发该地区所建议的投资金额。由于预期利润随着开发费用的改变而改变,用函数式表示就是 $Z_i = f(x_i)$,所以较大的零售点、较好的中间商或较大的促销预算,就可以取得较高利润,尽管增加的利润在投资超过某一水平时会有递减现象。图 8.19 可用来说明这种关系。

从图 8.19 可以看出,雷克公司可能投资 X_A 于 i 地区,由此利润可达到最高水平。但是,这种做法似乎有些缺陷。因为当公司增加$(X_A - X_B)$的投资时,利润的增加量仅仅为$(Z_A - Z_B)$,也就是说,公司可能获得的边

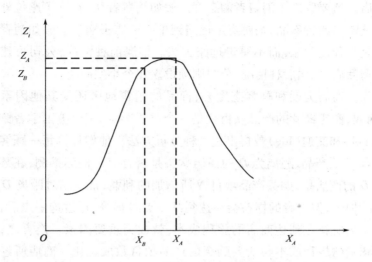

图 8.19　不同投资额的预期利润

际利润很小。如果将这笔增加的投资用在其他地区,也许能获得更大的边际利润。因此,公司应选择的最佳区位乃是增加的投资用于所有现在或考虑之中的地区获得相等的边际利润的地方。

现在的问题是,能否预估这一函数关系 $Z_i = f(x_i)$。毫无疑问,利润是地区成本与地区需求性质的复合函数。在这里,与地区本身有关的成本性质(如土地成本或广告费等)通常不难确定,难在确定该地区的潜在需求。

雷克公司首先举出 300 个对过去或未来销售有影响的变量,公司研究部门将各变量分别加以逻辑推理分析,发现与销售量有密切关系的变量只有 150 个,因而 300 个因素无法全部用于多元回归分析中。公司的研究部门再进一步仔细分析,认为可以减少成 74 个因素,其回归相关系数 $R^2 = 0.98$。最后,又有些因素被取消,仅剩 37 个,这时的相关系数 $R^2 = 0.92$。这样雷克公司将这 37 个因素的有关资料代入有关方程式,推测任何新地区的市场潜量。

2. **地点选择**

公司在确定了某几个市场潜量大的地区后,还须进一步决定建立多少销售机构(主要是指零售店),以及应设在哪些特定地点。假如旧金山是一个具有较大市场潜量的市场,在同样的投资额下,雷克公司可以在中心地段设立一个大型零售店,也可以在各个不同位置设立几个较小的零售店。这要取决于消费者的态度。假如消费者认为,汽车座位外套是一种选购品或特殊品,则愿意走远路到中心商店去购买。假如消费者认为它是一种便利品,而不愿走远路去买。如属前种情况,公司可建立一个大型商店,如属后种情况,公司则须设立几个小型商店。

除了商店类型和顾客态度外,商品的销售地区还受其他因素的影响,例如,商店经营的产品项目就是一个重要影响因素,美国学者鲍摩尔(Baumol)和艾迪(Ide)曾提出过一种分析方法。他们计算每一顾客向一个拥有 N 项产品、距离为 D 的商店购买是否合算。他们推测,在某一距离为 D 的商店里,购买产品项目 N 所增加的利益,常常超过距离 D 增加所受的损失,但二者的损益会在达到某一点时相等,超过这一点后,消费者为购买所花在到达商店的旅程成本,就成为重要因素。换言之,顾客所愿花费的旅程成本与所要购买的产品项目数成正比。商店所经营的产品项目越多,就越能吸引顾客多走几步。

除了项目 N 及距离 D 之外,i 地区内 I 商店所给顾客的预期效用还受许多因素的影响,如商店形象、送货速度、信用条件、服务水平、促销方式和停车设施等。

假如可以求得这一效用与各变量的关系,则可以大致选择出最佳商店地点和商店规模,比如,现有三个拟议的地点,分别为地点 A,B,C,对于居住在 i 地区的消费者各地点所能提供的效用分别为 40,30 和 10。这时,该消费者可能到地点 A 购物的概率,应为地点 A 的效用除效用总和(即为 0.5 = 40 ÷ 80)。假设 1 000 位偏好相同的消费者聚居于 i 地区,则可预期其中的一半(即 500 人)可能要惠顾地点 A。如果再深入分析,又可将 i 地区消费者的主要社会经济特性进行分门别类,因为"消费者类型"与"商店类型"之间存在着相互作用的关系;这种社会经济特性可作为一般函数的一部分,也可对每一类消费者设立一个效用函数来处理。

在实践上,各公司对于各个可能销售地点的市场潜量的分析调查方法会大相径庭。小公司常利用人口调查资料及简单的交通流量资料来作为决策的参考或依据。大公司则有能力进行消费者购买习惯调查,并进行广泛的销售预测。

在西方国家,有些企业还在一定的指导思想下进行区位选择,以节省时间。以下是某大百货公司的选址原则:

(1)商店每年销售额必须达到 2 亿美元。

(2)商店必须设在公共汽车一次就可以到达即不必换车的地方。

（3）商店必须设在人口及收入都具有成长潜力的地区，而不应设在繁荣已过的地区。

（4）每一商店应用租赁方式，而不是购买方式。

尽管上述经验性的原则有可能使公司忽视非常好的地点，但却为公司节省了许多费用。

也有些大企业在对各拟议地点进行更详尽的分析时，准备该地区的地图，借助地图可了解该地区的人口密度及各竞争企业的地点，并了解该地区的交通要道及交通流量。此外，通过观察竞争企业停车场的车牌，或向竞争商店打听顾客来源等途径，都可以获得有用信息。企业的房地产部门还要决定该地点的成本及可用性，处理此事须小心谨慎，以免引起房地产商的投机行为。

然后，还要评估各地点的商业潜量。以拟议地点为圆心，分别画出不同半径的同心圆，以标明主要商业区、次要商业区及边远商业区。所谓次要和边远商业区，都是指距企业拟议地点较远而距竞争企业地点较近的地区。这两个商业区的人均购买量一般要比主要商业区小。

第九章 促销组合与广告决策模型

现代市场营销不仅要求企业开发适销对路的产品,制定吸引人的价格,分销市场需要的产品,而且还要求企业控制其在市场上的形象,设计并传播有关产品外观、特色、价值、利益等方面的信息,即进行促销活动。

第一节 促销组合及其决策概述

一、促销组合的相关概念

促销组合是指企业根据促销的需要,对广告、销售促进、推销与公共关系等各种促销方式进行的适当选择和综合编配。企业运用促销组合与中间商、消费者进行接触和沟通。从促销的历史发展过程看,企业最先划分出推销职能;其次是广告;再次是销售促进;最后是公共关系①。

在现实中,企业在制定促销战略时面临的最大问题是:如何在各促销工具之间合理分配促销预算。一般来说,企业在将促销预算分配到各种促销工具时或在确定促销组合时需要考虑如下因素:

(一)产品类型

主要是指产品是消费品还是产业用品。从西方营销发展史看,消费品与产业用品的营销沟通组合是有区别的(见图 9.1)。广告一直是消费品营销的主要促销工具,而人员推销则是产业用品营销的主要促销工具。销售促进在这两类市场上具有同等重要的位置。

上述情况曾一度使不少营销管理人员误认为广告在产业用品营销中不重要,而人员推销在消费品营销上不重要。这种观点是片面的、错

---

① Philip Kotler & Gary Armstrong, *Principles of Marketing*, 13th Edition, New Jersey: Pearson Education, Inc., 2010, p. 462.

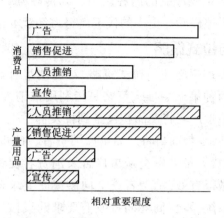

消费品

广告
销售促进
人员推销
宣传

产业用品

人员推销
销售促进
广告
宣传

相对重要程度

图9.1　消费品市场与产业用品市场上各种促销工具的相对重要程度

误的。的确,在产业用品营销中坊间推销通常比广告更具影响力,尤其当产品比较复杂时。但是,广告在产业用品营销中也执行着十分重要的职能,诸如:①建立知晓。不知道企业及其产品的潜在顾客可能会拒绝与推销员见面,即使顾客同意与推销员见面,推销员也可能需花很多时间来描述企业及其产品。而广告则有助于省去这些麻烦。②建立理解。广告可以宣传产品的新特色,帮助顾客正确理解产品。③有效地提醒。假如潜在顾客已经知道该产品但尚未准备购买,则可利用广告有效地提醒顾客尽快购买该产品,这要比推销访问更省钱。④提供线索。附有回寄赠券的广告可以为推销人员提供线索,使其推销工作方向明确。⑤证明有效。推销人员可以利用企业的印刷广告,证明其企业及产品的有效性、合法性。⑥再度保证。广告可以提醒顾客如何使用产品,并且再度保证他们的购买。

　　在营销实践中,正如许多产业用品营销人员轻视广告的作用一样,也有不少消费品营销人员轻视人员推销的作用。在许多生产经营消费品的企业里,其推销员的工作仅限于收集代理商提供的订单,看看货架上是否有足够的存货。因此,人们一般的感觉是"推销员把产品放在货架上,而广告把产品卖掉"。但是,如果企业重视推销员的作用,那么一个训练有素的推销员还可为消费品营销作出如下重要贡献:①增加货位。那些具有较强说服力的推销员,可以说服代理商储存更多的本企业产品,为本企业产品提供更多的货位空间。②培养热情。具有较强说服力的推销员能够将有计划的广告以及对代理商的销售促进戏剧化,从而培养起代理商对本企业产品的满腔热情。③传教推销。训练有素的推销员能够像传教士那样劝导更多的代理商努力经营本企业产品。

（二）推式与拉式策略

企业是选择推式策略还是拉式策略,对促销组合也具有重要影响。图9.2表明了这两种策略。推式策略是指利用推销人员与中间商促销将产品推入渠道。生产者将产品积极推到批发商手上,批发商又积极地将产品推给零售商,零售商再将产品推向消费者。拉式策略是指企业针对最后消费者,花费大量的资金从事广告及消费者促销活动,以增进产品的需求。如果做得有效,消费者就会向零售商要求购买该产品,于是拉动了整个渠道系统,零售商会向批发商要求购买该产品,而批发商又会向生产者要求购买该产品。企业对推式策略和拉式策略的偏好各有不同。这种策略选择显然会影响各种促销工具的资金分配。

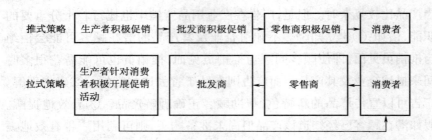

图9.2　推式策略与拉式策略

（三）沟通任务

确定最佳沟通或促销组合,尚需考虑沟通任务或促销目标。相同的促销工具在实现不同的促销目标上,其成本效益会有所不同。例如,尽管经营产业用品的企业花在人员推销上的钱远远高于广告费用支出,但是所有促销目标只靠人员推销去实现也是不切实际的。图9.3揭示了国外不少学者在这方面的研究发现。广告、销售促进和宣传在建立购买者知晓方面,比人员推销的效益要好得多。在促进购买者对企业及其产品的了解方面,广告的成本效益最好,人员推销次之。购买者对企业及其产品的信任,在很大程度上受人员推销的影响,其次才是广告。购买者订货与否以及订货多少主要受推销访问的影响,销售促进则起协调作用。上述发现具有十分重要的实践价值:①企业可在推销工作的最初阶段派出少量推销人员,而将推销力量集中在推销工作的关键部分(即达成交易),这样,就可以提高促销的经济效益,克服促销工作的盲目性,以有限的投入取得最大的产出。②当企业试图利用广告这一促销工具去实现更多的促销目标时,应注意采取不同的形式,有些用来建立产品知晓,有些则用来促进购买者对企业及其产品的了解。

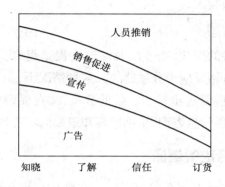

图 9.3 在不同购买准备阶段促销组合的成本效益

(四)产品生命周期阶段

在产品生命周期的不同阶段,促销支出的效果也有所不同。

在产品生命周期的介绍期和成熟期,促销是一个十分重要的市场营销组合因素。这是由于新产品初上市时消费者对其不认识、不了解,必须通过促销活动来吸引广大消费者的注意力。

在介绍期,广告与销售促进的配合使用能促进消费者认识、了解企业产品。

在成长期,社交渠道沟通方式开始产生明显效果,口头传播越来越重要。如果企业想继续提高市场占有率,就必须加强原来的促销工作。如果企业想取得更多利润,则宜于用人员推销来取代广告和销售促进的主导地位,以降低成本费用。

在成熟期,竞争对手日益增多,为了与竞争对手相抗衡,保持住已有的市场占有率,企业必须增加促销费用。这一阶段可能发现了现有产品的新用途,或推出了改良产品,在这种情况下,加强促销能促使顾客了解产品,诱发购买兴趣。运用赠品等促销工具比单纯的广告活动更为有效,因为这时的顾客只需提醒式广告即可。

在衰退期,企业应把促销规模降到最低限度,以保证足够的利润收入。在这一阶段,只用少量广告活动来保持顾客的记忆即可,宣传活动可以全面停止,人员推销也可减至最小规模。

由上可知,在整个产品生命周期中,企业所应采取的促销组合依各个阶段的不同而有所不同。总的来看,在介绍期和成熟期,促销活动十分重要;而在成长期和衰退期,则可降低促销费用支出,缩小促销规模,以保证足够的利润收入。

(五)经济前景

随着经济形势的变化,企业应及时改变促销组合。例如,在通货膨胀时期购买者对价格反应十分敏感。在这种情况下,企业至少可采取如下对策:①提高销售促进相对于广告的分量;②在促销中特别强调产品价值与价格;③提供信息咨询,帮助顾客知道如何明智地购买。

二、促销组合决策概述

促销组合决策分为两个层面:第一,在整体层面如何确定最佳促销组合,即如何在各种促销工具之间进行资源分配;第二,在微观层面如何对某种具体的促销工具(广告、销售促进、推销与公共关系)进行相应的操作决策。具体如表9.1所示。

表9.1　促销决策分类表

整体层面	最佳促销组合决策			
微观层面	广告决策	人员推销决策	销售促进决策	公共关系
	1. 广告预算决策	1. 销售人员管理	1. 销售促进方法选择	无
	2. 广告创意与文案	2. 销售队伍规模	2. 销售促进效果评估	
	3. 广告媒体展示	3. 销售工作安排		
	4. 广告效果评估	4. 销售区域设计		

如表9.1所示,企业的促销策略首先要决定如何在各种促销工具之间进行选择和资源分配。然后对选定的促销工具进行进一步的操作,其中各种决策所包括的内容如下。

(一)广告决策

1. 广告预算决策

在进行广告前,首先要测算广告所能、所需要的经费预算,这也是广告决策中最重要的部分;主要的广告预算决策模型有:ADBUDG 模型,拉奥—米勒法以及 ADVISOR 法。

2.广告创意与设计

即如何依据广告目标进行广告创意,并将广告创意转化为具体可操作的广告文案。产生广告创意的方法主要有头脑风暴法,在第三章对该方法有较为详细的说明,本章主要介绍广告文案测试方法。

3.广告媒体展示

在获得合适的广告创意及文案后下一步就要决定广告媒体的展示方案。在此我们将介绍广告媒体展示的相关概念及媒体展示决策模型。

(4)广告效果评估,广告的效果评估是广告推出前的最后一关,具有良好效果的广告才值得推向市场。广告效果评估一般是在实验条件下进行的,其理论基础为广告反映模型。

(二)人员推销决策

1.销售人员管理

主要内容包括销售人员的筛选、激励和评价。

2.销售队伍规模决策

销售人员是企业最有生产价值、花费最多的资产,销售队伍的规模直接影响着销售量和销售成本的变动。因此,销售队伍规模是人员推销决策中的一个重要问题。

3.销售工作安排

主要考虑在销售队伍规模既定的条件下,销售人员如何在产品、顾客和地理区域方面分配时间和资源,CALLPLAY 模型是解决该问题的有效手段。

4.销售区域设计

即如何对销售人员的销售区域进行设计,在销售区域设计模型中,GEOLINE 模型是最为出名的。

(三)销售促进决策

1.销售促进方式的选择

销售促进的方式有很多,如优惠券、样品、降价等,如何对这些销售促进方式进行选择是该决策需要解决的问题。

2.销售促进效果评估

即对销售促进可能带来的效果进行评估,库恩—伦洛夫模型和拉奥—利廉模型是较为常用的销售促进效果评估模型。

（四）公共关系决策

公共关系的目标是促使公众了解企业形象，其主要职能有：信息监测、舆论宣传、沟通协调以及危机处理。因此，公共关系也具有长期性和不稳定性，没有常规的决策流程，因而我们对其不再做过多介绍。

本章主要介绍整体层面的促销组合决策模型及广告决策模型，在下一章（第十章）我们将介绍人员推销决策模型及销售促进决策模型。

第二节　最优促销组合模型

如上所述，企业要想收到理想的促销效果，就必须像对待营销组合那样，对目标市场制定相应的促销组合。因此，以何种方式对促销组合四因素进行有机地配合、运用，以取得最好的促销效果，就成为营销学者历来高度重视的问题。从前面的介绍可知，促销组合受一系列因素影响，诸如产品类型、市场类型、企业资源、促销目标与政策、促销成本、促销工具的可得性、产品生命周期阶段、经济发展阶段以及商业周期等。然而，从许多重要的营销著作看，在探讨促销组合模型时，最主要的考虑因素是产品类型。而最典型的产品类型划分方式，是将形形色色的产品划分为产业用品和消费品。下面，对西方营销学界提出的各种促销组合模型作一评价①。

一、斯摩博恩模型

1972 年，英国营销学者斯摩博恩（D. W. Smallbone）在其《营销实务》一书中提出了斯摩博恩模型。该模型是迄今为止最简单易懂的模型，被西方营销学界广为引用。该模型将产品划分为四种类型，即：快速周转消费品、耐用消费品、快速周转产业用品和耐用产业用品。该模型表明，耐用产业用品的主要促销工具应是推销人员，而快速周转消费品的主要促销工具应是广告。由于产品类型不同，各种促销工具的相对重要程度也不同，因而投向各种促销工具的费用支出也不同。斯摩博恩认为，该促销组合模型是最佳模型。该模型的优点是简单明了，便于应用。但它

---

① 郭国庆：《西方促销组合最佳模型评介》，《云南财贸学院学报》，1987 年第 1 期，第 40 － 44 页。

只考虑了广告与人员推销两种促销工具,而忽略了销售促进与宣传。

二、布恩—库尔茨模型

1980 年,美国营销学者布恩(L. E. Boone)和库尔茨(D. L. Kurtz)在其合著的《现代市场营销》一书中,提出了一种矩阵模型,如表 9.3 所示。该模型将产品划分为四种类型,即:低值消费品、高值消费品、低值产业用品和高值产业用品。这四种产品因类型不同和价值不等,在企业促销活动中,各种促销因素的使用率也不尽一致。例如,对低值消费品来说,其促销工具应以广告为主;对高值产业用品来说,其促销工具应以人员推销为主。

表 9.2　广告与人员推销的使用率比较

产品类型	广告使用率	人员推销使用率
低值消费品	高	低
高值消费品	高	高
低值产业用品	中	高
高值产业用品	低	高

这种模型比前一种模型的表述更为准确,其不足之处同样是忽视了销售促进和宣传两种促销工具。因此,它也是有缺陷的。

三、麦卡锡模型

1981 年,美国营销权威人士麦卡锡(E. J. McCarthy)在其《基础营销学》一书中,提出了一种反映数量变化的模型,如表 9.3 所示。该模型运用定性分析与定量分析相结合的方法对促销组合问题进行了研究、探索,这在促销组合模型的研究上是一个重大突破。该模型考察了经营不同产品的各种企业对广告和人员推销的强调程度,将众多的企业划分为三类,即:生产经营名牌产品(且产品已有固定分销渠道)的企业;既生产经营消费品又生产经营产业用品的企业;小企业以及生产经营差异性消费品或产业用品的企业。由表 9.3 可以看出,生产经营名牌产品的企业应将广告作为其主要的促销工具,生产经营差异性消费品或产业用品的企业以及其他小企业应将人员推销作为其主要的促销工具。

表 9.3　企业促销组合模型（广告与人员推销的比率）

10:1	5:1	→1:1→	1:5	1:10
对广告的强调程度		对人员推销的强调程度		
生产名牌产品（且产品已有固定分销渠道）的企业		既生产消费品又生产产业用品的企业	小企业以及生产差异性消费品或产业用品的企业	

四、盖德克—图特利安模型

1983 年,美国市场营销学者盖德克(P. M. Gaedeke)和图特利安(D. H. Tootelian)在其合著的《营销学原理与应用》一书中,提出了一个更容易被人理解,表达更为清晰的促销组合模型,如图9.4 所示。该模型的明显缺陷是没有涉及销售促进与宣传两种促销工具。

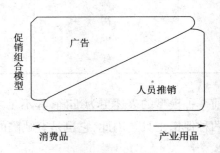

图9.4　在消费品市场和产业用品市场上的广告和人员推销

五、科特勒模型

1980 年,美国营销学界权威人士菲利普·科特勒在《营销管理》(第4 版)一书中,提出了一个新的促销组合模型,如图9.5 所示。该模型将产品划分为消费品与产业用品,进而表述了这两类产品所采用的促销因素。由图9.5 可以看出,消费品的主要促销工具应是广告,而产业用品的主要促销工具应是人员推销。该模型表述了广告、宣传、销售促进和人员推销在消费品市场和产业用品市场上的地位、作用,具有高度的科学性,因而该模型已为国内外营销学界广泛引用。

值得注意的是,科特勒在《营销管理》(1984 年第 5 版)和《营销学原理》(1983 年第 2 版)中,将促销组合模型作了改进,并且沿用至 20 世纪

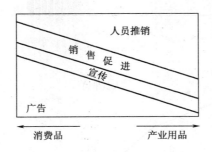

图9.5 消费品市场与产业用品市场的促销组合

80年代末。该模型是国内外市场营销学界公认的最新模型①。

上述所有模型,揭示了这样两个重要原理:①对于消费品来讲,其促销组合的主要工具应是广告;②对于产业用品和资本品来讲,其促销组合的主要工具应是人员推销。这是国内外营销学界目前一致公认的两条重要原理。

六、阿布莱特—韦斯惠曾模型

1986年,南非共和国的两位营销学者罗素·阿布莱特(Russell Abrad)和布莱恩·韦斯惠曾(Brian1. C. Van der Wethuixen)对上述模型及其所揭示的原理提出了异议。他们在约翰内斯堡等城市选择了具有代表性的25家大公司作为战略业务单位(SBU),并将其划分为五个部门:①消费品生产部门,由10家公司组成,其中5家公司属于快速流转的非耐用消费品(如食品及其连带产品)生产部门,5家公司属于耐用消费品(如家具、电器、汽车等交通运输工具)生产部门;②服务部门(如银行、金融机构、出租汽车公司等),由5家公司组成;③产业用品(如原材料、零部件等)生产部门,由5家公司组成;④资本品(如重型机械设备)生产部门,由5家公司组成。他们对上述公司的促销组合及促销费用支出情况进行了调查,并依照部门划分。对各公司1984年上半年至1985年1月投在4种促销工具上的实际费用支出额占企业销售总额的百分比进行分析、研究,得出如图9.6所示的结论。

第一,由于所生产经营产品的性质和类型不同,各个部门投在促销

①　在1991年出版的《营销管理:分析、计划、执行和控制》(第7版)一书中,菲利普·科特勒将该图中的"宣传"换成了"公共关系",其余没有实质性变动。

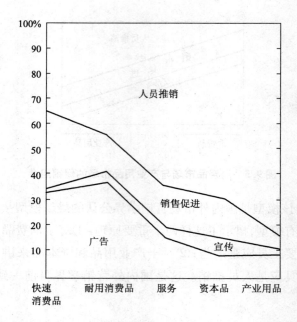

图 9.6 一种新式的促销组合最佳模型

活动上的费用支出是不一样的。促销费用支出额占销售额的平均百分比,在快速流转消费品部门为 11.48%,耐用消费品部门为 4.73%,服务部门为 7.2%,产业用品部门为 4.39%,资本品部门为 4.19%。

第二,在营销学经典著作所阐述的两个重要原理中,前一个是错误的,而后一个是可取的。也就是说,企业在进行促销活动时,对人员推销应给予高度重视。

第三,传统的营销学教科书有关促销组合模型的描述过于简单,以致与实际背离太远,既不能反映企业营销的实际情况,又不能用于指导企业的营销实践。两位营销学者认为,图 9.6 是企业应采用的最佳促销组合模型。

最后,两位营销学者还宣称,尽管整个研究是以南非市场的数据资料为基础的,但是得出的结论与提出的最佳模型同样适用于西欧市场和美国市场。

我们认为,南非两位营销学者的研究结论及其提出的"促销组合最佳模型",在我国企业营销实践中虽不见得完全适用,但是,他们的研究方法却值得我们学习和借鉴。我们不妨借鉴他们的方法,对我国企业营销活动进行深入细致的调查研究,进而提出既能反映我国企业营销实践又能指导企业经营管理活动的"促销组合最佳模型"。对于促销组合模型的研究是这样,对于整个营销理论体系的研究与建立也应如此。

第三节 广告决策模型

广告决策包括广告预算决策、广告创意决策、广告设计展示决策及广告效果评估。其中,广告创意一般使用头脑风暴法,该方法在第三章已经有所介绍,在此不再赘述,需要注意的是广告创意并不是完全天马行空的想法,成功的广告创意需要与企业的形象、广告目标相匹配。在此,我们重点介绍广告预算决策、广告设计展示决策及广告效果评估方法。

一、广告预算决策方法和模型

广告预算决策是企业促销组合中最重要的决策之一。在这里主要介绍四种最为常用的方法和三种定量决策模型。

(一)广告预算决策方法

常用的广告预算决策方法主要有四种:量力而行法、销售百分比法、竞争对等法和目标任务法。

1.量力而行法

量力而行法即按照企业支付得起的数额制定广告预算。比如,公司能给营销经理150万元广告费,那么广告预算就为150万元。

这种广告支出与销售收入之间几乎没有什么关系,其思想是公司应当把它能用的资金用在广告上。这种方法的弱点是:①导致了广告预算的波动,企业很难为长期市场发展做规划;②广告与销售无关,广告效果无法客观评价。

2.销售百分比法

销售百分比法即公司以销售额(现实销售额、预期销售额均可)的一定百分比作为广告支出。比如,公司可以把今年总收入的2%作为来年的广告支出。该方法的主要优点是:①广告支出基本随公司可支付资金的变化而变化;②该方法鼓励经理考虑广告成本、售价与单位利润之间的关系;③如果竞争对手也花费大致相同比例的广告费,有利于保持竞争的稳定。

虽然优点明显,但该方法也有一定的缺陷,如该方法采用了循环推理,使销售额成为决定广告的因素,而不是广告带来的结果;该方法不能鼓励企业为不同产品、不同销售区域分配广告费用,而是按照销售额的统一百分比分配所有资金。该方法适于中小企业运用。

3.竞争对等法

竞争对等法指企业比照竞争者的广告开支来决定本企业广告开支的多少,以保持竞争上的优势。在营销管理实践中,不少企业都喜欢根据竞争者的广告预算来确定自己的广告预算,造成与竞争者旗鼓相当、势均力敌的对等局势。如果竞争者的广告预算确定为100万元,那么本企业为了与它拉平,也将广告预算确定为100万元甚至更高。

采用竞争对等法的前提条件是:

(1)企业必须能获悉竞争者确定广告预算的可靠信息,只有这样才能随着竞争者广告预算的升降而调高或调低自己的广告费用。

(2)竞争者的广告预算能代表企业所在行业的集体智慧。

(3)维持竞争均势能避免各企业之间的广告战。

但是,事实上,上述前提条件很难具备。这是由于:

(1)企业没有理由相信竞争者所采用的广告预算确定方法比本企业的方法更科学。

(2)各企业的广告信誉、资源、机会与目标并不一定相同,可能会相差甚多,因此某一企业的广告预算不一定值得其他企业效仿。

(3)即使本企业的广告预算与竞争者势均力敌,也不一定能够稳定全行业的广告支出。

4.目标任务法

目标任务法需要企业尽量明确具体地确定广告目标;明确实现这些目标所必须完成的任务;估算完成这些任务所需要的成本。

运用目标任务法,企业在编制总的广告预算时,先要求每个经理按照下述步骤准备一份广告预算申请书:

(1)尽可能详细地限定其广告目标,该目标最好能以数字表示。

(2)列出为实现该目标所必须完成的工作任务。

(3)估计完成这些任务所需要的全部成本。这些成本之和就是各自的经费申请额,所有经理的经费申请额即构成企业所必需的总的广告预算。

这种方法对广告主具有很强的吸引力,应用也很广泛。该方法主要缺点在于:没有从成本的观点出发来考虑某一广告目标是否值得追求的问题。比如,企业的广告目标是下年度将某品牌的知名度提高20%,这时所需要的广告费用也许会比实现该目标后该品牌对利润的贡献额超出许多。因此,如果企业能够先按照成本来估计各目标的贡献额(即进行成本效益分析),然后再选择最有利的目标付诸实现,则效果更佳。实际上,这种方法被修正为根据边际成本与边际收益的估计来确定广告预算。

前面简要介绍了确定广告预算的一般方法。当然,方法不仅仅这几种。问题的关键是,究竟哪一种或哪些方法最为广泛使用。1981年,帕蒂(Charles Patti)和布拉斯科(Vincent Blasko)对名列1980年美国《广告时代》周刊前100名的著名广告主作了一次调查(其调查结果即表9.4中的B栏)。他们与另外两位学者圣·奥斯汀(San Augustin)和法雷(Farley)的研究发现(即表9.4中的A栏)进行了对比。调查表明,在这100家著名广告主中,最常使用的方法是目标任务法,其次为预期销售百分比法,以及各种不同的计量法(见表9.4)。越来越多的广告主开始加强适当地规划和编制广告预算而较少强调经验判断。

表9.4 受访者使用每种方法的百分比

方法	A	B	A－B	Z*	P	显著程度
计量方法	4	51	47	－6.38	0.000 0	0.05
目标任务法	12	63	51	－7.78	0.000 0	0.05
预期销售百分比法	52	53	1	0.11	0.456 2	不显著
预期销售单位法	12	22	10	－1.63	0.051 6	不显著
上年销售百分比法	16	20	4	－0.6	0.272 5	不显著
上年销售单位法	12	不详**	不详	不详	不详	不详
量力而行法	28	20	－8	1.25	0.105 6	不显著
武断法	16	4	－12	2.58	0.004 9	0.05
竞争对等法	不详	24	不详	不详	不详	不详
其他	20	不详	不详	不详	不详	不详

*Z±1.96＝显著。

**此法不包括在该项研究中。

资料来源:Journal of Advertising Research,December,1991,P.25.

(二)广告预算决策模型

上面我们介绍了广告预算决策中常用的一些方法,下面我们介绍三种用于广告预算决策的定量分析模型。

1. 销售反应与衰减模型

最初的广告预算模型试图测量出广告费用支出与销售额之间的直接关系。假如企业已知"销售—广告曲线"的形状,那么利润达到最大值时的广告费用额就是最佳广告预算。美国学者韦达尔(M. L Vidale)和沃夫(H. B. Wolfe)认为,销售—广告曲线自原点起呈凹型,即增加的广告支出会产生连续收益递减现象。他们曾提出一个销售反应模型。在该模型中,时间 t 时的销售率变化是三个因素的函数:销售反应常数、销售饱和水平、销售衰减常数。其基本方程式为:

$$\frac{\mathrm{d}S}{\mathrm{d}t} = rA\frac{M-S}{M} - \lambda S \tag{9.1}$$

式中,S 为时间为 t 时的销售率;$\frac{\mathrm{d}S}{\mathrm{d}t}$ 为时间为 t 时的销售变化率;A 为时间为 t 时的广告费用率;r 为销售反应常数(即 $S=0$ 时每元广告费所产生的销售额);M 为销售饱和水平:λ 为销售衰减常数(即当 $S=0$ 时单位时间的销售损失);$S,\frac{\mathrm{d}S}{\mathrm{d}t}$,A 为变量;r,M,λ 为参数。

公式表明,销售反应常数越大,广告费用越多,销售饱和水平越高,衰减常数越小,则销售率的增加(变化)就越大。

【例1】假设销售反应常数为4,目前销售额为40 000元,销售饱和水平为100 000元,广告费用支出为零时单位时间的销售损失率为0.1。在这种情况下,如果广告费用支出为10 000元,那么企业预期销售额将增加20 000元,即

$$\frac{\mathrm{d}S}{\mathrm{d}t} = 4 \times 10\,000 \times \frac{100\,000 - 40\,000}{100\,000} - 0.1 \times 40\,000 = 20\,000(元)$$

假如在20 000元销售额中边际利润率超过50%,就值得花这10 000元的广告费,因其成本与效益刚好两平,即损益相等,收支平衡①。

2. ADBUDG 模型

利特尔(J. D. C. Little)开发出一种 ADBUDG 模型②。其主要研究市场份额对广告支出的反应,没有明确地考虑竞争效应,该模型假定:

(1)先将广告预算削减至零。市场占有率虽然减小,但存在最小值,

① H. L. Vidale and H. B. Wolfe, "An Operations Reacarch Study of Saleas Reaponse to Advertising", OPERATIONAL PESEARCH QUARTERLY, Vol. 5(1957), PP. 370 – 381.

② J. D. C. Little, "Models and Managers: Concept of a Decision Calculus", Managenxnt Science, April 1970.

而且该最小值是可以测算出来的。

（2）最大限度地将广告预算扩大到饱和水平。市场占有率会随之增加，但存在最大值，它也是可以测算出来的。

（3）为了维持最初的市场占有率，要保持必要的广告预算水平，这也可以得到相应的数据。

（4）当广告预算水平比维持原市场占有率的必要广告预算水平高50%时，其市场占有率的增加可以根据数据和经验测算出来。

上述假定前提如图 9.7 所示。将上述测算值代入预算—占有率反应函数。可得如下方程组：

$$M = \min + (\max - \min)\frac{(AC)^{\alpha}}{\beta + (AC)^{\alpha}} \tag{9.2}$$

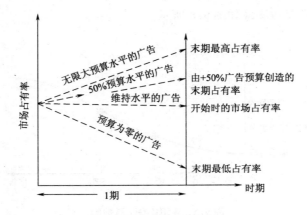

图 9.7　ADBUDG 模型的前提

$$\begin{cases} M_0 = \min + (\max - \min)\dfrac{(AC_0)^{\alpha}}{\beta + (AC_0)^{\alpha}} \\[3mm] M_{50} = \min + (\max - \min)\dfrac{1.5AC_0^{\alpha}}{\beta + (1.5AC_0)^{\alpha}} \end{cases} \tag{9.3}$$

式中，M_0 为初期市场占有率；AC_0 为维持 M_0 的必要广告预算；M_{50} 为广告预算比 AC_0 高 50%的相应市场占有率；min 为市场占有率最小值；max 为市场占有率最大值；α，β 为参数。

解这个方程组时，可按下式测算参数。

$$\begin{cases} \alpha = \log\left[\dfrac{1-Y}{Y} \cdot \dfrac{X}{1-X}\right]\Big/\log 1.5 \\[3mm] \beta = \dfrac{1-Y}{Y} \cdot AC_0^{\alpha} \end{cases}$$

式中，

$$
\begin{cases}
X = \dfrac{M_{50} - \min}{\max - \min} \\
Y = \dfrac{M_0 - \min}{\max - \min}
\end{cases}
$$

利特尔还主张应用下列公式来调整广告预算和市场占有率

$$AC_t^* = ME_t \cdot CQ_t \cdot AC_t \tag{9.4}$$

$$M^* = NA \cdot M \tag{9.5}$$

式中，AC_t^* 为调整后 t 期的广告预算，ME_t 为 t 期的媒体效率，CQ_t 为 t 期广告展露效果；M^* 为调整后的市场占有率；NA 为非广告因素指标；M 为调整前的市场占有率。

通过解上述方程，可以得到市场份额与广告预算之间的函数，典型的 ADBUDG 函数图像如图 9.8 所示。

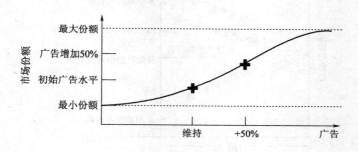

图 9.8　ADBUDG 函数图

ADBUDG 模型存在的问题是：①没有考虑竞争情况；②一段时间内反应的最大最小值与期初的市场份额无关；③广告与其他营销组合的效果无关；④时间足够长的话，广告会使市场份额超过 100%，而这也与实际不符。

虽然 ADBUDG 存在上述问题，但模型简单且易于理解，而且以一种直观的方式，既体现了单个时间内的效果，也体现了延后效果。

3. 沟通阶段模型

沟通阶段模型是借助广告预算对连续广告支出与最终销售的中间变量的影响来决定广告预算的一种模型。美国学者马克斯韦尔·尤尔（G. Maxwell Ule）曾举例说明一家企业对其所生产的新型过滤香烟编制广告预算的过程。其步骤如下：

(1)确定市场占有率。假如企业想要获得8%的市场占有率,而全国吸烟的人数共有5 000万人,则企业必须吸引400万人经常吸本企业所生产的香烟。

(2)确定本企业广告所要接触到的市场的百分比。假如企业希望其广告能接触80%的市场,即4 000万吸烟者。

(3)确定在知道该品牌的吸烟者中可能被说服试用本企业品牌香烟者应占的百分比。假如企业希望在知道该品牌的顾客中有25%试用本企业香烟。这是因为,企业估计所有试用者的40%(即400万人)可能成为忠诚的使用者,而这正是企业的目标市场。

(4)确定每1%试用率所需的广告次数。该企业估计大约对每1%的人口作40次广告展露,就会带来25%的试用度。

(5)确定必须购买的毛评点(gross rating point,GRP)。1分是对每1%目标人口的一次广告展露。既然该企业期望对目标市场人口的80%进行40次展露,那么它就必须购买3 200毛评点。

(6)根据购买每一毛评点的平均成本,决定所需的广告预算:假设1毛评点的平均成本为3 277元,在产品上市的第一年总共需3 200毛评点,共需花费10 486 400(=3 277×3 200)元。

实际上,上述沟通阶段模型是目标任务法的一种执行方式,其优点在于企业高层管理必须明确说明有关广告费用支出、广告展露水平、试用率和经常使用者之间关系的假设。其概念上的主要缺点,在于市场占有率目标一开始就由企业高层管理人员来确定,而不是根据利润最大化的方法求得。

4. 广告预算模型运用举例(ADBUDG模型)

案例分析:BrainCell 互联网广告决策

案例背景

BrainCell公司是销售移动电话、电话计划和移动装置的公司。它与欧洲最大的通信网络合作,采用和其同样的战略,在手机中安装它们网络银行的装置:这样可以减少运营成本,降低价格,增加竞争能力。

公司目前所面临的问题是要识别和找出目标消费者。市场研究显示,最有可能上网满足移动设备需求的消费者是受过良好教育、较富裕、重度的网络使用者,技术上对自己的手机是十分熟悉的。对于这部分目标人群需要使用网络作为重要的沟通渠道来进行广告宣传并进行促销活动。

尽管 BrainCell 最终想要同时在欧洲的 25 个国家推广这个计划,但是初期确定在 6 个国家进行投放:德国、法国、英国、意大利、西班牙和波兰,几乎包括了 3 500 万的居民。

BrainCell 使用促销反应模型来决定合适促销水平以及不同国家的广告促销费用。表 9.5 中是原始的数据,希望让营销经理使用营销工程及相关的工具方法来解决相应的广告投入问题。即用最小的广告投入,获得最大的广告的效果,因此,需要在资源有限的情况下实现效益最大化。作为营销经理,你首先需要将缺少的数据补齐,此外,作为 BrainCell 的营销团队还需要考虑接下来的问题:

在最初六个月投入广告的费用不同,BrainCell 会获得多少相应的顾客:

a. 最初不投入;

b. 少于现有总和的一半;

c. 现有计划中的数额;

d. 多于现有总和的一半;

e. 无限制的投入。

根据品牌经理的答案来回答下列问题,并构建广告反应模型。

表 9.5　市场调研原始数据

关键数据/国家	法国	德国	英国	波兰	意大利	西班牙
互联网广告预算	115 000€	187 500€	187 500€	40 000€	150 000€	62 500€
获得客户数(期望值)	11 200	16 200	12 300	1 900	15 400	4 800
人口数(千人)	61 350	82 509	60 363	38 109	59 546	45 003
互联网使用率	53.7%	61.1%	62.3%	29.9%	52.9%	43.9%
手机上网比率	81%	85%	108%	72%	125%	106%
人均国民生产总值收入	$34 810	$34 580	$37 600	$7 110	$30 010	$25 360
预估目标人群数	462 000	740 000	770 000	120 000	590 000	265 000
每获得一个顾客的毛利润	30€	28€	25€	18€	25€	22€

案例问题

问题1：运用规划求解提出网络广告建议，在你的分析中，考虑以下情形：

情形a：无约束条件下不同国家间的最佳预算分配。

情形b：考虑到最高管理层不会同意总广告预算的增加，因此请分析有约束条件下的最佳预算分配。

提示：在规划求解中，增加以下限制：总广告预算≤现在的预算（见表9.6）。

表9.6 原计划收益

总广告预算	742 500€
总毛利	1 621 900€
总净利	879 400€

情形c：尽管表单中估计了最初六个月每个消费者的总利润，但得到这些数字所基于的经营期间过短。如果期望获得顾客数代表一个长期的投资，它的利益应该超过最初的几个月。将总利润乘以3，重新运算最优解（在没有限制的条件下）。解释其中的差别。

问题2：根据另外的市场研究表明，我们过高地估计了在法国的总市场潜力。

调整表单，在表9.7中，将法国地区可获得的最大客户数量由30 000改为20 000，请用新估计的市场潜力调整市场反应函数，并分析模型的敏感性。

表9.7 校正前的数据

努力水平/广告预算与获得顾客	互联网广告预算（法国）	期望获得顾客数（法国）	互联网广告预算（德国）	期望获得顾客数（德国）	互联网广告预算（英国）	期望获得顾客数（英国）	互联网广告预算（波兰）	期望获得顾客数（波兰）	互联网广告预算（意大利）	期望获得顾客数（意大利）	互联网广告预算（西班牙）	期望获得顾客数（西班牙）
最低努力水平	无	0	无	0	无	0	无	0	无	0	无	0
较低努力水平	57 500	62 00	93 750	8 800	93 750	7 000	20 000	1 100	75 000	8 000	31 250	27 000
中等努力水平	115 000	11 200	187 500	162 00	187 500	12 300	40 000	1 900	150 000	15 400	62 500	4 800

努力水平/广告预算与获得顾客	互联网广告预算（法国）	期望获得顾客数（法国）	互联网广告预算（德国）	期望获得顾客数（德国）	互联网广告预算（英国）	期望获得顾客数（英国）	互联网广告预算（波兰）	期望获得顾客数（波兰）	互联网广告预算（意大利）	期望获得顾客数（意大利）	互联网广告预算（西班牙）	期望获得顾客数（西班牙）
较高努力水平	172 500	14 600	281 250	21 500	281 250	16 000	60 000	2 500	225 000	20 800	93 750	6 300
最高努力水平	最大值	30 000	最大值	45 000	最大值	32 250	最大值	5 400	最大值	43 500	最大值	13 500

问题3：讨论该广告反应模型的局限性。

实质上，转换为营销决策模型语言，我们可以将问题1称为：给定模型参数条件下的问题，将问题2称为模型参数改变时的问题。在下面的分析中，我们将按这种思路来进行案例分析。

案例分析

为了解决问题，在此我们以 ADBUDG 模型为基础，并且根据销售经理对几个典型的努力水平下可获得客户预测数据，建立广告效果预测模型，具体模型如下：

$$Acquired\ customers = Acquired\ customers(expected) \times (Lowest\ Effort)$$

$$(acquired\ customers) + \frac{a \times \left(\dfrac{Budget}{Planned\ budget}\right)^t}{\left(\dfrac{Budget}{Planned\ budget}\right)^t + b}$$

问题1：给定模型参数条件下的问题

情景 a. 在不考虑任何约束的条件下，应该如何在各国之间分配广告预算？这样的分配计划与原计划又有怎样的差异？

首先，原有的广告预算分配方案如表9.8所示。

表9.8　原广告预算分配表

关键项目/国家	法国	德国	英国	波兰	意大利	西班牙
互联网广告预算	115 000 €	187 500 €	187 500 €	40 000 €	150 000 €	62 500 €
获得的顾客数	11 200	16 200	12 300	19 00	15 400	4 800
毛利	336 000 €	453 600 €	307 500 €	34 200 €	385 000 €	105 600 €
净利	221 000 €	266 100 €	120 000 €	− 5 800 €	235 000 €	43 100 €

关键项目/国家	法国	德国	英国	波兰	意大利	西班牙
购置成本/顾客数（单个顾客成本）	10 €	12 €	15	21 €	10 €	13 €
投资回报率	192%	142%	64%	−15%	157%	69%
市场占有率	2.4%	2.2%	1.6%	1.6%	2.6%	1.8%

不设任何约束条件，运用 Excel 进行规划求解，得到下面的分配方案（表9.9）。

表9.9 无约束条件的广告预算分配表

关键项目/国家	法国	德国	英国	波兰	意大利	西班牙
互联网广告预算	253 167 €	373 563 €	228 877 €	0 €	332 301 €	83 119 €
获得的顾客数	18 013	25 359	14 091	0	26 177	5 845
毛利	540 393 €	710 057 €	352 287 €	0 €	654 418 €	128 595 €
净利	287 225 €	336 494 €	123 410 €	0 €	322 117 €	45 476 €
购置成本/顾客数（单个顾客成本）	14 €	15 €	16 €	73 €	13 €	14 €
投资回报率	113%	90%	54%	−75%	97%	55%
市场占有率	3.9%	3.4%	1.8%	0.0%	4.4%	2.2%

将上面的两张表进行对比，我们发现二者最大的差异是在波兰的预算分配上，新的预算方案中给波兰分配的预算为0，而上述两个方案获得的收益则分别如表9.10，表9.11所示。

表9.10 原计划收益

总广告预算	742 500 €
总毛利	1 621 900 €
总净利	879 400 €

表9.11 新方案收益

总广告预算	1 271 028 €
总毛利	2 385 749 €
总净利	1 114 722 €

从表9.10可看出，在新方案下总利润和净利润都有了大幅提高，但这是在增加广告预算的基础上获得的，如果在给定广告预算约束的前提下（≤742 500），基于规划求解的预算方案又会是怎样的呢？

情景 b. 在广告预算总支出有限的约束条件下，应该如何在各国之间分配预算？与原计划相比这样的分配又有什么不同？

同样,在 Excel 中,运用规划求解模块加入限制条件总广告预算小于等于 742 500,运行求解程序得到下面的广告预算分配表(表 9.12)。

表 9.12　有总预算约束条件的广告预算分配表

关键项目/国家	法国	德国	英国	波兰	意大利	西班牙
互联网广告预算	161 924 €	227 043 €	103 748 €	0 €	212 158 €	37 627 €
获得的顾客数	14 126	18 660	7 659	0	20 021	3 190
毛利	423 766 €	522 482 €	191 486 €	0 €	500 524 €	70 177 €
净利	261 842 €	295 440 €	87 738 €	0 €	288 366 €	32 550 €
购置成本/顾客数(单个顾客成本)	11 €	12 €	14 €	73 €	11 €	12 €
投资回报率	162%	130%	85%	−75%	136%	87%
市场占有率	3.1%	2.5%	1.0%	0.0%	3.4%	1.2%

此时,可获得的收益如表 9.13 所示。

表 9.13　有总预算约束条件的收益

总广告预算	742 500 €
总毛利	1 708 435 €
总净利	965 935 €

与原计划相比较,在总预算为 742 500 的条件下,新的方案能够有效的提高广告预算的收益。在具体的分配上可以发现,更多的广告资源被分配到具有较高收益的市场,如法国和意大利;而收益低的市场,如波兰,分配的资源明显减少。

情景 c. 在长期(18 个月),若单个顾客的边际收益提高 3 倍,在没有任何约束的情况下,又应该如何分配广告预算?

在长期,广告对单个顾客的边际收益可能会提高,如果在 18 个月的时候边际收益提高了 3 倍,如表 9.14 所示。

表 9.14　边际收益变化表

关键项目/国家	法国	德国	英国	波兰	意大利	西班牙
平均每个顾客的毛利(6 个月)	30 €	28 €	25 €	18 €	25 €	22 €
平均每个顾客的毛利(18 个月)	90 €	84 €	75 €	54 €	75 €	66 €

在此情况下,广告预算分配方案如表9.15所示。

表9.15　3倍边际收益下的广告预算分配方案

关键项目/国家	法国	德国	英国	波兰	意大利	西班牙
互联网广告预算	536 494 €	812 539 €	588 356 €	80 461 €	685 838 €	215 299 €
获得的顾客数	23 513	34 521	22 496	2 922	34 450	9 358
毛利	2 116 201 €	2 899 782 €	1 687 230 €	157 804 €	2 583 757 €	617 660 €
净利	1 579 707 €	2 087 243 €	1 098 874 €	77 343 €	1 897 918 €	402 362 €
购置成本/顾客数（单个顾客成本）	23 €	24 €	26 €	28 €	20 €	23 €
投资回报率	294%	257%	187%	96%	277%	187%
市场占有率	5.1%	4.7%	2.9%	2.4%	5.8%	3.5%

在广告的人均边际收益提高3倍的条件下,我们看到广告预算分配方案发生了变化,6个市场都有了一定的预算分配,这主要归结于个人边际收益的增加使每个市场都有了正的投资回报率。此时的收益如表9.16所示。

表9.16　3倍边际收益下的利润表

总广告预算	2 918 987 €
总毛利	10 062 434 €
总净利	7 143 447 €

从表9.16可知,在长期,广告的人均边际收益提高3倍的情况下,总利润、净利润也有了大幅提高。此外,相比短期,获得最大净利润的广告预算总投入也更大。

问题2:模型参数改变时的问题。

在法国的最大期望顾客数(投入无穷大的广告支出)从30 000降到20 000的时候,我们将20 000带入对应的方程,解方程组,得到法国市场的模型参数:

$$a = 1.785, \ b = 0.786, \ c = 1.502$$

将新的参数带入模型,并且假设市场上,各个国家间是相互独立的,法国的变化不会造成其他国家的变化。

情景a.无约束条件的广告预算分配。

运用Excel进行规划求解,我们得到当法国市场最大预期顾客数由30 000降到20 000时无其他约束条件的广告预算分配方案(表9.17)。

表 9.17　无约束条件下的广告预算分配表

关键项目/国家	法国	德国	英国	波兰	意大利	西班牙
互联网广告预算	182 483 €	373 556 €	228 917 €	0 €	332 298 €	83 119 €
获得的顾客数	14 361	25 359	14 093	0	26 177	5 845
毛利	430 827 €	710 050 €	352 327 €	0 €	654 415 €	128 595 €
净利	248 345 €	336 494 €	123 410 €	0 €	322 117 €	45 476 €
购置成本/顾客数（单个顾客成本）	13 €	15 €	16 €	94 €	13 €	14 €
投资回报率	136%	90%	54%	−81%	97%	55%
市场占有率	3.1%	3.4%	1.8%	0.0%	4.4%	2.2%

　　相比最大顾客预期 30 000 时的无约束分配方案（表 9.9），在新条件下法国的广告预算分配有明显下降，而效益第二的意大利市场则有明显上升。此时的广告收益如表 9.18 所示。

表 9.18　无约束条件下个广告收益

总广告预算	1 200 373 €
总毛利	2 276 214 €
总净利	1 075 841 €

　　相比原来，新参数条件下，广告预算的总投入（1 271 028 − 1 200 373）、总利润（2 385 749 − 2 276 214）及净利润（1 114 722 − 1 075 841）都有所减少，但减少的幅度不大，分别为 5.56%，4.59% 和 3.49%，说明法国市场最大预期顾客数的变动对最终的结果影响不是很大。

　　情景 b. 广告总预算一定条件下的广告预算分配。

　　与问题 1 类似，我们在 Excel 规划求解中加入广告总预算小于等于 742 500 的条件，得到如表 9.19 所示的分配方案。

表 9.19　有总预算约束条件下的分配表

关键项目/国家	法国	德国	英国	波兰	意大利	西班牙
互联网广告预算	135 068 €	235 806 €	111 735 €	0 €	219 394 €	40 497 €
获得的顾客数	12 368	19 161	8 170	0	20 484	3 398
毛利	371 045 €	536 495 €	204 259 €	0 €	512 094 €	74 766 €

关键项目/国家	法国	德国	英国	波兰	意大利	西班牙
净利	235 977 €	300 689 €	92 524 €	0 €	292 700 €	34 269 €
购置成本/顾客数（单个顾客成本）	11 €	12 €	14 €	94 €	11 €	12 €
投资回报率	175%	128%	83%	−81%	133%	85%
市场占有率	2.7%	2.6%	1.1%	0.0%	3.5%	1.3%

与原方案（表 9.12）相比，新的方案在波兰的投入仍为 0，但是在法国的预算投入有所减少，在意大利和西班牙的投入则有所增加。

此时，公司得到的广告收益如表 9.20 所示。

表 9.20　有预算约束条件下的收益表

总广告预算	742 500 €
总毛利	1 698 659 €
总净利	956 159 €

相比原方案（表 9.13），同为 745 200 的总预算投入，新参数条件下，广告投入的总利润（1 708 435 − 1 698 659）和净利润（965 935 − 956 159）都有所减少，但是降低的幅度并不明显，分别为 0.57% 和 1.01%。这说明法国市场最大预期顾客数的变动对最终结果的影响并不很大。

案例分析结果和营销计划：

第一，分析结果。在此案例中，我们通过建立广告反应模型来帮助 BrainCell 公司决策使用多少广告费用以及如何在其六个目标国家中有效地分配网络广告促销费用。

首先，我们在广告预算没有任何约束的条件下利用规划求解算出总的净利润最大时的分配方案。在此方案中，各个国家分配的资源都较以往有所改变，并且总利润和净利润都有了大幅提高，然而广告预算也大幅度地提高了。

在实际活动中，我们的广告预算往往是有一定限额的。因此，我们在不超过原定总广告预算 742 500 的基础上，重新利用规划求解算出总的净利润最大时的分配方案。从结果中我们可以看出，在同样的广告总预算条件下，新的方案能够有效的提高广告预算的收益。在新的方案中，我们将更多的广告资源分配到具有较高效益的市场如法国和意大利,而减少对广告效益低的市场投入。

另外,广告促销对于顾客的影响是长期的,我们应该以长远的目光看待广告对顾客购买的影响效果。因此,我们将单个顾客的边际收益提高到原来的3倍,并在广告预算没有任何约束的条件下利用规划求解算出总的净利润最大时的分配方案。我们可以看出,总利润和净利润都有了大幅度的提高。相比短期来说,获得最大净利润的广告预算总投入也更大。

其次,我们将在法国的最大期望顾客数(投入无穷大的广告支出)从30 000改为20 000,并且重新确定法国市场的反应模型参数。在新的函数下,我们重新计算前两种情况下使总的净利润达到最大的分配方案。结果显示,在广告预算没有任何约束和有一定限额的情况下,获得的总利润和净利润都有所减少,但是降低的幅度并不明显。这说明法国市场最大预期顾客数的变动对最终的结果影响不是很大。

第二,该营销模型的局限性。

首先,此种估计市场反应和广告效果的模型仅仅局限于公司单独的作用,并没有将公司的竞争者包括在内。竞争者的广告努力显然会影响到本公司可获得的顾客和利润,因此,这个模型高估了广告效应。

其次,此模型的假设是如果时间足够长的话,广告有可能会使市场份额超过100%,而实际上是不可能的,这只是一种理想的状态。

第三,在这个模型中,影响可获得的顾客的因素只有广告一个,并未考虑其他营销组合的效果。这是不符合实际商业活动的运作情况的。

第四,此模型没有考虑到广告的延滞效应。以往的广告活动在其停止以后还会对顾客产生一定的影响,即目前获得的顾客中,有部分是受到以往广告活动的影响。因此,忽略广告的延滞效应可能造成一定的误差。

二、广告文案效果测试方法

在获得广告创意后,我们就要根据广告预算将广告文案设计出来并评估广告文案的效果。

(一)广告文案测试的相关概念

广告文案测试亦称广告事前测试,它是广告文案在发稿之前所进行的测试。其目的在于:

（1）避免大的错误。

（2）从几种备选广告方案中择优选用。

（3）初步测试广告所能达到的目标。

与广告文案测试有关的几个概念是：

（1）注意力和印象：广告吸引注意力和易于记忆的能力。

（2）沟通和理解：广告向目标市场清晰地传递信息的能力。

（3）说服力：广告改变人们对这种产品某些重要性的态度和信念，或者改变其总体购买倾向的能力。

（4）购买：广告对购买行为产生正向影响的能力。

上面四个概念实质上也是广告对消费者产生作用的过程，我们可以用 AIDA 模型来展示这一过程，如图 9.9 所示。

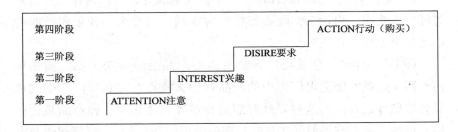

图 9.9　AIDA 模型

广告首先引起消费者的注意，这种注意会引起一部分消费者的兴趣，进而转化为要求，最后要求变为购买行为，广告的目的就达到了。因此，广告文案效果测试主要是从注意、兴趣、要求及购买意向等角度来进行的。

（二）广告文案效果测量的方法

1. 焦点小组访谈法

焦点小组访谈法在前面的章节中我们有过介绍，具体方法不再介绍。在此，重点强调在广告文案效果测试中，焦点小组访谈法需要注意的问题。广告文案效果测试焦点小组访谈主要关注以下几个问题：

（1）对广告片的即时反应。当您看到这部广告片时，它给您的第一感觉是什么？喜欢什么地方？不喜欢什么地方？为什么？

（2）对广告片的记忆。请用您自己的话描述一下在这部广告片中您看到了什么？听到了什么？广告中的产品及生产厂家的名字分别是什么?

（3）广告片的主要信息。这个广告讲了一些什么内容？您认为这部广告片想表述的主要信息是什么？它试图告诉您什么？

（4）广告片的理解难度。您觉得这部广告片中的内容是否容易明白？有哪些不容易明白的地方？

（5）广告片的可靠性。对于这部广告片所讲的内容，您认为它的可信程度如何？可信的地方？不可信的地方？

（6）广告信息的关联性。您认为这部广告片所讲的内容中有哪些地方与您有关？哪些是重要的？哪些地方与您没有什么关系？

（7）广告片的独特性。您认为这部广告片是否独特？有哪些地方与其他广告片不同？哪些地方与其他广告片十分相似？

（8）对广告制作方面的评论。喜不喜欢里面的旁白？为什么？音乐怎样？喜欢吗？为什么？画面怎样？喜欢吗？为什么？音乐和画面旁白的配合怎样？合适吗？

（9）产品印象。您觉得广告片所讲的产品是哪一类产品？质量如何？高还是低？您觉得广告中的产品有什么特点？您觉得广告中的产品会给您什么好处？这些好处对您是否重要？您认为这种产品是否独特？市场上是否有类似的产品？与您最常用的产品相比，有何相似与不同？您认为广告片所描述的内容是否适合于所讲的产品？有哪些地方不合适？

（10）使用者形象。谁会使用/购买这种产品：①性别、年龄、职业、收入、社会地位；②穿着、娱乐、兴趣；③性格内向还是外向；④较时髦还是较保守。

（11）购买意向。您有兴趣购买/使用广告片中的产品吗？是经常还是偶然？为什么？

在广告文案测试的焦点小组访谈中，主要的问题也是围绕 AIDA 模型的四个阶段展开的，其思想是通过对这些问题的评估，检测广告是否能够走完 AIDA 模型的四个阶段，最终引发消费者的购买兴趣。

2. 投射技术

投射技术是一种心理学技术，在此，我们只作简单介绍。

例如，给被访者一系列的词汇，请他选出与广告产品的使用者有关的词汇，并请他解释为什么要选这些词汇。

或者，从杂志中剪出一些图片，请被访者根据自己对被测广告品牌的印象选出图片来拼图,并询问为什么选择这些图片,为什么这样摆放,然后根据所有被访者的结果来分析品牌形象。

3.人员访谈法

与焦点小组访谈法不同的是,人员访谈运用的是实验测试的思想。通过给被试看一系列广告,然后通过人员访谈来考察被试对广告文案效果的看法,其背后的理论仍然是 AIDA 模型,只是运用了不同的测试方法。人员访谈法的主要步骤有:

(1)请被访者从一系列竞争品牌中选出他所偏好的品牌,求出被测品牌的事先曝光率(preexposure)。

(2)请被访者在购物中心放映室内,观看半小时电视节目(含被测广告),看完后再请他从前述竞争品牌系列中选出他所偏好的品牌,求出被测品牌的事后曝光率(postexposure)。

(3)说服力 = 事后曝光率 – 事前曝光率。

(4)三天后,用电话询问被访者:那天放映的电视节目中,他记得哪些广告?求出被测广告的记忆率(recall score)。

(5)再问在记住的广告中,记住了哪些内容,求出广告沟通要点的理解率(comprehension score)。

综合来看,广告文案效果的测试更多的是从定性或实验设计的角度进行的,关于广告文案效果测试的定量模型还比较少见。

三、广告媒体展示决策

在获得合适的广告文案后,我们就要决定在哪些媒体上展示设计出的广告。选择媒体的目的,在于寻求最佳传送路线,使期望的展露数量到达目标沟通对象。下面我们首先介绍与广告媒体决策相关的几个概念,然后介绍五种广告媒体决策模型。

(一)广告媒体决策的相关概念

1.送达率(R)、频率(E)、影响(I)

所谓送达率是指在某一特定时期内,不同的人或家庭至少一次展露在媒介计划下的数目。所谓频率(E),是指在某一特定时期内,一般人或家庭接触信息的次数。所谓影响(I),是指经由特定媒体的展露所产生的定性价值。

图9.10表明了注意度与送达率的关系。当展露的送达率、频率和

影响增大时,注意度也会提高。如果企业的媒体计划人员有 100 万元的广告预算,每千个一般性展露为 5 元,也就是说,广告主可买到 2 亿个展露(1 000 000×1 000÷5);如果广告主希望展露次数为 10 次,则在此预算下广告信息可到达 2 000 万人(2 亿÷10)。如果广告主需要一些比较高级的媒介,其每千个展露为 10 元(除非他愿意降低展露次数),则广告信息可到达 1 000 人。

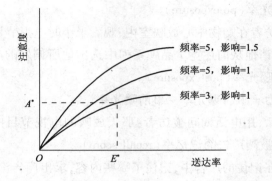

图 9.10　人的注意度与展露的送达率、频率的关系

2. 送达率、频率和影响的关系

送达率、频率和影响的关系可借助下列概念来描述:展露总数(E)为送达率乘以平均频率($E=RF$),又叫做总评分。如果某一媒体计划接触 80% 的家庭,平均展露频率为 3,则其总评分为 80×3=240。假如还有一个媒体计划,其总评分为 300,虽比上例有较强的攻势,但是我们却无法确认送达率与频率各为何值。加权展露数是指送达率乘以平均频率再乘以平均影响所得的数值,即 $WE=RFI$。

制订媒体计划时可能遇到的难题是:在既定预算下,如何购买有效的送达率、频率和影响的组合。如果媒体计划人员愿意采用一般影响的媒体,其余工作则是决定频率与送达率的高低。市场营销学认为,先决定频率是合理的,因为一旦确定了对目标沟通对象做多少次广告,送达率也就随之确定了。

国外有些学者认为,广告只有大量展露给目标沟通对象才有效,重复次数太少会劳而无获。美国学者鲁卡斯(D. Lucas)和布利特(S. H. Britt)曾指出:"介绍性的广告可以把已经形成的肤浅印象加深到足以采取行动的水平,因而能收到更好的效果。"[1]美国学者克鲁曼(Herbert E. Krugnan)则认为,有三次展露就足够了:第一次展露用于引起人们独特的感觉反应,第二次展露便是造成刺激,第三次展露用于提醒那些想购买但未采取行动的人。作为广告主,他所关心的是广告活动所要达到的展露—频率分布。展露—频率分布主要用于描述在特定时期内有多少人对同一广告接收到 $0,1,2\dots,n$ 次展露。图 9.11 表明了三种不同的展露—频率分布。其中,B 分布是最有效的,因为大多数人都接收到三次展露;而 C 分布重复太多,A 分布则重复太少[2]。

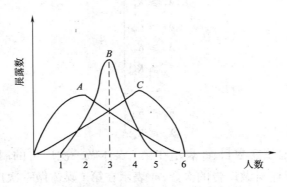

图 9.11　展露与频度分布

(二)广告媒体决策模型

在现代营销管理中,运用高等数学方法进行媒体选择是 20 世纪 60 年代初的一项重大突破。目前,现代营销理论研究表明:有五种模型对媒介选择有重要的帮助与改进作用,即线性规划、经验启发程序法、模拟模型、MEDIAC 模型和 ADMOD 模型。

1. 线性规划

线性规划是分析媒体选择问题的一种常用方式。它可以用于必须同时满足好几个限制条件的问题。在媒体选择中,常用的限制条件有:①广告预算规模;②某种特定媒体工具与媒体种类的最小与最大使用限制;③对不同的目标顾客的最小满意展露率。要选择一个最佳的分配计划,首

① Darrell B. Lucas and Steuart Henderson Britt, MEASURING ADVERTISING EFFECTIVE-NESS(New York:Me Graw – Hill BookC0. ,1963),P.218.

② Herbert E. Krugnan, "What Makes Advertising Effective?", Harvard Business Review, March – April 1975,PP.99 – 103.

先须制定有效度标准。对媒体选择来讲,其标准则为有效展露的数目。线性规划就是寻求能达到最有效展露数目的媒体组合的数学方法。

具体而言,所谓应用线性规划方法解决媒体选择问题,也就是在限制条件(又叫约束条件)下,求取最佳的媒体组合,并借此组合形成最大的有效展露数目。其基本形式如下:

$$求极大 \sum E_{i=1}^{n} = e_i X_x = e_x X_i + e_2 X_2 + \cdots e_a X_a (有效度函数)$$

$$限制条件 e_i X_1 + c_2 X_2 + \cdots c_a X_a \leq B(预算限制)$$

$$e_i X_1 + c_2 X_2 \leq B_1 (媒体种类使用限制)$$

$$\left.\begin{array}{l} X_1 \geq K_{1l} \\ X_1 \leq K_{iu} \\ X_2 \geq K_{2l} \\ X_2 \geq K_{2u} \\ \cdots\cdots \\ X_a \geq K_{sl} \\ X_a \leq K_{au} \end{array}\right\}$$

式中,E 表示总展露数目;e_i 表示在第 i 媒体做一次广告的展露数值;X_i 表示在第 i 媒体所做广告的次数;c_i 表示在第 i 媒体做一次广告的成本费用;B 表示广告预算总额;B_1 表示广告预算的一部分;K_{il} 表示购买第 i 媒体的最小单位数;K_{iu} 表示购买第 i 媒体的最大单位数。

运用线性规划公式进行媒体选择,有四个重要限制,即:

(1)它假设重复展露的边际效果固定不变(不递减或递增)。

(2)它假设媒体成本已固定(不打折扣)。

(3)它无法处理目标沟通对象重复的问题。

(4)它无法处理广告的时间安排问题。

下面举例说明线性规划的应用。

【例2】REL公司正在开发一个环湖社区,湖边地带和住宅的主要市场是距开发区 100 英里以内的所有中上等收入的家庭。REL公司聘请BP&J公司设计宣传活动。

考虑到可能的广告媒体和要覆盖的市场,BP&J公司选择了5个媒体,在第一个月广告投在5个媒体上,之后再进行评估调整。BP&J公司收集了相关数据。其中宣传质量单位是用于衡量各媒体中一次广告的相对价值的标准,它建立的依据是 BP&J公司在广告行业中的经验,考虑了众多的相关因素。REL公司给BP&J公司第一个月的预算是 30 000 元;并做如下限制:覆盖的观众人数要达到 50 000 人;至少要用 10 次电视广告;并且电视广告的预算不得超过 18 000 元。各种类型广告的相关信息如表 9.21 所示。

表 9.21 广告展示的信息表

广告媒体	潜在受众人数	广告单价	每月最多可用次数	宣传质量单位
日间电视	1 000	1 500	15	65
晚间电视	2 000	3 000	10	90
日报	1 500	400	25	40
周日报纸杂志	2 500	1 000	4	60
广播电台	300	100	30	20

BP&J 公司应该选择哪些广告媒体呢?

设 BP&J 公司日间电视、晚间电视、日报、周日报纸杂志、广播电台投放的广告量分别为 X_1, X_2, X_3, X_4, X_5,根据 BP&J 公司的要求,可以列出以下线性规划模型

求:$\text{Max}: 65X_1 + 90X_2 + 40X_3 + 60X_4 + 20X_3$(目标函数)

约束条件:$1\,500X_1 + 3\,000X_2 + 400X_3 + 1\,000X_4 + 100X_5 \leqslant 30\,000$

$1\,000X_1 + 2\,000X_2 + 1\,500X_3 + 2\,500X_4 + 300X_5 \geqslant 50\,000$

$1\,500X_1 + 3\,000X_2 \leqslant 18\,000$

$0 <= X_1 <= 15 \quad 0 \leqslant X_2 \leqslant 10 \quad 0 \leqslant X_3 \leqslant 25$

$0 \leqslant X_4 \leqslant 4 \quad 0 \leqslant X_5 \leqslant 30$

$X_1 \quad X_2 \quad X_3 \quad X_4 \quad X_5$ 取整

用 Excel 对上述线性规划模型求解得:

$X_1 = 8 \quad X_2 = 0 \quad X_3 = 25 \quad X_4 = 4 \quad X_5 = 30$

即日间电视投放 8 单位,晚间电视投放 0 单位,日报投放 25 单位,周日报纸杂志投放 4 单位,广播电台投放 30 单位。此时,广告宣传质量为 2 360 单位,广告花费为 29 000 元,受众为 64 500 人。

2. 经验启发程序法

经验启发程序是依次对媒体进行选择,而不是同时决定媒体的选择。其基本思想是,在一年中的第 1 个星期,从所有可采用的媒体中选择最好的一种做广告。作了这个选择之后,对其余可供选择的媒体重新进行评估,并对沟通对象重复现象及媒体的可能折扣加以考虑。如果这一星期所达到的展露率低于原定的最适展露率,那么在同一星期就要做第二次选择,以替代第一次的选择。最适展露率是许多个营销变量、媒体变量的函数。依此方式继续进行分析,一直到达该星期的最适展露率

为止,并以此为基础考虑下个星期新的媒体选择。这种循环过程(图9.12)继续进行下去,直到该年度的计划都安排好为止。

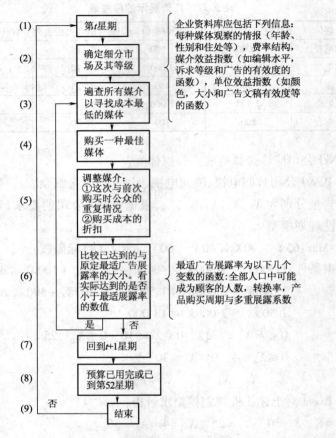

(1) 第*t*星期

企业资料库应包括下列信息:每种媒体观察的情报(年龄、性别和住处等),费率结构,媒介效益指数(如编辑水平,诉求等级和广告的有效度的函数),单位效益指数(如颜色、大小和广告文稿有效度等的函数)

(2) 确定细分市场及其等级

(3) 遍查所有媒介以寻找成本最低的媒体

(4) 购买一种最佳媒体

(5) 调整媒介:①这次与前次购买时公众的重复情况②购买成本的折扣

(6) 比较已达到的与原定最适广告展露率的大小。看实际达到的是否小于最适展露率的数值

最适广告展露率为以下几个变量的函数:全部人口中可能成为顾客的人数,转换率,产品购买周期与多重展露系数

是   否

(7) 回到*t*+1星期

(8) 预算已用完或已到第52星期

(9) 否   结束

图9.12 媒体选择的经验启发程序

经验启发程序法实际上是线性规划法的改进,它具有如下优点:①它除了考虑媒体的选择外,同时还安排时间;②它解决了目标沟通对象重复的问题;③它考虑了媒体折扣的问题;④它加入了品牌转换率和多重展露系数等在理论上较重要的变数。

3. 模拟模型

线性规划模型与经验启发程序法都属于求取最佳值的形式。美国有人曾提出一种媒体组合模拟模型,其用途并不是寻求最佳媒体分配计划,而仅仅是估计各已知媒体分配计划的展露率。这种模型采取抽样法,其样本为2 944个媒体接收者(沟通对象),代表全美国不同性别、年龄、社区类型、就业状况、教育程度的公众。每个人对媒体的选择是由概率决定的,这一概率为其经济特征和其在美国 98 个社区之一中的位置的函数。如图 9.13 所示,将某一特定顾客的媒体计划展露给样本群中的每个人,随着本年度广告计划模拟的进行,电脑将接收到广告的人的

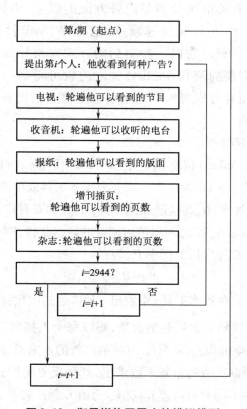

图 9.13　衡量媒体展露度的模拟模型

类型与数目列表。在该年度终结时,全年的汇总图表即自动编好,对该广告在时间安排上所可能产生的影响进行多方面的描述。企业查验这些图表后,便可断定拟议中的媒体计划在接收者(沟通对象)的特性、送达率与频率的特点等各方面是否令人满意。

　　由于模拟模型并不是用来求取最佳的媒体组合计划,而是用来求取某一特定时间安排在一年内的最佳送达率与频率的特征,所以与前面所讲的两个模型可以相互补充,而不是互相排斥。当运用该模拟模型时,必须了解其局限性:①该模型不包括总体有效函数,相反,它只能表述一种多层面影响力的概况;②该模型缺乏求取较佳媒体分配计划的过程;③该模型所假设的样本群不一定有代表性。

4. MEDIAL 模型

利特尔(John D. C. Little)和罗迪什(Leonard M. Lodish)曾提出一个 MEDIAL 模型。该模型能以任何分析方式处理一大堆媒体选择的实际问题,许多有关市场营销与广告方面的因素,诸如市场细分、销售潜量、展露概率、边际反应递减率、遗忘率、季节性以及成本折扣等,都可放入该模型。它以一种对话的方式来指导使用者按照模型的逻辑输入所需要的资料,在几分钟之内就可得到一份最佳媒体时序计划表。使用者可以很容易地通过改变输入的资料来观察其对媒体时序表的影响。

5. ADMOD 模型

艾克(D. A. Aaker)曾提出一个 ADMOD 模型[①]。假定 S 为目标市场;i 为属于 S 的个人;C 为广告方式;j 为媒体工具或单位;B_{ij} 为个人 i 和媒体工具 j 的接触率;H_{cj} 为接触媒体工具 j 的人和 C 种广告媒体单位 j 接触的概率。再假定 B_{ij} 和 H_{cj} 两项可由调查的数据获得,则个人 i 接触媒体单位 j 所发出的 C 种广告的概率 P_{cij} 为:

$$P_{cij} = B_{ij} \cdot H_{cj} \tag{9.6}$$

假设:①X_{cj} 为在媒体工具 j 中发出 c 种广告的次数;Z_i 为 $\sum x_a$ 次广告发出后个人 i 接触 C 种广告的次数,则以每个人接触广告的概率为基础,得出 Z_i 的概率分布 $f_{cj}(Z_i)$。②对接触广告的人来说,可能产生的信息影响能够根据展露次数的重复函数求出。这种反复的形式因广告方式 C 和细分市场 S 的不同而有所差异。③V_{cj} 为由 C 种广告和媒体工具 i 所规定了的媒体工具信息源效果,则广告的信息影响可用下面的函数来表示:

$$A_{ci}(Z_i) = A'cs(Z_i) \left[\left(\sum_j V_{cj}P_{cij} \right) \right] \left(\frac{1}{\sum_j P_{cij}} \right) \tag{9.7}$$

式中,$A'cs(Z_i)$ 为重复次数;$A_{ci}(Z_i)$ 为用 V_{ij} 来调整的重复次数。

当产生某种程度的影响时,广告主方面得到的利益,可用依存于细分市场的利益系数 W_s 来表达。这样:

$$W_S \sum_{Z_i=0}^{\infty} A_{ci}(Z_i)f_{ci}(Z_i)$$

---

① David A. Aaker, "ADMOD: An Advertising Decision Model", Journal of Marketing Research, Feb 1975.

则为计划广告次数 $\sum x_{ej}$ 对某个人的理想值。

再假设 k_{ej} 为媒体单位的费用；N_s/n_s 为样本与总体之比，则可得目标函数 V：

$$V = \sum_s \frac{N_s}{n_s} \sum W_s \sum_{Z_i=0}^{\infty} A_{ci}(Z_i) f_{ci}(Z_i) - \sum k_{ej} x_{ej} \tag{9.8}$$

ADMOD 就是在约束条件 $\sum k_{ej} x_{ej} \leqslant B$ 和 $L_{ej} \leqslant x_{ej} \leqslant U_{ci}$ 下，选择出可使 V 值无限大的广告发出计划的模型。式中，B 为预算限额；L 为最低发出次数；U 为最高发出次数。

需要注意的是，ADMOD 模型不是用来制订媒体计划的模型，而是用来评价媒体计划的模型。计划是由人制订的，而该模型则是用来对 V 值进行评价的。

四、广告效果测定模型

广告的有效计划与控制，主要基于广告效果的测定。测定广告效果所要求的研究技术，随着企业想要达到的目的不同而有所差异。广告效果测定可以分为沟通效果测定和销售效果测定。许多企业觉得销售与广告之间的关系太繁杂，时间上的差距也太大，以致无法测出其直接的效果。因此，他们认为，应该加以测定的是某种特定广告的短期沟通效果。

（一）广告沟通效果测定

沟通效果的研究目的，在于分析广告活动是否达到预期的信息沟通效果。评估各个广告的沟通效果有很多方法。例如，广告文稿测试就可用多种方法来预测和后测其沟通效果。其中，最简单的预测方法就是向可能的购买者询问他们对广告的反应，或对广告组成要素如文稿、印刷、主题等的反应。这种研究叫做意见研究。意见研究通常采取文稿测试或广告测试的方式。

1. 常用的预测方法

（1）直接评分。即由目标消费者的一组固定样本或广告专家来评价这个广告，并填写评分问卷。有时问题只有一个，如"您认为这些广告中哪一个最能影响您来购买本产品"；有时问题很复杂，包括好几种评分标准（见表9.22），在该问卷中要填写评估广告的注意强度、阅毕强度、认知强度、情绪强度和行为强度，每个部分在其最高分的范围内予以评分。

这种做法的理论依据是,如果一个有效的广告的最终目的是刺激购买行为,那么在这些指标上就都应得高分。但是,对广告的评估常常只限于其对注意力和了解力两方面的形成能力。这里,还必须了解一点,直接评分法不一定能完全反映广告对目标消费者的实际影响。直接评分法主要是用于淘汰和剔除那些质量差的广告。

表9.22　广告评分表

注意强度:本广告对读者的吸引力有多大?	(20)
阅毕强度:本广告使读者往下继续阅读的力量如何?	(20)
认知强度:主要信息或利益的理解程度如何?	(20)
情绪强度:这种特殊诉求的效力如何?	(20)
行为强度:本广告引起马上采取行动的驱使力有多大?	(20)
──────────────→	总分
差　　中等　　一般　　好　　优良	

（2）组合测试。即先给受试者一组试验用的广告,要求他们愿看多久就看多久,等到他们放下广告后,让他们回忆所看到的广告,并且对一个广告尽其所能地予以描述。所得结果则用于判别一个广告的突出性及其期望信息被了解的程度。

（3）实验室测试。有些西方学者还通过测定受试者的生理反应来评估一个广告的可能效果,比如,心跳、血压、瞳孔扩大、出汗等。所用的仪器主要有电流计、脉搏计、形距测量管、瞳孔扩大的测量设备等。然而,这些生理测试充其量只能测量广告引人注意的力量,无法测出广告在可信度等方面的影响。

2. 广告的后测

广告的后测主要用来评估广告出现于媒体后所产生的实际沟通效果。主要测量方法有以下三种:

（1）回忆测试。即找一些经常使用该媒体沟通工具的人,请他们回忆刊登于所研究的刊物上的企业及其产品的名称。回忆方式是请他们回想或复述所有能记得的东西。主持者在受试者回忆的过程中可以给予帮助,也可以不给。回忆结果的评分标准是受试者的反应如何。评分结果可用来判断广告引人注意和令人记住的力量。

（2）识别测试。即先用抽样的方法抽取某一特定沟通工具的接收者（如某一杂志的读者）作为受试者,再请他们反复阅读某一杂志,时间不限,然后说出认识杂志上众多个广告中的哪一个,最后根据识别的结果给予每一个广告三种不同的可读性评分:①只注意到;②尚记得名称;③读过广告内容的一半以上。

(3)知名度测试。莱奥·伯尼特(Leo Burnett)公司曾提出用TRACKER模型来测试广告量 GRP 与产品知名度 A 之间的关系[1]。广告量 GRP 为广告有效接触 R 与广告频率(次数)F 的乘积,即

$$GRP = R \cdot F$$

假设 α 为广告停播(刊)期间产品知名度上升或下降的参数;正值为下降,负值为上升;β 为与广告量相对应的声誉效果参数,β 值越大,效果越好。则广告量与知名度之间的函数关系,可用下式来表达:

$$\ln \frac{1 - A_t}{1 - A_{t-1}} = \alpha - \beta \, (GRP_t) \tag{9.9}$$

或

$$\frac{1 - A_t}{1 - A_{t-1}} = \exp \, [\, \alpha - \beta \, (GRP_t) \,] \tag{9.10}$$

(4)心理效果测试。广告的最基本功能是信息的传播,其效果可能是消费者未产生购买行动,但对所广告的商品或企业会在知识和感觉上发生变化。所以当我们把广告定位在塑造品牌、塑造企业形象的功能上时,则应以心理效果为依据,即消费者对广告产品态度的变化。包括:从不知名到知名、理解、确信,直到采取购买行动。把处于各心理变化阶段的消费者人数比例统计出来,可以得出交流指数。交流指数由知名度、理解率、好感率、购买意图等要素构成。通过对广告发布前后交流指数的变化,可得出消费者心理变化的有关广告心理效果数据,如表9.23所示。

表9.23 广告发布后心理效果对比(%)

	广告前调查	广告后调查	差别
不知名	70	50	
知名	30	50	+20
理解	15	25	+10
确信	15	20	+5
行动	5	10	+5

---

[1] Robert Blattberg, John Golanti, "TRACKER: An Early Test Market Forecasting and Diagnostic Model for New Product Planning", Journal of Marketing Research, May 1978.

上述方法能够看出广告所产生的心理效果,但是由于各项指数较多,当我们面对有两个以上的广告方案时,有时会难以比较优劣。因为不同企业对广告的预期可能是不同的。有的希望提高知名度,有的希望促使消费者购买。所以,同样可以运用价值工程,结合专家打分方法对上述方法加以改进。首先,通过专家打分确定各交流指数的权重;然后,将各交流指数的前后变化量乘以各自权重再求和,可得到量化后的心理效果数值;最后,将其和除以广告费用,就可得到广告心理效果的价值评价指标[①]。

3. 广告销售效果测定

沟通效果的研究可以帮助企业改进信息内容的质量,同时还能使人了解信息对销售的影响作用。如果某制造商知道他最近的广告活动使品牌知名度提高了 20% 和有利的品牌态度提高了 10% ,他能对其销售作出何种结论? 对其广告支出每元的销售生产率又知道多少? 广告费应支出多少?

一般来讲,广告的销售效果要比沟通效果难于测定。广告的销售效果最容易测定的是邮购广告的销售效果,最难测定的是树立品牌或企业形象的广告的销售效果。测定广告对销售状况的影响即广告的销售效果,可通过两种方法进行。

(1)历史资料分析法。这是由研究人员根据同步或滞后的原则,利用最小平方回归法求得企业过去的销售额与企业过去的广告支出二者之间关系的一种测量方法。不少研究人员在应用多元回归法分析企业历史资料,测量广告的销售效果方面,取得了重大进展,尤以测量香烟、咖啡等产品的广告效果最为成功。

(2)实验设计分析法。用这种方法来测量广告对销售的影响,可选择不同地区,在其中某些地区进行比平均广告水平强 50% 的广告活动,在另一些地区进行比平均水平弱 50% 的广告活动。这样,从 150% ,100% ,50% 三类广告水平的地区的销售记录,就可以看出广告活动对企业销售究竟有多大影响,还可以导出销售反应函数。这种实验设计法已在美国等西方国家广为采用。

美国学者斯塔奇(Daniel Starch)测定了 NETAPPS 率(通过广告得到

---

① 参见耿峻岭、邱菀华:《运用价值工程理论测评广告的综合效果》,《价值工程》2000 年第 6 期。

的实际销售效果)[1]。尽管该比率在计算过程及理论上都缺乏精确性,但因其简单、便捷,仍不失是一种测定广告销售效果的有效方法(参见表9.24)。下面列出有关的算式,其中,看了广告以后购买的人数为 a;受广告以外因素影响而购买的人数为:

$$(a+c) \cdot \frac{b}{(b+d)}$$

表 9.24 NETAPPS 率计算法

		广告认知		计人数
		有	无	
购买	有	a	b	$a+b$
	无	c	d	$c+d$
合计人数		$a+c$	$b+d$	N

则

$$NETAPPS = \frac{a(a+c) \cdot \frac{b}{b+d}}{a+b}$$

$$PFA(\text{因广告而增加的销售额}) = \frac{ad-bc}{b+d}$$

$$UP(\text{商品使用上的吸引力}) = \frac{a}{a+c} - \frac{b}{b+d}$$

$$AEI(\text{广告效果指数}) = \frac{1}{N}\left[a - (a+c) \cdot \frac{b}{b+d}\right]$$

广告效果指数虽然较为客观地评价了广告产生的经济效果,却忽视了广告的成本。因此,可以运用价值工程的思想来评价广告经济效果,采用广告经济效果价值指数:

$$AEI^* = AEI/C_0 \quad C_0 \text{ 为广告费用(万元)}$$

【例3】广告效果测试案例:潘婷润发精华素中国高校视频广告效果评估。

研究设计

(1)研究目的。通过客观地分析调研潘婷品牌在高校视频媒体上投放广告后的效果,从而对潘婷润发精华素在中国高校视频媒体投放进行科学、完备地分析,并为今后中国高校视频的广告投放选择提供市场参考建议。

---

[1] D. Starch, "HOW DOES SHAPE OF ADVERTISING AFFECT READERSHIP?" – Media/Scope, Vol. 10, No. 7 (July 1966), PP. 83 – 85.

（2）研究内容。潘婷润发精华素广告——中国高校视频广告效果评估，主要有以下两个方面：

- 潘婷润发精华素中国高校视频广告效果。
- 潘婷润发精华素广告投放后对品牌指标的提升。
- 研究区域。一线城市：北京。
- 调研时间。前测（广告投放前测试）：2005 年 12 月 15 ~ 16 日；后测（广告投放后测试）：2005 年 12 月 30 ~ 31 日。
- 调研方法和样本选取。采用食堂门口拦截的抽样调研方法。样本量：前测 50 样本/食堂 × 2 食堂 = 100 样本；后测 50 样本/食堂 × 2 食堂 = 100 样本。

样本定义：不在相关行业（市场调查行业、广告咨询行业等）工作；过去 6 个月内没有接受过任何公司、任何形式的市场调研活动；在校大学生（包括大专、本科、研究生）；性别比以人流测算所得的性别比为准。

- 潘婷润发精华素广告播出简述。广告规格：30 秒，投放周期：2005 年 12 月 19 ~ 23 日，2005 年 12 月 26 日，截至广告后测调研日为止，潘婷润发精华素广告在中国高校视频上投放 10 天。投放时段：上课日的早餐、中餐、晚餐，播出次数：循环播出 10 次/天。

研究分析和结果

（1）研究结果综述。以 CTR 的 AdEval 模型，考察潘婷润发精华素在中国高校视频上的整体投放效果后可以看出，潘婷润发精华素中国高校视频广告是一个非常具有购买说服力的理想广告，而对于女生的购买说服力更大，能够有力地说服过半的女生去购买该产品。

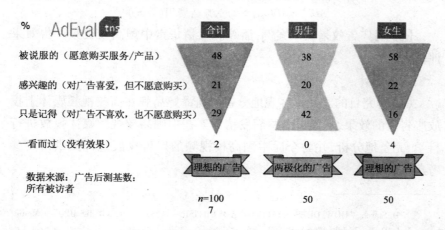

图 9.14　高校视频整体投放效果图（%）

（2）潘婷润发精华素中国高校视频广告效果分析。从广告回忆率、广告到达状况、广告留意率/日留意频次及广告制作元素回忆四个方面进行广告效果分析。

广告回忆率：潘婷润发精华素中国高校视频广告投放后，在无提示情况下，大学生对该广告的自发回忆率良好，说明该广告给大学生留下了一定的印象，尤其是女生对该广告的印象更加深刻（参见图9.15）。

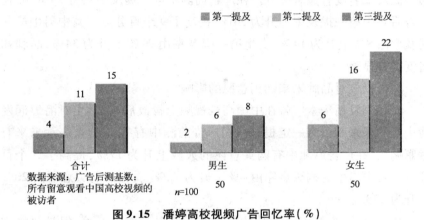

数据来源：广告后测基数：所有留意观看中国高校视频的被访者

图9.15　潘婷高校视频广告回忆率（%）

广告到达状况：广告到达状况研究是调查目标受众广告接受来源，在调研中我们设置了学校食堂电视广告（高校视频广告）、家中电视广告、杂志广告等 13 个广告源选项，结果在无广告版提示的情况下，近60%的大学生声称在中国高校视频（学校食堂电视广告）上看到了潘婷润发精华素的广告。这说明对于目标受众——高校学生，高校视频的到达状况是非常不错的。

广告留意率及广告日留意频次：本次调研中，潘婷润发精华素广告的广告留意率为60%，即60%的大学生留意观看了该条广告；并且，在留意的学生中每天平均会留意观看该广告约 2 次。

其中，50%的男生会留意观看该条广告，平均每个男生每天会留意观看该条广告约 2 次；女生对该广告的留意率达到 70%，日留意频次也约为 2 次。

广告制作元素回忆：在制作元素的回忆中，关于人物元素，88%的人回忆起一位女士；关于情节，71%的人回忆到笑着看自己柔顺的头发，61%的人回忆到把产品抹到头发上，45%的人回忆到看自己干枯的头发；在产品上，有 20%的人回忆到潘婷精华素的包装；最后在画外音的回忆上,分别有45%的人回忆到潘婷润发精华素及给你冬日全面的护养。

可以说,目标受众对广告制作元素的回忆达到了广告的目的,使受众记住了品牌以及其特性和功效。

(3)广告投放后对品牌指标的提升。

广告投放对品牌知名度的影响:

潘婷润发精华素广告在中国高校视频上投放后,潘婷润发精华素的第一提及知名度有显著提升。在广告前测中第一提及率只有15%,而在广告后测中第一提及率上升为24%,提高了9个百分点。其中男生第一提及率由8%上升为14%,女生第一提及率由22%上升为34%,品牌知名度提升显著。

广告投放对品牌未来购买意愿的影响:

潘婷润发精华素广告在中国高校视频上投放后,大学生对潘婷润发精华素的未来购买有一定提升。在广告前测中有12%的人表示未来有意愿购买,在广告后测中有购买意愿的人数上升为17%,提高了5个百分点。其中男生的购买意愿由4%上升为12%,女生的购买意愿由20%上升为22%。

从上可见,虽然该广告对品牌知名度的提升效果显著,但是要将知名度转化为购买意愿还需进一步努力,特别是针对女性受众。

总结:潘婷润发精华素中国高校视频广告投放效果总体来说是比较好的,广告有很好的到达率及对目标受众的正确引导性,广告对品牌知名度的提升有显著效果,但在对购买意愿的提升上还有所欠缺。如何将知名度转化为未来购买意愿是下一步广告策略所要重点考虑的。

第十章 人员推销与销售促进决策模型

人员推销是指企业通过派出销售人员与一个或多个可能成为购买者的人交谈,作口头陈述,推销产品,促进和扩大销售。销售促进是指企业运用各种短期诱因,鼓励购买或销售企业产品或服务的促销活动。

第一节 人员推销战略决策模型

人员推销决策是企业根据外部环境变化和内部资源条件设计和管理销售队伍的一系列活动过程。

人员推销决策的内容尽管很多,但如第九章所述,大体上可分为以下几种:销售人员管理决策(包括对销售人员的招募、挑选、培训、委派、报酬、激励和控制等)、销售队伍规模决策、销售工作安排决策和销售区域设计决策。下面,我们对上述决策做具体介绍。

一、销售人员管理决策

管理决策在人员推销决策中占有相当重要的地位。企业只有通过一系列的管理和控制活动,才能把销售人员融入其整个经营管理过程,使之为实现企业的目标而努力。

(一)销售人员的挑选、招聘和训练

企业的销售工作要想获得成功,就必须认真挑选销售人员。这不仅是因为普通销售人员和高效率销售人员在业务水平上有很大差异,而且错用人将给企业造成巨大的浪费①,一方面,如果销售人员所创造的毛利

---

① 参见 Hunter, G. (2011). In David Cravens, Ken Le Meunier – FitzHugh, and Nigel Piercy (Ed.), *Sales Technology* (pp. 426 – 456). Oxford: England: The Oxford Handbook of Sales Management and Sales Strategy.

不足以抵偿其销售成本,则必然导致企业亏损;另一方面,人员流动造成的经济损失也将是企业总成本的一部分。因此,挑选高效率的销售人员成为管理决策的首要问题。

那么,挑选的标准是什么呢?许多学者长期不懈地对此进行研究,试图订立挑选优秀销售人员的标准。事实表明,订立一套统一的标准是极为困难的。在销售实践中,许多成功的销售人员,他们在心理、个性等方面有着截然不同的特点。比如,在取得成功的销售代表中,既有外向、积极、精力充沛的,也有内向、温和、精力并不充沛的;既有男的,也有女的;有高个子也有矮个子;有表达力强的,也有口齿不清的;有爱清洁的,也有不修边幅的,等等。如果从销售过程的实质来分析,人们也许不会对上述近乎对立的情况表示惊奇。实际上,销售工作是一个销售人员同顾客之间双向沟通的过程,而影响这一过程的因素却是多种多样的,包括政治、经济、社会、文化、个性、心理状况、收入水平、消费倾向等各个方面。但无论如何,只要销售人员手中的产品能让顾客接受,销售过程也就基本完成,因此,上述各因素中的任何一种特定的组合都可能会使销售工作获得成功,这就解释了为什么具有不同形象与特性的销售人员同时能取得成就的原因。

然而,问题还不仅在于此,销售过程的实质决定了销售人员的成功取决于他(她)能否顺利实现自身与顾客间的沟通。所以,在销售人员外表特征的背后还存在某些特质,这些特质既是其成功的因素,也是企业挑选的标准。它们大体上表现为如下几点:

(1)感同力,即善于从顾客角度考虑问题,并使顾客接受自己。

(2)自信力,让顾客感到自己的购买决策是正确的。

(3)挑战力,即具有视各种异议、拒绝或障碍为挑战的心理。

(4)自我驱动力,即具有完成销售任务的强烈欲望。

当然,仅有这几点似乎还略嫌不够,因为在不同的环境下,企业对销售人员素质要求的宽泛程度不尽一致。但是,这四个方面却是任何一个意欲达到成功的销售人员所必须具备的。

企业在确定了挑选标准之后,就可着手招聘。招聘的途径和范围应尽可能广泛,以吸引更多的应聘者。企业人事部门可通过由现有销售人员引荐、利用职业介绍所、刊登广告等方式进行招聘。此后,企业要对应聘者进行评价和筛选。筛选的程序因企业而异,有的简单,有的复杂。一般可分为初步面谈、填写申请表、测验、第二次面谈、学历与经历调查、体格检查、决定录用与否、安排工作等程序。

许多企业在招聘到销售人员之后，往往不经过培训就委派他们从事实际工作，企业仅向他们提供样品、订单簿和区域情况介绍等。之所以如此，是因为企业担心训练要支付大量费用、薪金，并会失去一些销售机会。然而，事实却表明，训练有素的销售人员所增加的销售业绩要比培训成本大，而且，那些未经训练的销售人员其工作并不理想，尤其是在顾客自主意识和自由选择度日益增强和加大的今天，如果销售人员不经过系统的训练，他们很难获得与顾客的沟通。所以，企业必须对销售人员实行训练。

训练销售人员应注意两个问题：一是训练工作的组织和安排，包括训练所要达到的目标，由谁主持训练工作，在何时、何地从事训练，使用何种教学方法和训练技巧以及如何评价训练计划的效果。二是确定训练的内容。它大体上有以下几方面：

（1）要求销售人员了解企业各方面的情况，如企业历史和经营目标、组织机构状况、主要负责人、财务状况和措施、主要产品及销量。

（2）介绍企业的产品情况，包括产品制造过程、品种构成及用途。

（3）讲述企业目标市场各类顾客和竞争对手的特点，如各类顾客的购买动机、购买习惯、收入状况以及竞争对手的策略和政策等。

（4）演示有效推销的方法，如推销术的基本原理、基本方法和技巧，以及企业为各种产品所概括出的推销要点和推销说明。

（5）明确销售人员实际工作的程序和责任，包括怎样在现有和潜在顾客间分配时间、合理支配费用、选择销售路线、撰写销售报告等。

（二）销售人员的激励

激励在管理学中被解释为一种精神力量或状态，起加强、激发和推动作用，并指导和引导行为指向目标。事实上，组织中的任何成员都需要激励，销售人员亦不例外。

由于工作性质、人的需要等原因，企业必须建立激励制度来促使销售人员努力工作。

1. 销售定额

订立销售定额是企业的普遍做法。它们规定销售人员在一年中应销售多少数额并按产品加以确定，然后把报酬与定额完成情况挂起钩来。

每个地区销售经理将地区的年度定额在各销售人员之间进行分配。究竟如何分配定额,理论和实践中存在三种观点或学派。

高定额学派认为,所定的数额应高于大多数销售人员实际能达到的水平,这样会刺激销售人员更加努力地工作。

中等定额学派认为,所定数额应为大多数销售人员所能完成,这样销售人员会觉得定额是公平的,并能产生自信力。

可变定额学派认为,销售人员之间存在个人差异,因而,可以给某些人定较高的定额,而给另一些人定中等定额。如果给能力较强的销售人员分配的定额过低,他们会认为工作太容易完成而难以产生满足感。同样若对能力较差的人分配的定额过高,他们也会觉得完成任务十分困难从而灰心丧气。此外,可变定额派认为,地区经理在确定销售定额时要考虑许多因素,包括销售人员以往的销售绩效,对所管辖地区潜力的估计,对销售人员工作抱负的判断,以及对压力与奖励的反应等。这方面的命题如下:

(1)销售人员 j 在 t 时间内的销售定额 Q_{jt},应高于其上年度的销售额 $S_{j,t-1}$。即

$$Q_{jt} > S_{j,t-1}$$

(2)该定额高一些,则销售人员 j 在该地区预计销售潜力 S_{pjt} 与其上年度销售额的差异即 $Q_{jt} - (S_{pjt} - S_{j,t-1})$ 会增大。

(3)该定额订得越高,销售人员对压力的反应 E_j 也就越大。

这三个命题用一个方程式合并起来,就得出了销售人员的定额:

$$Q_{jt} = S_{j,t-1} + E_j (S_{pjt} - S_{j,t-1}) \tag{10.1}$$

于是,销售人员 j 在 t 时间内的定额至少与其上期的实际销售额相等,再加上地区预测销售潜力和上年度销售额间的差别,那么对压力的反应越肯定,则销售定额也越大。

2. 佣金制度

企业为了使预期的销售定额得以实现,还要采取相应的鼓励措施,如送礼、奖金、销售竞赛、旅游等。而其中最为常见的是佣金。佣金制度是指企业按销售额或利润额的大小给予销售人员固定的或根据情况可调整比率的报酬。佣金制度能鼓励销售人员尽最大努力地工作,并使销售费用与现期收益紧密相连,同时,企业还可根据不同产品、工作性质给予销售人员不同的佣金。但是佣金制度也有不少缺点,如管理费用过高、导致销售人员短期行为等。所以,它常常与薪金制度结合

起来运用。

（三）销售人员的评价

销售人员的评价是企业对销售人员工作业绩考核与评估的反馈过程。它不仅是分配报酬的依据,而且是企业调整营销战略、促使销售人员更好地为企业服务的基础。因此,加强对销售人员的评价在企业人员推销决策中具有重要意义。

1.要掌握和分析有关的情报资料

情报资料的最重要来源是销售报告。销售报分为两类:一是销售人员的工作计划;二是访问报告记录。工作计划使管理部门能及时了解到销售人员的未来活动安排,为企业衡量他们的计划与成就提供依据,由此可以看出销售人员计划他们的工作及执行他们计划的能力。访问报告则使管理部门及时掌握销售人员以往的活动、顾客账户状况,并提供对以后的访问有用的情报。当然,情报资料的来源还有其他方面,如销售经理个人观察所得、顾客信件与抱怨、消费者调查以及与其他销售人员交谈等。总之,企业管理部门应尽可能从多个方面了解销售人员的工作绩效。

2.要建立评估的指标

评估指标要基本上反映销售人员的销售绩效。主要有:销售量增长情况、毛利、每天平均访问次数及每次访问的平均时间,每次访问的平均费用,每百次访问收到订单的百分比,一定时期内新顾客的增加数及失去的顾客数目,销售费用占总成本的百分比。为了科学、客观地进行评估,在评估时还应注意一些客观条件,如销售区域的潜力、区域形状的差异、地理状况、交通条件等。这些条件都会不同程度地影响销售效果。

3.实施正式评估

企业在占有了足够的资料,确立了科学的标准之后,就可以正式评估。大体上,评估有两种方式。一种方式是将各个销售人员的绩效进行比较和排队。这种比较应当建立在各区域市场的销售潜力、工作量、竞争环境、企业促销组合等大致相同的基础上,否则,显得不太公平。同时比较的内容也应该是多方面的,销售额并非是唯一的,销售人员的销售组合、销售费用以及对净利润所作的贡献也要纳入比较的范围。另一种方式是把销售人员目前的绩效同过去的绩效相比较。企业可以从产品净销售额、定额百分比、毛利、销售费用及其占总销售额的百分比、访问次数、每次平均访问成本、平均客户数、新客户数、失去的客户数等方面进行比较。这种比较方式有利于销售人员对其长期以来的销售业绩有完整的了解，督促和鼓励他们努力改进下一步的工作。

二、销售队伍规模决策

销售人员是企业最有生产价值、花费最多的资产之一[①]，销售队伍的规模直接影响着销售量和销售成本的变动。因此，销售队伍规模是人员推销决策中的一个重要问题。它既受营销组合中其他因素的制约，又影响企业的整个营销战略。

企业设计销售队伍规模通常有三种方法：①销售百分比法。企业根据历史资料计算出销售队伍的各种耗费占销售额的百分比以及销售人员的平均成本，然后对未来销售额进行预测，从而确定销售人员的数量。②分解法。这种方法是把每一位销售人员的产出水平进行分解，再同销售预测额相对比，以判断销售队伍的规模大小。③工作量法。上述前两种方法比较简单，但它们都忽略了销售人员的数量与销售量之间的内在联系，因而实际意义不大。下面重点介绍第三种方法，即工作量法。

工作量法分为五大步骤。

（1）按年销售量的大小将顾客分类。

（2）确定每类顾客所需的访问次数（即对每位顾客每年的推销访问次数），它反映了与竞争对手相比要达到的访问密度有多大。

（3）每类顾客的数量乘以各自所需的访问次数就是整个地区的访问工作量。

（4）确定一个销售代表每年可进行的平均访问次数。

（5）将总的年访问次数除以每个销售代表的平均年访问数即得所需销售代表数。

【例1】某个企业的顾客分类如表10.1所示。

---

① 参见 Douglas E. Hughes & Michael Ahearne, *Energizing the Reseller's Sales Force: The Power of Brand Identification*, Journal of Marketing, Volume 74, Number 4, July 2010.

表 10.1　企业顾客分类表

顾客类型	顾客数量	年访问数	总访问数
A	30	24	720
B	90	12	1 080
C	400	6	2 400
合计	520		4 200

由表 10.1 可知,企业的这项产品每年需 4 200 次访问。如果每位销售代表年平均访问次数是 700 次,那么,该企业就需要 6 个销售代表。即

$$销售代表数 = \frac{总的年访问次数}{人均年访问次数} = \frac{4\ 200}{700} = 6(人)$$

可见,工作量法相对而言较为实用。不过,它没有说明访问次数是如何确定的,也没有把销售队伍的规模当成能为企业带来利润的一种投资。事实上,企业利润同销售队伍的规模、预算、报酬方式等紧密地联系在一起。我们假设,最佳的销售队伍规模使企业利润达到最大化,那么,在利润最大化水平下,确定销售队伍规模的问题也就迎刃而解了。这就是市场—反应模型。

在利润最大化情况下,有如下方程式成立:

$$\max Z = PQ(X) - C_1(Q) - C_2(X) \tag{10.2}$$

式中,Z 为利润;P 为销售价格;Q 为由推销努力所卖出去的产品数量;X 为销售队伍的规模;$C_1(Q)$ 为生产和经销 Q 个产品的全部成本;$C_2(X)$ 为在 X 水平下的销售努力成本。

这里假定,营销组合中的其他要素(价格、广告等)固定不变,没有库存积压和竞争的影响,每位销售人员只推销一种产品,而且他的推销素质同报酬方式是相吻合的。

在式(10.2)中,未知量 P,$C_1(Q)$ 和 $C_2(X)$ 很容易知道,只是 $Q(X)$ 难以确定。$Q(X)$ 代表了市场对推销努力的销售反应,一般可以通过历史资料或地区试验进行估计。这样,在利润最大化水平下的企业销售队伍的最佳规模 X^* 便可确定。

三、销售工作安排

销售工作安排是指销售努力分配,即在销售队伍规模既定的条件

下,销售人员如何在产品、顾客和地理区域方面分配时间和资源。

(一)时间安排(顾客方面)

大多数市场的顾客是不相同的。因而,每位销售人员在做销售时间安排时总涉及这样三个问题:①在潜在顾客身上要花多少时间? ②在现有顾客身上要花多少时间? ③如何在现有顾客和潜在顾客之间合理地分配时间?

对企业而言,时间安排通常表现为销售目标,有比较明确的规定。某家企业指示其销售人员,要将 80% 的时间花在现有顾客身上,20% 的时间花在潜在顾客身上。如果企业不这样规定比例,销售人员很可能会把绝大部分时间用于向现有顾客推销产品,从而忽视新顾客方面的工作。所以,企业进行人员推销决策时,必须重视销售时间的安排。下面简单介绍一下 CALLPLAY 模型[①]。

CALLPLAN 模型是一个销售人员访问计划系统。其目标是确定销售人员对每一位现有顾客和潜在顾客的访问频率,即在一定时间内的访问次数。它假定对每位顾客的年预期销售额是年平均访问次数的函数。

CALLPLAN 模型分成两部分。第一部分是确定不同访问策略下的预期利润。

设定,对每位顾客 i 而言,企业在一定时期内作 x_i 次访问,预期销售为 $r_i(x_i)$。如果 X_{ic} 为现行的访问水平,那么,会有如下五种不同的访问策略:①没有访问$(0, r_0)$;②达到现有水平的一半$(X_{ic}/2, r_{0.5})$;③现有水平(X_{ic}, r_1);④1.5 倍于现有水平$(1.5X_{ic}, r_{1.5})$;⑤极大化情况(∞, r_∞)。对于上述情况,有如下函数关系式成立:

$$r_i(x_i) = r_0 + (r_\infty - r_0)\frac{x_i^{a_1}}{a_2 + x_i^{a_1}} \qquad (10.3)$$

式中,a_1, a_2 是非线性回归参数。

第二部分确定最佳时间安排。

假定销售区域划分成 j 个相互独立的地区。令

t_i = 花费在顾客 i 上的时间(访问长度);

n_j = 到 j 地区旅行的次数;

u_j = 到 j 地区花费的时间;

① Leonard M. Ladieh, "CALLPLAN: An Interactive Salesman's Call Planning System", Management Science Vol. 18, NO. 4, Part II (Dec. 1971b), PP. 25 – 40.

c_j = 到 j 地区的预算外开支（可变成本）；

e = 市场反应周期数；

T = 花费在推销和旅途方面的时间总和。

那么：

$t_i x_i$ = 访问顾客 i 所花费的时间总和；

$n_j u_j$ = 推销期间到达 j 地区花费的时间总和。

根据利润最大化公式：

$$\max Z = \sum_i f_i r_i (x_i) - e \sum_j n_j c_j \qquad (10.4)$$

约束条件　　　$\sum_i x_i t_i + \sum_j n_j u_j \leq T$　（f_i 是校正系数）

问题转化为寻找 x_i 的整数值，即〔x_i〕。〔x_i〕是使企业利润达到最大化时的最佳时间分配形式。下面的例子能使我们更好的理解 CALLPLAN 模型的思想。

【例2】CALLPLAN 模型

五一机械公司的销售员 A 有四个主要的客户，在一个月内，A 可以去拜访这些客户 15 次，每次的平均成本为 200 元。对每个客户拜访次数及每次拜访增量利润的关系如表 10.2 所示。上个月 A 的总销售额为11 985 元，利润 8 985 元。

表 10.2　拜访次数与增量利润

拜访次数 客户号	1	2	3	4	5	6	7	8	9	10	…
1	100	300	600	400	300	225	160	110	70	50	…
2	1 400	1 100	850	650	490	360	250	165	85	15	…
3	3 600	1 800	800	200	100	75	50	40	30	25	…
4	180	170	160	150	140	135	130	125	120	115	…

上个月 A 对各客户拜访的频率分别为：客户 1，七次；客户 2，三次；客户 3，三次；客户 4，两次。

而根据 CALLPAN 模型的思想，销售员 A 的第一次拜访应分配给客户 3，因为客户 3 的利润贡献最大，为 3 600 元；将第二次拜访也分配给该客户，这次该客户的利润贡献为 1 800 元，仍是最大的；按照此思路，同理第三至第五次拜访应分配给客户 2，总贡献为 3 350 元；第六次拜访分配给客户 3；第七至第八次分配给客户 2，总贡献 1 140 元；第九至第十二次分配给客户1,总贡献为1 400元;第十三次分配给客户2;第十四次分配给客户1;第十五次分配给客户2。

按照这样的思路,A对各客户拜访的频率为:客户1,五次;客户2,七次;客户3,三次;客户4,零次。按照此拜访方案,A的销售总额将达到13 000元,扣除拜访成本后净利润为10 000元,比上个月拜访分配方案的净利润提高11.3%。

按CALLPLAN模型的思想,不建议拜访客户4。对于客户4企业应当用成本小的方式——诸如电话——与这些客户联系。

(二)资源分配(产品方面)

一支销售队伍通常要推销一系列产品,所以,销售人员必须寻求一种最为经济的方式在各个产品间配置推销资源(时间)。这项决策是较为困难的。新产品的推销有时甚至要花上好几年的时间才能使销售额达到最高水平。因此,企业在决策时不能仅看到近期的销售额和利润率,而必须着眼于长远的利益,从战略角度来分配资源和时间,设计营销组合。

使销售人员在产品之间有效地安排时间主要有两种思路:一是通过报酬系统起间接作用,合理的报酬方式能让销售人员为实现企业的目标而努力。二是直接的办法,这里介绍一下DETAILER模型[①]。

DETAILER是一个关于销售工作安排问题的决策模型,它假设企业推销一组产品,销售队伍规模固定,需求交叉弹性可以忽略不计,而且销售人员不受佣金影响,追求企业利润最大化。

该模型首先建立销售反应函数:

$$Q(t) = P(t)I(A_t) \tag{10.5}$$

式中,$Q(t)$为时间t内的销售额;$P(t)$为时间t内的销量潜量;A_t为时间t内因推销而产生的累积展露值;$I(A_t)$为A_t的销售指数函数。

而 $$A_t = \lambda R_t(X_t) + (1-\lambda)A_{t-1}$$

式中,R_t为相对展露值;λ为遗漏参数;X_t为现行销售水平。

这样,问题就转化为寻找X_{it},即对于产品i来说,究竟采用怎样的访问策略(如何安排时间)才能使产品利润最大。于是,考虑如下目标函数:

---

① D. B. Montgomery, and A. J. Silk, and C. E. Zaragoza. "A Multiple – Product Sales force Allocation Model." Management Science, Vol. 18, No. 4, Part Ⅱ (Dec. 1971), PP. 3 – 24.

$$\max Z = \sum_{i=1}^{n} m_i \sum_{t=1}^{T} P_{it} I(A_{it}) \tag{10.6}$$

式中,Z 为计划期内总的产品线利润;m_i 为产品 i 的毛利额;n 为产品数;T 为计划期。得到

$$\max Z = \sum_{i=1}^{n} m_i \sum_{t=1}^{T} P_{it} I[\lambda R(X_{it}) + (1-\lambda)A_{t-1}] \tag{10.7}$$

上述式子可以利用计算机运行,求得 X_{it}。

四、销售区域设计

近年来,不少营销学家提出销售区域设计模型。其中海斯(Hess)和萨缪尔斯(Samuels)于 1971 年提出的 GEOLINE 模型较为著名[1]。下面简单作一介绍。

GEOLINE 模型认为,企业对销售区域进行划分必须满足三个条件:

条件1:相等的销售工作量。

条件2:连续性,即每个区域要由相互连接的小区元组成。

条件3:密集性,即每个区域要易于覆盖。

GEOLINE 模型借用了刚体力学中"转动惯量"的概念来衡量区域密集程度。

根据刚体力学理论,刚体在转动过程中,其惯性大小由转动惯量来表示。每个刚体可划分为 J 个质元(Δm_i 表示第 i 个质元)。如果 Δm_i 与刚体质心的距离为 V_i,那么刚体的转动惯量就等于:

$$M = \sum_{i=1}^{J} \Delta m_i V_i \tag{10.8}$$

相似地,销售区域的转动惯量也可据此思路推出。

我们把某个销售区域也划分成 J 个区元,这些区元在直角坐标系中表现为各个点(见图 10.1)。假定点 $A(e_i, n_j)$ 为第 j 个区元,点 $B(E_i, N_j)$ 为区域质心即销售人员的位置,i 为 I 个销售区域之一。

若 X_{ij} 为区元 j 占区域 i 的份额;a_j 为区元 j 的顾客购买量,则点 A 和点 B 的距离或成本 C_{ij} 为:

$$C_{ij} = \sqrt{(N_i - n_j)^2 + (E_i - e_j)^2} \tag{10.9}$$

所以,区域 i 的转动惯量 M 为:

①　S. W. Hess, and S. A. Samuels. "Experiences With a Sales Districting Model: Criteria and Implementation." Management Sci−ence, Vol. 18, No. 4 Part Ⅱ(Dec. 1971), PP. 41 −54.

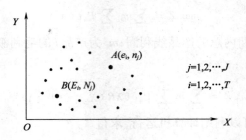

图10.1　销售区域图

$$M = \sum_j \sum_i C_{ij} X_{ij} a_j \qquad (10.10)$$

于是,要想使区域密集性最大,就应找出 X_{ij} 来,使得转动惯量 M 最小。即

$$\min M = \min \sum_j \sum_i C_{ij} X_{ij} a_j \qquad (10.11)$$

该式还要满足另外两个约束条件:

$$\sum_j X_{ij} a_j = \frac{1}{I} \sum_j a_j \quad （满足条件1） \qquad (10.12)$$

$$\sum_i X_{ij} = 1 \quad （满足条件2） \qquad (10.13)$$

此外,根据刚体力学理论,区域质心 B 的位置也可以确定,得出:

$$N_i = \frac{\sum_j X_{ij} a_j n_j}{\sum_j a_j X_{ij}} \qquad (10.14)$$

$$E_i = \frac{\sum_j X_{ij} a_j e_j}{\sum_j a_j X_{ij}} \qquad (10.15)$$

第二节　销售促进决策模型

销售促进的方式有很多,如优惠券、奖励、降价等,企业决定进行销售促进活动来拉动销量时,方式的选择尤为重要。此外,预测销售促进能取得多大的效果对企业来说也具有重要的意义。因此,我们将从销售促进方式选择和销售促进效果评估两个方面来介绍销售促进决策模型。

一、销售促进方式选择

按照销售促进的对象,促销方式可以分为以下几类:针对消费者的样品、折价券、以旧换新、减价、赠奖、竞赛和商品示范等；针对产业用户的折扣、赠品和特殊服务；针对中间商的购买折让、免费货品、商品推广津贴、合作广告、推销金和经销商竞赛等。为了更好地理解促销的分类，我们用图 10.2（促销类型及流程图），反映对不同层次可用的促销方式选择。

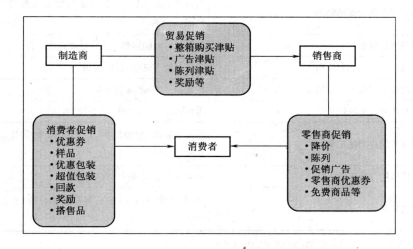

图 10.2 促销类型及流程图

对于促销方式的选择，关键在于认清、了解促销的目标。促销工具形式多样，各种促销都有不同的用途，能达到不同的目的。如，免费样品能促使消费者使用，而免费管理咨询服务却能巩固与客户的长期关系。综合来看，促销主要有以下三种功能：

（1）沟通：不仅仅使产品或品牌得到更多的关注，还能为消费者提供其关注的信息。

（2）刺激：促销中的减让、诱导等都具有一定的刺激作用，目的是向受众展示更多的产品或品牌价值。

（3）邀约：促销工具使用的目的是为马上进行交易，特别是在制造商与经销商之间，促销能促使这种目标实现。

我们将一些营销目标与实现这些目标的促销方式整理出来，如表10.3 所示，通过该表企业可以根据自己的目标选择相对正确有效的促销方式。

表 10.3　营销目标与促销类型匹配图

营销目标	促销类型
提高重复购买率	包装内优惠券,持续促销项目(如"N for"零售促销)
提高本品牌在品牌转换中的市场份额	FSI 优惠券、面向其他品牌用户的优惠券、零售促销
提高零售商的促销频率	贸易优惠政策;消费者促销与贸易优惠结合使用
加强产品形象	与形象导向的零售商进行形象合作广告
提高产品大类的转换率	零售促销、FSI 优惠券、折扣
针对敏感消费者的促销	优惠券、"N for"零售促销
提高产品大类的销量	零售商促销,与事件(如开学)有关的促销
提高非用户的使用率	连带优惠券、免费样品、试用包装、邮寄优惠券等
加快短期存货流动	贸易优惠政策、折扣、存货融资
提高分销	FSI 优惠券(提高需求),贸易优惠政策(提高DPP)

N for 指多件商品促销(如 15 元钱买 3 个)。

FSI 指报纸、杂志中的免费插页广告。

DPP 指经销商价格促销。

资料来源:Blattberg & Neslin 1990:P.464。

促销工具繁多,而且不断有新的促销方式出现。促销方式的运用一定要有目的性,要根据企业的目标选择合适的促销方式,而不是为了促销而促销。除了企业目标外,各种促销工具的特征也是影响促销选择的重要因素,这在一般的市场营销类书籍中都有详细的叙述,在此不再做说明。

二、销售促进效果评估模型

常用的销售促进效果评估模型有库恩—伦洛夫模型和拉奥—利廉模型。这两种模型都是以行为假设为基础,并以经验为根据建立起来的。

(一)库恩—伦洛夫模型

1967 年,库恩(Alfred A. Kuehn)和伦洛夫(A. C. Rohloff)提出了一个测定销售促销效果的模型。库恩和伦洛夫首先提出两个方程,即收益方

程和损失方程,用来描述消费者在第 n 次购买时选购和不购品牌 i 的情形,分别为:

$$P_{i,n+1} = (1-\lambda)P_{i,n} + \emptyset S_i + (\lambda - \emptyset) \qquad (10.16)$$

$$\bar{P}_{i,n+1} = (1-\lambda)P_{i,n} + \emptyset S_i \qquad (10.17)$$

式中,$P_{i,n}$ 为第 n 次购买时选购品牌 i 的概率;S_i 为品牌 i 的均衡市场占有率,$\sum S_i = 1$;$\emptyset$ 为产品和产品类别特定常数,$\lambda > \emptyset, \lambda \in (0,1)$。

品牌转换模型如图 10.3 所示,最上方实斜线是品牌 i 的收益方程,而下方斜线则是损失方程。$P_{i,n+1}$ 为 $P_{i,n}$ 的线性函数,斜率为 $(1-\lambda)$。该图还表明了单个消费者重复购买品牌 i 的比率,即由 $P_{i,n} = A$ 趋近于 $P_{i,n} = (\emptyset S_i/\lambda + [(\lambda - \emptyset/\lambda)])$ 的速率[1]。

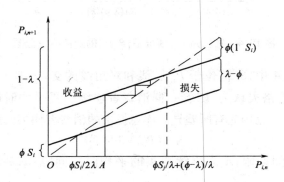

图 10.3 品牌转换模型图

考虑到众多消费者的重复购买情况,则得:

$$\bar{P}_{i,n+1} = \bar{P}_{i,n}[(1-\lambda)\bar{P}_{i,n} + \emptyset S_i + \lambda - \emptyset] + (1-\bar{P}_{i,n})[(1-\lambda)\bar{P}_{i,n} + \emptyset S_i]$$

或
$$\bar{P}_{i,n+1} = (1-\emptyset)\bar{P}_{i,n} + \emptyset S_i \qquad (10.18)$$

式中,$\bar{P}_{i,n}$ 为 $P_{i,n}$ 的平均(期望)值。

该趋势模型假设,消费者家庭的购买概率起初偏离均衡点,在随后的购买活动中将逐渐趋近该点。式(10.18)表明:$\bar{P}_{i,n}$ 趋近于 S_i(均衡市场占有率)的速率仅取决于 $\emptyset$,即完全独立于 λ。所以,$\emptyset$ 值和 $P_{i,n}$ 值的测定,可为确定特定促销效果提供重要信息。

在该模型中,促销被视为一种市场干扰,受干扰的市场占有率 $\bar{P}$ 回归到均衡市场占有率 S 的速率受 $\emptyset$ 的制约。这样,在均衡市场占有率 S

① Alfred A. Kuehn and A. C. Rohloff, "What Are Promotions?" In PROMOTIONAL DECISIONS USING MATHEMATICAL MODELS, ed. P. Robinson(Boston:Allyn&Bacon,1967), PP. 41 – 69.

点的收益值或损失值,即为促销效果。该模型与其说是一种消费者行为模型,倒不如说是一个描述消费者家庭总体关于$P_{i,n}$期望值的模型。其相应方程(10.18)可描述为图10.4。

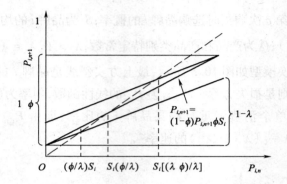

图10.4　在已知$P_{i,n}$情况下,$P_{i,n+1}$的期望值模型图

在图10.4中,S_i值位于$\bar{P}_{i,n+1}$线和对角线的交点,即$P_{i,n+1} = P_{i,n+1}$处。库恩和伦洛夫认为,随着一群消费者连续购买平均时间间隔的不同,$\emptyset$值和λ值也相应有所差异。库恩提出的消费者购买时间模型为:

$$P_{i,T} - S_i = (P_{i,0} - S_i)e^{-aT-bA} \qquad (10.19)$$

式中,T为时间期限;A为连续购买的平均时间间隔;a,b为产品类别参数。

由方程(10.19)可以看出,连续购买的平均时间间隔越大(即A值越大),$P_{i,T}$趋近于S_i的速度越快。因此,$P_{i,T}$值位于其均衡值邻域内。相反,如果大量购买者的$P_{i,T}$偏离S_i越远,则$P_{i,T}$回归到均衡市场占有率S_i的速度越慢。二者之间的这种关系,可由下式表述:

$$\lambda - \emptyset = P_{i,n+1}(收益) - P_{i,n+1}(损失) \qquad (10.20)$$

方程(10.20)是式(10.16)减去式(10.17)的结果。由该方程可以看出,λ和$\emptyset$都是第n次购买和第$n+1$次购买时间间隔的函数。随着购买间隔T的增大,$\lambda(T)$和$\emptyset(T)$都将趋近于1。而且,当$T \to 0$时,有

$$\lambda(T) \to \lambda C \qquad \emptyset(T) \to \emptyset C$$

式中,C为常数。

图10.5表明了λ和$\emptyset$之间的关系,即λ和$\emptyset$是时间间隔t的隐函数。借助下式可以估计特定促销k所导致的购买增加量。

$$W_k = \frac{\sum f_i V_i Q_{ik}}{\sum f_i} \qquad (10.21)$$

式中,f_i 为样本家庭推测因子(用于推测全国性结果);V_i 为家庭数量;Q_{ik} 为特定促销所导致的相对增加量;W_k 为特定促销 k 所导致的增加量。

在该方程中,Q_{ik}是个关键项,它从总体上测定促销前购买概率和促销后购买概率的差异。假如促销导致在第 n 次购买时选择了企业促销的品牌,而促销前购买企业品牌的概率可由方程(10.16)和(10.17)中的 $P_{i,n}$ 估计,促销后购买概率 $\hat{P}_{i,n+2}$ 仅取决于促销之后的单项购买行为,这可用期望值法求得。

$$\hat{P}_{i,n+1} = (1 - \emptyset)P_{i,n} + \emptyset S_i \tag{10.22}$$

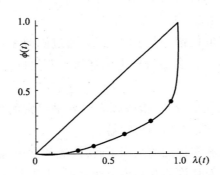

图 10.5 λ 和 Ø 的函数关系

而

$$\hat{P}_{i,n+2} = \begin{cases} (1-\lambda)P_{i,n+1} + \emptyset S_i + \lambda - \emptyset \\ (\text{当品牌 } i \text{ 被 } n+1 \text{ 次购买选中时}) \tag{10.23} \\ (1-\lambda)P_{i,n+1} + \emptyset S_i \\ (\text{当品牌 } i \text{ 未被 } n+1 \text{ 次购买选中时}) \tag{10.24} \end{cases}$$

则

$$Q_{ik} = \hat{P}_{i,n+2} - P_{i,n}$$

(二)拉奥—利廉模型

1972 年,拉奥(Ambar G. Rao)和利廉(Gary L. Lilien)提出了一个以汽油特许零售企业为考察对象,以一系列行为假设为理论基础,主要用于测定多种同时进行的促销活动综合效果的数学模型[1]。

该模型的建立,是以改善 20 世纪 60 年代后期莫比尔公司的销售预

---

[1] Ambar G. Rao and Gary L. Lilien, "A System of Promotional Models", Management Science, Vol. 19, No. 2 (October 1972). PP. 7 – 15.

测系统为起点的。当时,两种主要的促销活动致使零售业的经营出现了大幅度的波动:一种是竞赛游戏,一种是通过邮政系统向顾客主动提供信用卡。此外,在许多市场上,还出现了将价格变动作为促销的一种形式,致使价格波动剧烈的情况。

60 年代后期,汽油零售业的游戏促销有许多种具体形式。而这些形式又具有某种程度上的共同之处。顾客可以从促销品牌那里取得游戏表格或其他资格证明,通过随机抽签的方式确定获奖者。起初开展这项促销活动的目的,是将顾客从竞争者品牌那里吸引过来,使之成为企业品牌的常客。到后来,这种促销便具有某种程度上的防御含义,即目标不再是赢得顾客,而是不要失去顾客。

而信用卡形式的促销,则是由零售商通过邮政系统,将信用卡寄给符合某种人文标准或社会经济标准的居民。其目的也是将顾客吸引到促销品牌方面来。

这两种形式的促销,都不指望顾客以异乎寻常的数量购买,而只是试图通过吸引新顾客来获得销售收益。

鉴于缺乏对顾客多样性的全面了解,拉奥和利廉选用了总计模型法进行研究,并假定:对特许经营零售企业来说,由于某项促销活动而导致的销售收益的增加,要受以下三个主要因素影响:

(1)促销潜量。促销潜量与目前尚未参与特定促销活动的消费者数量有关。假如多种促销品牌的共有市场占有率为 m,则$(1-m)$为可转移的市场占有率,而促销潜量 P 则是$(1-m)$的增函数。它实际上是指随机抽取的消费者恰好是目标市场顾客的可能性。

(2)促销接触率。促销品牌的零售网点越多,众多消费者便越容易发现并参与促销。这样,随机抽取的顾客接触促销网点的可能性(即接触率 R)是 m 的增函数。

(3)促销实力。促销活动越有趣,各个消费者利用促销优惠的可能性就越大。促销实力 S 可表述为:

$$S = K(x,t) \tag{10.25}$$

式中,x 为促销性(或形式);t 为促销时间。

K 对 x 是一条 S 型曲线,而对 t 则是一条递减曲线。

从上述假设可知,若随机抽取的顾客对促销所作的反应为 PRS,期望收益(即市场上受促销影响的顾客数量)为 V^*,促销期间平均每个顾客的购买量为 g,则

$$V^* = PRS \cdot g \qquad (10.26)$$

若市场上顾客数量为 C，由促销而导致的销售收益增加量为 V，$G = Cg$，则

$$V = PRS \cdot G \qquad (10.27)$$

拉奥和利廉对式(10.26)的各项作了如下分解：

$$P = 1 - m \qquad (10.28)$$

$$R = m^\alpha \qquad (11.29)$$

$$S = K \qquad (10.30)$$

上述单个的函数形式及其组合方式如图 10.6 所示。图 10.6(c)表明，当参与促销的顾客比率很小(即 R 很小)或该比率很大(即促销潜量很小)时，所有促销品牌的销售收益百分比会较小。将式(10.28) – (10.29)代入式(10.27)，得

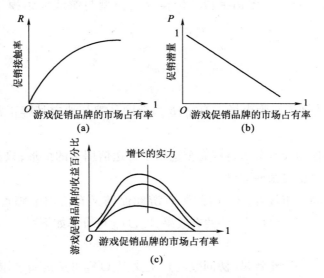

图 10.6　拉奥—利廉游戏促销模型结构

$$V = KG (1 - m) m^\alpha \qquad (10.31)$$

式中，V 为所有游戏促销品牌的销售收益。

同样，若非促销品牌的市场占有率为 m_0，V_L 为非促销品牌的销售损失，假定损失与占有率成比例，则损失为：

$$V_L = KGm^\alpha (1 - m) \frac{m_0}{1 - m}$$

$$= KGm^\alpha m_0 \qquad (10.32)$$

由于在没开展促销活动的情况下预期销售量为 $m_0 G$，所以促销损失

P_L 为

$$P_L = \frac{v_L}{m_0 G} = Km^\alpha \tag{10.33}$$

类似地，游戏促销品牌的均衡收益 P_G 为：

$$P_G = KGm^\alpha (1-m) \frac{m_0}{m} \frac{1}{m_0 G}$$

$$= Km^{\alpha-1}(1-m) \tag{10.34}$$

注意，当 $m \to 1$ 时，$P_L \to K$，所以，K 是企业因不参与促销活动而招致的最大均衡损失额。

同样，我们也可照此建立变价促销或信用卡促销模型。在 60 年代的美国汽油市场上，最激烈的价格竞争是在全国品牌和地方品牌之间展开的。从全国品牌的立场上看，价格差距的拉大可以看做是地方品牌对抗全国品牌的一种促销手段。价格促销模型与游戏促销模型十分相似，即

$$p = 1 - m_I \tag{10.35}$$

$$R = m_I^\alpha \tag{10.36}$$

$$S = f(\delta) \tag{10.37}$$

式中，m_I 为地方品牌市场占有率；δ 为全国品牌与地方品牌正常价格差距的变化。

这种模型及其分析过程完全适用于寄送信用卡的情形，只不过后者的研究要略微复杂些而已。

如果同一市场在同一时间既有游戏促销又有信用卡邮寄促销，那么，我们就需要计算促销的共有效果，$V_G \cup V_C$ 可分解如下：

$$V_G \cup V_C = V_G + V_C - V_G \cap V_C \tag{10.38}$$

如果不是合作效果（协同效应），则交 $V_G \cup V_C$ 可从逻辑上限定为：高于 $\min(V_G, V_C)$，即所有的人都被某一项促销活动所吸引的效果；低于 $V_C V_G / G$，即各个部分的人分别各自独立地被任何一种促销形式所吸引的效果。由于一群人不可能完全地各自独立，所以，交 $V_G \cap V_C$ 的值应略低估些，它可表述为凸并的形式，即

$$V_G \cap V_C = \lambda \min(V_G, V_C) + (1-\lambda) \frac{V_G V_C}{G} \qquad 0 < \lambda < 1 \tag{10.39}$$

参考文献

1. 郭国庆. 市场营销管理——理论与模型. 北京:中国人民大学出版社,1995.

2. 郭国庆. 市场营销理论. 北京:中国人民大学出版社,1999.

3. 郭国庆. 市场营销. 北京:中国人民大学出版社,2002.

4. 郭国庆. 市场营销学. 第 3 版. 武汉:武汉大学出版社,2004.

5. 郭国庆. 体验营销新论. 北京:中国工商出版社,2008.

6. 郭国庆. 营销管理. 第 2 版. 北京:首都经济贸易大学出版社,2008.

7. 郭国庆. 现代市场营销学. 北京:清华大学出版社,2008.

8. 郭国庆. 营销学原理. 北京:对外经济贸易大学出版社,2008.

9. 郭国庆. 市场营销学概论. 北京:高等教育出版社,2008.

10. Guo Guoqing, et al. The New Development of Services Marketing and Management in the Era of Globalization:Proceedings of 2008 Summit International Marketing Management Conference, Orient Academic Forum, Sydney, Australia, 2008.

11. 郭国庆. 营销理论发展史. 北京:中国人民大学出版社,2009.

12. 郭国庆. 服务营销管理. 第 2 版. 北京:中国人民大学出版社,2009.

13. 郭国庆. 国际营销学. 第 2 版. 北京:中国人民大学大学出版社,2011.

14. 郭国庆. 市场营销学通论. 第 4 版. 北京:中国人民大学大学出版社,2011.

15. Guo Guoqing, et al. Marketing Science Innovations and Economic Development:Proceedings of 2009 Summit International Marketing Science and Management Technology Conference, Orient Academic Forum, Sydney, Australia , 2009.

16. Guo Guoqing, et al. Marketing Science Innovations and Economic Development:Proceedings of 2010 Summit International Marketing Science

and Management Technology Conference, Orient Academic Forum, Sydney, Australia , 2010.

17. Basu K. ,and Guo, G. The Need for Reforms in Chinese Marketing Education . Ivey Business Journal. May/June,2007. .

18. 郭国庆、孟捷 . 非营利机构服务质量传递系统的过滤模型 . 管理学报,2006(1).

19. 郭国庆、刘彦平、钱明辉 . 城市营销的机会分析 . 财贸经济,2006 (1).

20. 郭国庆、刘彦平 . 城市营销理论研究的最新进展及启示 . 当代经济管理,2006(2).

21. 郭国庆、杨学成 . 消费者对服务便利的感知:以超市购物为背景的实证研究 . 管理评论,2006 . Vol. 18(8).

22. 郭国庆、杨学成、何秀超. 服务便利理论在零售企业中的应用:消费者购物过程中的便利需求分析 . 南开管理评论,2006(2).

23. 郭国庆、杨学成 . 互联网时代的口碑营销及应用策略 . 财贸经济,2006(9).

24. 郭国庆、刘彦平 . 城市价值的营销学思考 . 北京行政学院学报,2006(4).

25. 杨学成、钱明辉 . 网上口碑对消费者决策的影响及启示 . 当代经济管理,2006(3).

26. Guo, Guoqing, et al (2006). Attitudes toward Internet Advertising: Cross – cultural Study . International Journal of Internet Marketing and Advertising . Vol. 3 (2).

27. 郭国庆、杨学成、张杨 . 口碑传播对消费者态度的影响:一个理论模型 . 管理评论,2007(3).

28. 郭国庆、何秀超、孟捷 . 中国市场营销课程的发展与研究生市场营销课程现状分析. 学位与研究生教育,2007(7).

29. 郭国庆、吴剑峰 . 企业知识库、技术探索与创新绩效关系研究:基于美国电子医疗设备行业的实证分析 . 南开管理评论,2007(7).

30. 郭国庆、钱明辉、孟捷 . 交叉销售调节下的顾客忠诚:来自医药零售企业的实证分析. 财贸经济,2007 (9).

31. 郭国庆、钱明辉 . 打造城市品牌 提升城市形象. 人民日报,2007 – 9 – 3.

32. Guo, Guoqing, et a（2007）. Cross – selling in the Strategic Per-spective：Cause and Risk of Enterprise's Diversification . The Sixth Wuhan International Conference on E – Business . 2373 – 2385.

33. Guo, Guoqing, et al（2007）. How Cross – selling Moderate the Cus-tomer Loyalty：An Empirical Analysis from the Medicine Retailing in China . The Sixth Wuhan International Conference on E – Business. 2386 – 2392. .

34. 郭国庆、钱明辉 . 加强营销创新 构建和谐社会. 中国流通经济, 2008（3）.

35. 郭国庆、汪晓凡 . 体验营销：与顾客实现多方位互动. 经济日报 2008 – 6 – 26（11）.

36. 郭国庆、钱明辉、李光明. 关于开展城市品牌管理的战略思考. 国家行政学院学报,2009（3）.

37. 郭国庆、汪晓凡、李屹松. 非营利组织体验营销的特征及组合策略研究. 当代经济管理,2009（3）.

38. 郭国庆、李屹松、汪晓凡. 调适性销售战略的影响因素及其成功关键. 经济理论与经济管理,2009（7）.

39. 杨学成、郭国庆、汪晓凡、陈栋 . 服务补救可控特征对顾客口碑传播意向的影响. 管理评论,2009（7）.

40. 杨学成、张中科、汪晓凡. 口碑信息与产品涉入对消费者品牌转换意愿影响的实证研究. 财贸经济,2009（7）.

41. 郭国庆、张中科、陈凯、汪晓凡 . 口碑传播对消费者品牌转换意愿的影响：主观规范的中介效应研究. 管理评论,2010（12）.

42. 郭国庆、李光明. 消费者增权理论的最新进展及其启示. 中国流通经济,2010（8）.

43. 郭国庆、陈凯、何飞 . 消费者在线评论可信度的影响因素研究. 当代经济管理,2010（10）.

44. 郭国庆、王晓凡、曾艳 . 外部诱因对消费者正面网络口碑传播意愿的影响研究. 财贸经济,2010（12）.

45. Adomavicius, G. , A. Tuzhilin. 2005. Toward the Next Generation of Recommender Systems：A Survey of the State – of – the – Art and Possible Extensions. IEEE Transactions on Knowledge and Data Engineering 17（6）, 734 – 749.

46. Ailawadi, K. L. , J. Cesar, B. Harlam, D. Trounce. 2007 Quantif-

ying and Improving Promotion Effectiveness at CVS. Marketing Science 26 (4) 566 – 575.

47. Ailawadi, K. L. , K. Gedenk, C. Lutzky, S. A. Neslin. 2007. Decomposition of the Sales Impact of Promotion – Induced Stockpiling. Journal of Marketing Research 44(3) 450 – 468.

48. Ailawadi, K. L. , P. K. Kopalle, S. A. Neslin. 2005. Predicting Competitive Response to a Major Policy Change: Combining Game – Theoretic and Empirical Analyses. Marketing Science 24 12 – 24.

49. Ansari, A. , C. F. Mela, S. A. Neslin. 2008. Customer Channel Migration. Journal of Marketing.

50. Research, 45(February) 60 – 76.

51. Besanko, D. , J. – P. Dube', S. Gupta. 2005. Own – Brand and Cross – Brand Retail Pass – Through. Marketing Science 24(1) 123 – 137.

52. Botti, S. , S. S. Iyengar. 2006. The Dark Side of Choice: When Choice Impairs Social Welfare. Journal of Public Policy & Marketing 25 (1) 24 – 38.

53. Boulding, W. , R. Staelin, M. Ehret, W. J. Johnston. 2005. A Customer Relationship Management Roadmap: What Is Known, Potential Pitfalls, and Where to Go. Journal of Marketing 69(October) 155 – 166.

54. Brown, S. P. , K. R. Evans, M. Mantrala, G. Challagalla. 2005. Adapting Motivation, Control, and Compensation Research to a New Environment. Journal of Personal Selling & Sales Management 25(2) 155 – 167.

55. Burgess, L. , D. Street. 2005. Optimal Designs for Choice Experiments with Asymmetric Attributes. Journal of Statistical Planning and Inference 134 288 – 301.

56. Chandon, P. , V. G. Morwitz, W. J. Reinartz. 2005. Do Intentions Really Predict Behavior: Self – Generated Validity Effects in Survey Research. Journal of Marketing 69(April) 1 – 14.

57. Chen, F. 2005. Salesforce Incentives, Market Information, and Production/Inventory Planning. Management Science 51 60 – 75.

58. Chevalier, J. A. , D. Mayzlin. 2006. The Effect of Word of Mouth on Sales: Online Book.

59. Reviews. Journal of Marketing Research 43(August) 345 – 354.

60. Chintagunta, P. K. , R. Desiraju. 2005. Strategic Pricing and Detailing Behavior in International Markets. Marketing Science 24 67 – 80.

61. Chintagunta, P. K. , T. Erdem, P. Rossie, M. Wedel. 2006. Structural Modeling in Marketing: Review and Assessment. Marketing Science 25 1 – 13.

62. Cui, D. , D. Curry. 2005. Prediction in Marketing Using the Support Vector Machine. Marketing Science 24(Fall) 595 – 615.

63. Danaher, P. J. 2007. Modeling Page Views Across Multiple Websites With An Application to Internet Reach and Frequency Prediction. Marketing Science 26(3, May/ June) 422 – 437.

64. Danaher, P. J. , A. Bonfrer, S. Dhar. (2008). The Effect of Competitive Advertising Interference on Sales for Packaged Goods. Journal of Marketing Research 45(2, May) , 211 – 225.

65. Davenport, T. H. , J. G. Harris. 2007. Competing on Analytics: The New Science of Winning. Harvard Business School Press, MA: Boston.

66. aDebruyne, M. , D. J. Reibstein. 2005. Competitor See, Competitor Do: Incumbent Entry in New Market Niches. Marketing Science 24 55 – 66.

67. Dekimpe, M. G. , P. H. Franses, D. M. Hanssens, P. A. Naik. 2008. Time – Series Models in Marketing. Wierenga, B. Handbook of Marketing Decision Models , Springer Science t Business Media, New York.

68. Ding, M. , R. Agarwal, J. Liechty. 2005. Incentive – Aligned Conjoint Analysis. Journal of Marketing Research 42(February) 67 – 82.

69. Ding, M. , J. Eliashberg. 2008. A Dynamic Competitive Forecasting Model Incorporating Dyadic Decision – Making. Management Science 54(4) 820 – 834.

70. Divakar, S. , B. T. Ratchford, V. Shankar. 2005. CHAN4CAST: A Multichannel Multiregion Forecasting Model for Consumer Packaged Goods. Marketing Science 24(3) 333 – 350.

71. Du, R. , W. Kamakura. 2005. Household Lifecycles and Lifestyles in the United States. Journal of Marketing Research 43(February) 121 – 132.

72. Dube' , J. P. , P. Manchanda. 2005. Differences in Dynamic Brand Competition across Markets: An Emprirical Analysis. Marketing Science 24 81 – 95.

73. Dube', J. P., K. Sudhir, A. Ching, G. S. Crawford, M. Draganska, J. T. Fox, W. Hartmann, G. J. Ding, M.. 2007. An Incentive – Aligned Mechanism For Conjoint Analysis. Journal of Marketing Research 44 (May) 214 – 223.

74. Edelman, B., M. Ostrovsky, M. Schwarz. 2007. Internet Advertising and the Generalized.

75. Second Price Auction: Selling Billions of Dollars' Worth of Keywords. American Economic.

76. Review 97 (1) 242 – 259.

77. Evgeniou, T., C. Boussios, G. Zacharia. 2005. Generalized Robust Conjoint Estimation. Marketing Science 24 (3) 415 – 429.

78. Fader, P., B. Hardie, Ka Lee. 2005. RFM and CLV: Using Iso – Value Curves for Customer Base Analysis. Journal of Marketing Research. 42 (4) 415 – 430.

79. Fok, D., C. Horva' th, R. Paap, P. H. Franses. 2006. A Hierachical Bayes Error Correction Model to Explain Dynamic Effects of Price Changes. Journal of Marketing Research 43 (August) 443 – 461.

80. Fornell, C., S. Mithas, F. Morgeson, M. S. Krishnan. 2006. Customer Satisfaction and Stock Prices: High Risk, Low Return. Journal of Marketing. January 3 – 14.

81. Gruca, T. S., L. L. Lego. 2005. Customer Satisfaction, Cash Flow, and Shareholder Value. Journal of Marketing. 69 (July) 115 – 130.

82. Gupta, S., D. R. Lehmann. 2005. Managing Customers as Investments. Wharton School Publishing.

83. Gupta, S., D. R. Lehmann. 2006. Customer Lifetime Value and Firm Valuation. Journal of Relationship Marketing. 5 (2/3), 87 – 110.

84. Gustafsson, A., M. D. Johnson, I. Roos. 2005. The Effects of Customer Satisfaction, Relationship Commitment Dimensions, and Triggers on Customer Retention. Journal of Marketing. 69 (4) 210 – 218.

85. Ha¨ubl, G., K. B. Murray. 2006. Double Agents: Assessing the Role of Electronic Product – Recommendation Systems. Sloan Management Review 47 (3) 8 – 12.

86. Hauser, J. R., O. Toubia. 2005. The Impact of Utility Balance and

Endogeneity in Conjoint Analysis. Marketing Science, 24(3) 498 – 507.

87. Hitsch, V. B. Viard, M. Villas – Boas, N. Vilcassim. 2005. Recent Advances in Structural Economic Modeling: Dynamics, Product Positioning and Entry. Marketing Letters 16 209 – 224.

88. Hoeffler, S, D. Ariely, P. West, R. Duclos. 2006. Preference Exploration and Learning: The Role of Intensiveness and Extensiveness of Experience. Organizational Behavior and Human Decision Processes 101(2) 215 – 229. .

89. Horsky, D. , S. Misra, P. Nelson. 2006. Observed and Unobserved Preference Heterogeneity in.

90. Brand – Choice Models. Marketing Science 25(4) 322 – 335.

91. Hruschka, H. 2008. Neural Nets and Genetic Algorithms in Marketing, in Handbook of Marketing Decision Models, editor, Berend Wierenga, Rotterdam.

92. Johnson, D. S. , S. Bharadwaj. 2005. Digitization of Selling Activity and Sales Force Performance: An Empirical Investigation. Journal of the Academy of Marketing Science 33(1) 3 – 18.

93. Jones, E. , S. P. Brown, A. A. Zoltners, B. A. Weitz. 2005. The Changing Environment of Selling and Sales Management. Journal of Personal Selling & Sales Management 25(2) 105 – 111.

94. Kamakura, W. A. , W. Kang. 2007. Chain – Wide and Store – Level Analysis for Cross – Category Management. Journal of Retailing 83(2) 159 – 170.

95. Kornelis,M. , M. G. Dekimpe, P. S. H. Leeflang. 2008. Does Competitive Entry Structurally Change KeyMarketing Metrics? International Journal of Research in Marketing 25.

96. Kuhfeld, W. F. 2005. Marketing Research Methods in SAS. Experimental Design, Choice, Conjoint, and Graphical Techniques. SAS 9. 1 Edition, TS – 722, SAS Institute Inc. , Cary, NC.

97. Kumar, V. , W. Reinartz. 2006. Customer Relationship Management: A Database Approach. John Wiley and Sons, NY.

98. Kumar, V. , R. Venkatesan, W. Reinartz. 2006. Knowing What to Sell, When to Whom. Harvard Business Review. March 131 – 137.

99. Lemmens, A. , C. Croux. 2006. Bagging and Boosting Classification

Trees to Predict Churn. Journal of Marketing Research. 43(2), 276 – 286.

100. Lewis, M. 2005. A Dynamic Programming Approach to Customer Relationship Pricing. Management Science. 51(6)986 – 994.

101. Li, S., B. Sun, R. Wilcox. 2005. Cross – Selling Sequentially Ordered Products: An Application to Consumer Banking Services. Journal of Marketing Research. 42(2) 233 – 239.

102. Liechty, J. C., D. K. H. Fong and W. S. DeSarbo. 2005. Dynamic Models Incorporating Individual Heterogeneity: Utility Evolution in Conjoint Analysis. Marketing Science 24(2), 285 – 293.

103. Liu, Q., T. Otter, and G. M. Allenby. 2007. Investigating Endogeneity Bias in Marketing. Marketing Science, 26(5), 642 – 650.

104. Lodish, L. M. 2007. Another Reason why Academics and Practitioners Should Communicate More. Journal of Marketing Research 44(February) 23 – 25.

105. Malthouse, E. C., R. C. Blattberg. 2005. Can We Predict Customer Lifetime Value? Journal of Interactive Marketing. 19(1) 2 – 16.

106. Manchanda, P., E. Honka. 2005. The Effects and Role of Direct – to – Physician Marketing in the Pharmaceutical Industry: An Integrative Review. Yale Journal of Health Policy, Law and Economics 5 785 – 822.

107. Manchanda, P., D. R. Wittink, A. Ching, P. Cleanthous, M. Ding, X. J. Dong, P. S. H. Leeflang, S. Misra, N. Mizik, S. Narayanan, T. Steenburgh, J. E. Wieringa, M. Wosinska, Y. Xie. 2005. Understanding Firm, Physician and Consumer Choice Behavior in the Pharmaceutical Industry. Marketing Letters 16(3 – 4) 293 – 308.

108. McAlister, L. 2007. Cross – Brand Pass – Through: Fact or Artifact?. Marketing Science 26(6) 876 – 898.

109. Misra, B. K., A. Prasad. 2005. Delegating Pricing Decisions in Competitive Markets with Symmetric and Asymmetric Information. Marketing Science 24 490 – 497.

110. Misra, S., A. T. Coughlan, C. Narasimhan. 2005. Salesforce Compensation: An Analytical and Empirical Examination of the Agency Theoretic Approach. Quantitative Marketing and Economics 3 5 – 39.

111. Moorthy, S. 2005. A General Theory of Pass – Through in Channels

with Category Management and Retail Competition. Marketing Science 24(1) 110 – 122.

112. Murray, K. B. , R. Chandrasekhar. 2006. Home Depot Canada: Renovating strategy. Ivey Business School Case Study. Ivey Publishing, London, ON.

113. Murray, K. B. , G. Ha¨ ubl. 2007. Explaining Cognitive Lock – In: The Role of Skill – Based Habits of Use in Consumer Choice. Journal of Consumer Research 34(1) 77 – 88.

114. Murray, K. , G. Ha¨ ubl. 2008. Interactive Consumer Decision Aids. in Handbook of Marketing Decision Models, Berend Wierenga, ed. , Springer Science + Business Media this volume, chapter 3, 55 – 77.

115. Naik, P. A. , K. Raman, R. S. Winer. 2005. Planning Marketing – Mix Strategies in the Presence of Interaction Effects. Marketing Science 24 25 – 34. .

116. Naik, P. A. , D. E. Schultz and S. Srinivasan. 2007. Perils of Using OLS to Estimate Multimedia Communications Effects. Journal of Advertising Research 257 – 269.

117. Nair, H. , J. P. Dube´ , P. Chintagunta. 2005. Accounting for Primary and Secondary Demand Effects with Aggregate Data. Marketing Science 24(3) 444 – 460.

118. Narayanan, S. , P. Manchanda, P. K. Chintagunta. 2005. Temporal Differences in the Role of Marketing Communication in New Product Categories. Journal of Marketing 42(3) 278 – 290.

119. Natter, M. , A. Mild, T. Reutterer, A. Taudes. 2007. An Assortment – Wide Decision – Support System for Dynamic Pricing and Promotion Planning in DIY Retailing. Marketing Science 26(4) 576 – 583.

120. Neslin, S. , S. Gupta, W. Kamakura, J. Lu, C. Mason 2006. Defection Detection: Measuring and Understanding the Predictive Accuracy of Customer Churn Models. Journal of Marketing Research. 43(2) , 204 – 211.

121. Netzer, O. , J. Lattin, V. Srinivasan. 2008. A Hidden Markov Model of Customer Relationship Dynamics. Marketing Science 27(March – April) 185 – 204.

122. Palmatier, R. W, S. Gopalakrishna, M. B. Houston. 2006. Returns

on Business – to – Business Relationship Marketing Investments: Strategies for Leveraging Profits. Marketing Science 25(5), 477 – 493.

123. Pauwels, K. 2007. How Retailer and Competitor Decisions Drive the Long – term Effectiveness of Manufacturer Promotions for Fast Moving Consumer Goods. Journal of Retailing 83(3) 297 – 308.

124. Pauwels, K., D. M. Hanssens. 2007. Performance Regimes and Marketing Policy Shifts. Marketing Science 26(3) 293 – 311.

125. Pauwels, K., S. Srinivasan, P. H. Franses. 2007. When Do Price Thresholds Matter in Retail Categories. Marketing Science 26(1) 83 – 100.

126. Reinartz, W. J., J. Thomas, V. Kumar. 2005. Balancing Acquisition and Retention Resources to Maximize Customer Profitability. Journal of Marketing. 69(1), (January) 63 – 79.

127. Roberts, J. H., C. J. Nelson, P. D. Morrison. 2005. A Prelaunch Diffusion Model for Evaluating Market Defense Strategies. Marketing Science 24 150 – 164.

128. Rossi, P. E., G. M. Allenby, R. McCulloch. 2005. Bayesian Statistics and Marketing, John Wiley & Sons Ltd., West Sussex, England.

129. Rust, R. T., D. V. Thompson, R. W. Hamilton. 2006. Defeating Feature Fatigue. Harvard Business Review 84(2) 98 – 107.

130. Schwartz, B. 2005. The Paradox of Choice: Why More is Less. Harper Collins, New York, NY.

131. Sheth, J. N., R. S. Sisodia. 2005. A Dangerous Divergence: Marketing and Society. Journal of Public Policy & Marketing 24(1) 160 – 162.

132. Shugan, S. M. 2005. Comments on Competitive Responsiveness. Marketing Science 24 3 – 7.

133. Singh, V., K. Hansen, R. Blattberg. 2006. Market Entry and Consumer Behavior: An Investigation of a Wal – Mart Supercenter. Marketing Science 25(5) 457 – 476.

134. Smith, T. M., S. Gopalakrishna, R. Chatterjee. 2006. A Three – Stage Model of Integrated Marketing Communications at the Marketing – Sales Interface. Journal of Marketing Research, Special Section on Academic and Practitioner Collaborative Research 43(November) 564 – 579.

135. Sriram, S., M. U. Kalwani. 2007. Optimal Advertising and Promo-

tion Budgets in Dynamic Markets with Brand Equity as a Mediating Variable. Management Science 53(1) 46 –60.

136. Steenkamp, J. B. E. M. , V. R. Nijs, D. M. Hanssens, M. G. Dekimpe. 2005. Competitive Reactions to Advertising and Promotion Attacks. Marketing Science 24(1) 35 –54.

137. Street, D. S. , and L. Burgess. 2007. The Construction of Optimal Stated Choice Experiments: Theory and Methods. Hoboken, NJ: Wiley – Interscience, A John Wiley & Sons, Inc. Publication.

138. Street, D. J. , L. Burgess, J. J. Louviere. 2005. Quick and Easy Choice Sets: Constructing Optimal and nearly Optimal Stated Choice Experiments. International Journal of Research in Marketing, 22 459 – 470.

139. Sudhir, K. , P. K. Chintagunta, V. Kadiyali. 2005. Time – Varying Competition. Marketing Science 24 96 – 109.

140. Sun, B. 2005. Promotion Effects on Endogenous Consumption. Marketing Science 24(3) 430 – 443.

141. Tellis, G. J. , P. H. Franses. 2006. Optimal Data Interval for Estimating Advertising Response. Marketing Science 25 217 – 229.

142. Toubia, O. , J. R. Hauser. 2007. On Managerially Efficient Experimental Designs. Marketing Science. 26(6), 850 – 858.

143. Van Heerde, H. J. , T. H. A. Bijmolt. 2005. Decomposing the Promotional Revenue Bump for Loyalty Program Members Versus Non – Members. Journal of Marketing Research 42(November) 443 – 457.

144. Van Heerde, H. J. , K. Helsen, M. G. Dekimpe. 2007. The Impact of a Product – Harm Crisis on Marketing Effectiveness. Marketing Science 26 (2) 230 – 245.

145. Van Heerde, H. J. , S. A. Neslin. 2008. Sales Promotion Models. Wierenga, B. Handbook of Marketing Decision Models, Springer Science t Business Media, Berlin.

146. Verhoef, P. C. , B. Donkers. 2005. The effect of acquisition channels on customer loyalty and cross – buying. Journal of Interactive Marketing 19(2) 31 –43.

147. Verhoef, P. C. , S. A. Neslin, B. Vroomen. 2007. Multichannel Customer Management: Understanding the Research – Shopper Phenomenon.

International Journal of Research in Marketing 24(2) 129 – 148.

148. Villas – Boas, J. M. , Y. Zhao. 2005. Retailers, Manufacturers, and Individual Consumers: Modeling the Supply Side in the Ketchup Marketplace. Journal of Marketing Research 42 83 – 95.

149. Yee, M. , E. Dahan, J. R. Hauser, J. Orlin. 2005. Greedoid – Based Noncompensatory Inference. Marketing Science 26 532 – 549.

150. Zoltners, A. A. , P. Sinha. 2005. Sales Territory Design: Thirty Years of Modeling and Implementation. Marketing Science 24 313 – 331.

151. Zoltners, A. A. , P. Sinha, S. E. Lorimer. 2006. Match Your Sales Force Structure to Your Business Cycle. Harvard Business Review 84(July – August) 81 – 89.

152. Kumar, V. , R. Venkatesan. 2005. Who are the Multichannel Shoppers and How Do They Perform? Correlates of Multichannel Shopping Behavior. Journal of Interactive Marketing 19(2) 44 – 62.

153. Lewis, M. , V. Singh, S. Fay. 2006. An Empirical Study of the Impact of Nonlinear Shipping and Handling Fees on Purchase Incidence and Expenditure Decisions. Marketing Science 25(1) 51 – 64.

154. Manchanda, P. , J. – P. Dube′ , K. Yong Goh, P. K. Chintagunta. 2006. The Effect of Banner Advertising on Internet Purchasing. Journal of Marketing Research 43(February) 98 – 108.

155. Mayzlin, D. 2006. Promotional Chat on the Internet. Marketing Science 25(2) 155 – 163.

156. Moe, W. W. 2006. An Empirical Two – Stage Choice model with Varying Decision Rules Applied to Internet Clickstream Data. Journal of Marketing Research 38(November) 680 – 692.

157. Bronnenberg, B. J. , C. Mela, W. Boulding. 2006. The Periodicitiy of Pricing. Journal of Marketing Research 43 477 – 493.

158. Fok, D. , C. Horva′ th, R. Paap, P. H. Franses 2006. A Hierarchical Bayes Error Correction Model to Explain Dynamic Effects of Price Changes. Journal of Marketing Research 43 443 – 461.

159. Franses, P. H. 2005. On the Use of Econometric Models for Policy Simulations in Marketing. Journal of Marketing Research 42(1) 4 – 14.

160. Horva′ th, C. , P. S. H. Leeflang, J. Wieringa, D. R. Wittink.

2005. Competitive Reaction – and Feedback Effects Based on VARX Models of Pooled Store Data. International Journal of Research in Marketing 22(4) 415 – 426.

161. Krider, R. E. , T. Li, Y. Liu, C. B. Weinberg. 2005. The Lead – Lag Puzzle of Demand and Distribution: A Graphical Method Applied to Movies. Marketing Science 24(4)635 – 645.

162. Lim, J. , I. Currim, R. L. Andrews. 2005. Consumer Heterogeneity in the Longer – term Effects of Price Promotions. International Journal of Research in Marketing 22(4) 441 – 457.

163. Naik, P. , K. Raman, R. Winer. 2005. Planning Marketing – Mix Strategies in the Presence of Interactions. Marketing Science 24(1) 25 – 34.

164. Naik, P. , K. Raman, R. Winer. 2005. Planning Marketing – Mix Strategies in the Presence of Interactions. Marketing Science 24(1) 25 – 34.

165. Pauwels, K. , S. Srinivasan. 2004. Who Benefits from Store Brand Entry? Marketing Science 23(3) 364 – 390.

166. Shumway, R. H. , D. S. Stoffer. 2006. Time Seies Analysis and Its Applications. Springer: New York, NY.

167. Smith, A. , P. Naik, C. – L. Tsai. 2006. Markov – switching Model Selection Using Kullback – Leibler Divergence. Journal of Econometrics 134 (2) 553 – 577.

168. Steenkamp, J. – B. E. M. , V. R. Nijs, D. M. Hanssens, M. G. Dekimpe. 2005. Competitive Reactions to Advertising and Promotion Attacks. Marketing Science 24(1) 35 – 54.

169. Tellis, G. J. , P. H. Franses. 2006. Optimal Data Interval for Estimating Advertising Response. Marketing Science 25 217 – 229.

170. Van Heerde, H. J. , M. G. Dekimpe, W. P. Putsis, Jr. 2005. Marketing Models and the Lucas Critique. Journal of Marketing Research 42(1) 15 – 21.

171. Balakrishnan, P. V. , R. Gupta, V. S. Jacob. 2006. An Investigation of Mating and Population Maintenance Strategies in Hybrid Genetic Heuristics for Product Line Design. Computers and Operational Research 33 639 – 659. .

172. Buckinx, W. , D. van den Poel. 2005. Customer Base Analysis: Partial Defection of Behaviourally Loyal Clients in a Non – contractual FMCG

Retail Setting. European Journal of Operational Research 164 252 – 268.

173. Ha, K. , S. Cho, D. MacLachlan. 2005. Response Models Based on Bagging Neural Networks. Journal of Interactive Marketing 19(1) 17 – 30.

174. Hruschka, H. 2006. Relevance of Functional Flexibility for Heterogeneous Sales Response Models: A Comparison of Parametric and Seminonparametric Models. European Journal of Operational Research 174 1009 – 1020.

175. Hruschka, H. , W. Fettes, M. Probst. 2004. An Empirical Comparison of the Validity of a Neural Net Based Multinomial Logit Choice Model to Alternative Model Specifications. European Journal of Operational Research 159 166 – 180.

176. Li, C. , Y. Xu, H. Li. 2005. An Empirical Study of Dynamic Customer Relationship Management. Journal of Retailing and Consumer Services 12 431 – 441.

177. Lim, C. W. , T. Kirikoshi. 2005. Predicting the Effects of Physician – Directed Promotion on Prescription Yield and Sales Uptake Using Neural Networks. Journal of Targeting, Measurement and Analysis for Marketing 13 156 – 167. .

178. Nichols, K. B. , M. A. Venkataramanan, K. W. Ernstberger. 2005. Product Line Selection and Pricing Analysis: Impact of Genetic Relaxations. Mathematical and Computer Modelling 42, 1397 – 1410.

179. Pantelidaki, S. , D. Bunn. 2005. Development of a Multifunctional Sales Response Model with the Diagnostic Aid of Artifical Neural Networks. Journal of Forecasting 24,505 – 521.

180. Rhin, H. , L. G. Cooper. 2005. Assessing Potential Threats to Incumbent Brands: New Product Positioning Under Price Competition in a Multisegmented Market. International Journal of Research in Marketing 22,159 – 182.

181. Rossi, P. E. , G. M. Allenby, R. McCulloch 2005. Bayesian Statistics and Marketing. Wiley John, Chichester.

182. Venkatesan, R. , V. Kumar. 2004. A Customer Lifetime Value Framework for Customer Selection and Resource Allocation Strategy. Journal of Marketing 68(October) ,106 – 125. Venkatesan, R. , T. V. Krishnan, V.

Kumar. 2004. Evolutionary Estimation of Macro – Level Diffusion Models U-sing Genetic Algorithms: An Alternative to Non Linear Least Squares. Marketing Science 23, 451 – 464.

183. Vroomen, B. , P. H. Franses, E. van Nierop. 2004. Modeling Considerations Sets and Brand Choice Using Artificial Neural Networks. European Journal of Operational Research 154 ,206 – 217.

184. Chintagunta, P. K. , R. Desiraju. 2005. Strategic Pricing and Detailing Behavior in International Markets. Marketing Science 24(1) ,67 – 80.

185. Fornell, C. , S. Mithas, F. Morgeson, M. S. Krishnan. 2006. Customer Satisfaction and Stock Prices: High Returns, Low Risk. Journal of Marketing 70(January) , 3 – 14.

186. Gupta, S. , D. R. Lehmann, J. Ames Stuart. 2004. Valuing Customers. Journal of Marketing Research. 41(February) ,7 – 18.

187. Gupta, S. , V. Zeithaml. 2006. Customer Metrics and Their Impact on Financial Performance. Marketing Science 25(6) , 718 – 739.

188. Madden, T. J. , F. Fehle, S. Fournier. 2006. Brands Matter: An Empirical Demonstration of the Creation of Shareholder Value through Branding. Journal of the Academy of Marketing Science. 34(2) , 224 – 235.

189. Davenport, T. 2006. Competing on Analytics, Harvard Business Review, 84(1, January) ,98 – 107.

190. pointe, L. , S. Rivard. 2006. Getting Physicians to Accept New Information Technology: Insights from Case Studies. Canadian Medical Association Journal. 174(11).

191. Lehmann, D. R. 2005. Journal Evolution and the Development of Marketing. Journal of Public Policy and Marketing 24(1, Spring) 137 – 142.

192. Nijs, V. , S. Srinivasan, K. Pauwels. 2007. Retail – Price Drivers and Retailer Profits. Marketing Science 26(4, August) ,473 – 487.

193. Lilien, G. L. , A. Rangaswamy. 2004. Marketing Engineering: Computer Assisted Marketing Analysis and Planning. (2nd Ed). Upper Saddle River, NJ :PrenticeHall.